WILL

目次

砌牆

我十一歲的時候，我爸決定他的店面前方需要一道新牆。那是一道大牆，大約十二呎高二十呎長。舊牆快崩塌了，他「看得很厭煩」。但與其雇用包商或建築公司，他認爲這是讓我和弟弟哈利練習的機會。

老爹負責拆除。我還記得痛苦驚訝地看著那個大洞，我非常確信絕對不會再有新牆了。

一年內幾乎每一天，老弟和我放學後就會到我爸店裡去蓋那道牆。我們一切自己來。我們挖地基、攪拌灰泥、搬運桶子。我還記得配方是兩份水泥、一份沙子、一份石灰。哈利負責操作水管。我們會在外面人行道上用鏟子攪拌好，裝進兩加侖的桶子，兩人各自砌磚。我們沒使用鋼筋或木框，只用了中間有泡沫那種水平儀。

如果你稍微懂一點建築，就知道這麼做簡直是瘋了。如果要說實話，這可是監獄囚犯那種勞動。在現代我們會打電話找社會局兒童保護課。這是很單調又漫長得沒必要的差事，最後花掉兩個小孩大半年的東西，成人團隊頂多只要兩天就能搞定。

老弟和我在週末、國定假日和假期都工作。那年我們整個夏天都在工作。沒關係。我爸從來不休假，所以我們也不行。我記得有好多次看著那個洞，無比洩氣。我看不出事情會怎麼收尾。這規模在我心目中大到難以測量。好像我們在蓋費城西區版的萬里長城——幾十億塊紅磚無盡延伸到不知什麼遙遠的鬼地方。我很確定等我老死的時候我一定還在攪拌水泥搬運桶子，我就是知道。

但是老爸不肯讓我們停工。每天我們必須到場，攪拌水泥，搬桶子，砌磚。是否下雨，是否熱得像地獄，我是否生氣、難過、生病或隔天有考試都不重要——沒藉口好說。我弟和我想要抱怨抗議，但是對老爸沒差，我們被困住了。這道牆沒完沒了，就是永恆。四季變換，朋友來來去去，老師退休——但這道牆還在。這道牆永遠都在。

有一天，哈利和我的心情特別不爽，我們拖著腳步咕噥，「這不可能」、「那太荒謬了」。「我們到底築牆要幹嘛？這是不可能的，永遠都做不完。」

老爸聽到了我們的話，丟下他的工具，大步走到我們這邊。他拿走我手上的一塊磚，在我們面前舉高。

「別再想這道該死的牆了！」他說，「沒有什麼牆，只有磚塊，你們的工作是好好砌磚，然後繼續進行下一塊，把它砌好。然後下一塊。別擔心什麼牆。你們只要專注在一塊磚上。」

他走回店裡。哈利和我面面相覷，搖搖頭——這老兄瘋了——然後回去攪拌水泥。

我受過的某些最衝擊性的教訓，即使不願意我還是得學。我抗拒它、否定它，但是最後它正確無誤的份量變得無可迴避。我爸的磚牆就是那種教訓。

漫長的日子繼續過，雖然很不想承認，但我開始懂他的意思了。當我專注在牆上，工作就感覺不可能完成。沒完沒了。但是當我專注在一塊磚上，一切都變容易了——我知道我可以砌好下一塊該死的磚……

幾星期過去，磚堆高了，破洞只變小了一點。我開始了解感覺不可能和感覺可行的任務之間的差別只是觀點問題。你是注意那道牆？還是注意磚塊？無論是考試考好申請大學，成為全球第一批大紅的嘻哈歌手，或建構好萊塢史上最成功的事業之一，在所有案例中，看來大到不可能的目標都可以分拆成個別可應付的任務——無法翻越的高牆是由一連串認知上可以處理的磚塊構成的。

在整個職涯中，我向來毫不留情。我奉行絕不妥協、高強度的工作倫理。我成功的秘密既無聊又不令人驚訝。你到場然後砌下一塊磚。生氣嗎？再砌一塊，首映週末票房欠佳？再砌一塊。專輯銷售下滑？起來再砌一塊。婚姻瀕臨失敗？再砌一塊。

過去三十年來，像所有人一樣，我面對過失敗、損失、羞辱、離婚和死亡。我受過生命威脅，錢被拿走，隱私被侵犯，家庭破裂——每一天我還是起來攪拌水泥，砌下一塊磚。無論你經歷了什麼，永遠有下一塊磚放在你面前，等著你去砌。唯一的問題是，你會起身去做嗎？

我聽人說過小孩子的人格會受名字的意義影響。呃，我的名字是老爸取的，他給了我人生最大的優勢。就是我承受逆境的能力。

他給了我意志力（譯注：Will 的雙關語）。

那是個寒冷陰鬱的日子，在老弟和我開工將近一年後。當時，那道牆已經成爲我生活中的例行公事，完工的想法感覺就像幻想。例如，如果我們眞的做完了，又會悲劇般在後面出現另一個洞，立刻需要塡補。但在那個凍僵的九月早上，我們攪拌好最後一堆灰泥，裝進最後一桶，砌下最後一塊磚。

老爸一直站在旁邊看最後幾塊磚被放到定位。他手拿香菸默默站著，欣賞我們的作品。哈利和我放下最後一塊磚測量水平，然後沉默。哈利聳聳肩——現在怎麼辦？我們要跳躍、歡呼，還是慶祝嗎？我們小心翼翼退後，站到老爸兩旁。

我們三個看著我們家的新牆。

老爸把他的菸丟到地上，用靴子扭轉踩熄，呼出最後一口煙霧，眼睛一直盯著牆。他說，「嗯，以後別再跟我說你們有什麼事做不到的。」

然後他走進店裡繼續工作。

第一章　恐懼

我一向自認是個膽小鬼。我的大多數童年記憶都是我害怕某種東西——怕其他小孩，怕被傷害或丟臉，怕被視爲軟弱。

但最主要的是，我怕我老爸。

我九歲的時候，看到老爸出拳猛力從側面打我媽的頭害她跌倒。我看到她吐血。在臥室裡的那一刻，或許超過我人生中的任何時刻，決定了我現在的樣子。

我從那之後做過的一切——得獎和表揚，聚光燈和注意，角色和笑聲——都隱含著對我媽的道歉，因爲我那天沒有行動，因爲在那一刻讓她失望，因爲沒有挺身阻止我爸。

因爲我是膽小鬼。

你們所認識的「威爾・史密斯」，那個殺外星人的饒舌歌手，那個高大威猛的電影明星，大致是人工的——精心打造與修飾的角色——設計來保護我自己。向世界隱藏我自己。隱藏那個膽小鬼。

我爸是我的英雄。

他名叫威拉德・卡洛・史密斯，但是我們都叫他「老爹」。

老爹在一九四〇年代出生於費城北區粗糙貧窮的街頭然後成長。老爹的父親，我的祖父，擁有一家小魚店。他每天得從凌晨四點工作到深夜。我祖母是護士，經常在醫院上夜班。結果，老爹的童年大多數單獨度過無人監督。費城北區的街道有鍛鍊人心的能力。你不是結晶變成凶狠的王八蛋，就是被社區壓垮。老爹十一歲就開始抽菸，十四歲開始喝酒。我爸培養出叛逆與侵略性的態度，後來持續了一輩子。

他十四歲時，我祖父母怕他前途黯淡，盡力湊了筆錢把他送去賓州鄉下的農業寄宿學校，那裡的學生會學到農耕技能和基本維修工作。那是個嚴格又老派的地方，他們送他去是希望讓他的人生加入一點極需的條理和紀律。

但是沒人可以教我爸該做什麼。除了研究一些拖拉機引擎，他不想受到他形容爲「那些鄉巴佬狗屁」的干擾。他會翹課，還抽菸又繼續喝酒。

十六歲時，老爹受夠了學校準備回家。他決定讓自己被退學。他開始上課搗亂，無視所有規矩，把所有權威地位的人都當歹徒。但是校方打算送他回家時，祖父母拒絕接他回去。「我們付了整年學費，」他們說，「你們收錢就是要應付他。」老爹進退兩難。

但是老爹是個老油條——他會給自己找個出路；十七歲生日那天，他溜出校園，走了六哩路到最靠近的募兵中心，報名加入美國空軍。這就是典型的老爹——他下定決心要反抗權威，反叛父母與學校，於是逃出煎鍋似的農業寄宿學校直接投入美國軍方的爐火。結果他陷入了祖父母熱切希望灌輸給他的條理和紀律之中。

但是到頭來，老爹挺喜歡的。他在軍中發現了秩序與紀律潛移默化的力量，他逐漸把這兩個價值觀奉爲保護他遠離自己人格黑暗面的護欄。四點鐘起床，整個上午訓練，整天工作，整晚讀書——他找到了他的路。他發現他可以比別人撐更久，他開始引以爲傲。那是他叛逆態度的另一面。沒人能用號角聲逼他起床，因爲他已經醒了。

以他熱情的工作倫理，無窮精力和無可否認的智慧，他應該能在軍中快速晉升，但是還有兩個問題。

首先，他脾氣暴躁，無論是不是長官，如果你錯了，他就不會服從。其次，他有酒癮。我跟你說，我爸是我認識最聰明的人之一，但是他生氣或喝醉時會變成白癡。他會打破自己的規則，扭轉自己的目標，毀壞自己的東西。

服役大約兩年後，這一連串自毀行爲終於戳穿了秩序的面紗，終結了他的軍旅生涯。某天晚上，他跟同排的弟兄們賭博。（老爹很擅長擲骰子。）他贏了那些人將近一千美元。他把贏來的錢塞進置物櫃之後，出去找東西吃，但他從集體餐廳回來之後，那些人把錢偷回去了。老爹在盛怒中喝到抓狂，掏出他的軍用手槍，放火燒了營房。沒人受傷，但足以讓空軍把他掃地出門了。他很幸運沒被軍法審判——他們只是讓他退伍，送他上巴士，叫他永遠不要回來。

這就是貫穿我爸整個人生的韌帶——他對自己和周圍的人要求絕對的完美，但是喝多了以後，或是生氣時，他會把一切夷爲平地。

老爹搬回了費城。他毫不畏懼，在鋼鐵廠找了份工作還去上夜校。他攻讀工程學，對電學和冷藏科學顯露出強烈興趣。有一天，他在鋼鐵廠第三或四次因爲種族錯失了升職機會，他乾脆走出大門再也不回去。他懂冷藏學，所以決定自己創業。

老爹很聰明。像許多人一樣，我崇拜我爸，但也被他嚇壞了。他是我人生最大的福氣之一，也是我最大的痛苦來源。

我媽的本名叫卡洛琳・伊蓮・布萊特。她是匹茲堡出身，在荷姆伍德出生長大，那是在市區東邊的黑人社區。

我媽別名「媽媽」，是口才流利又成熟的人。她體型嬌小，有鋼琴家修長優雅的手指，剛好可以彈出美妙的〈給愛麗絲〉。她在西屋高中是個資優生，是第一批上卡內基梅隆大學的黑人女性之一。媽媽常說知識是唯一這世界拿不走的東西。她只在乎三件事：教育、教育和教育。

她喜歡商業——銀行、金融、銷售、契約。媽媽永遠生得出錢來。

我媽的人生變化很快，在那個時代通常如此。她二十歲就嫁給第一任丈夫，生了一個女兒，不到三年就離婚。到了二十五歲，身爲掙扎的單親媽媽，她可能是全匹茲堡教育程度最高的黑人女性了，但還是在做一些低於她眞正潛力程度的工作。感覺受困又渴望更大的機會，她帶著女兒搬到費城去跟我外祖母琪琪同住。

我父母在一九六四年夏天認識，媽媽在費城的富達銀行當秘書。她跟一些姊妹淘去派對玩，其中一個告訴她一定要認識某個人，他叫威爾・史密斯。

在許多方面，媽媽跟我父親完全相反。老爹是吵鬧、有領袖魅力的注意力焦點，媽媽寡言又端莊；不是因爲她害羞或怯懦，而是「只在打破沉默比較好時才說話」。她喜歡文字，總是謹愼措辭——她講話很有學者風範。另一方面，老爹多話，滿嘴五〇年代費城北區的江湖黑話。他喜歡用髒話作打油詩，我聽過他稱呼別人「髒老鼠，愛吸屌，下賤癩痢豬儸佬」。

媽媽從來不說髒話。

在此說清楚很重要，在當年，老爹才是老大。六呎二吋高，聰明又好看，驕傲地擁有火紅色的龐帝亞克敞篷車。他很風趣，會唱歌，又會彈吉他。他可以把眾人黏附在他身上——他永遠是站在派對中央的老兄，一手端酒一手拿菸，能夠炒熱場面的說故事大師。

媽媽第一次看到老爹時，聯想到高大版的馬文・蓋伊。他很機靈又擅長與人相處。他可以憑話術混進派對，喝免錢酒坐到靠近前方的桌子。老爹有辦法遊戲人間宛如一切都在他控制中、都不會有事。這讓我媽很有安全感。

我媽對他們交往初期的記憶是一連串餐廳和夜店的模糊片段，由一堆笑話和笑聲連接在一起。媽媽無法忘懷他多麼風趣，但對她最重要的是，他有企圖心。他有自己的生意。他有員工。他想要在白人社區工作，雇白人爲他工作。

老爹很有前途。

我爸不習慣跟我媽這個教育程度的女性互動——他心想，天啊，這隻小鳥跟賊狀元一樣精。老爹的街頭智慧對上了媽媽的書本智慧。

我父母也有很多共通點。他們都對音樂有熱情。他們喜愛爵士、藍調，還有後來的放克和 R&B。他們都經歷過光輝的摩城時代，大多數時間在黴臭的地下室派對跟爵士夜店一起跳舞。

不過也有些奇怪的共通點——那些事會讓你大吃一驚心想，這一定是天意。我爸媽的母親都是上夜班的護士（一個叫海倫，一個叫愛倫）。我父母在二十出頭歲都有過短命婚姻，都有女兒。或許最奇怪的巧合是，他們都把女兒命名為潘。

我父母一九六六年在尼加拉瀑布的小型儀式中結婚。之後不久，老爹搬進我外婆琪琪家，在費城西區北五十四街。不久後他們就結合了彼此很不同的力量和天賦成為一個有效的團隊。媽媽經營老爹的辦公室：薪資、簽約、稅務、會計、許可證。而老爹可以做他最擅長的：努力賺錢。

我父母後來都會懷念地談到那段日子。他們年輕、相愛、有企圖心，而且一直往上爬。

我的全名是威拉德・卡洛・史密斯二世——不是Junior。老爹總是會糾正別人，「欸！他不叫他媽的Junior。」他覺得叫我Junior是對我們雙方的貶抑。

我生於一九六八年九月二十五日，我媽說從我出世那一刻起，我就很多嘴。老是微笑，嘰嘰喳喳，說個不停，光是發出噪音就很滿足。

琪琪在費城中央市的傑佛遜醫院上大夜班，所以她在早上我父母上班時照顧我。她家有巨大的門廊，充當我觀賞五十四街戲碼的前排座位，也是我能加入演戲的舞台。她會把我撐直在門廊上，看著我跟經過的每個人不知所云。即使在那個年紀，我就喜歡觀眾了。

我的龍鳳胎弟妹哈利和艾倫生於一九七一年五月五日。加上媽媽的女兒潘，就這樣我們一個屋頂下就有六口人。

幸好，老爹內心的費城北區商人魂完好無缺。他從修理冰箱做到安裝與維修大型超市的冰箱和冷凍櫃。生意很不錯——他從費城擴張到周圍郊區。他開始建立卡車隊雇用冷藏與電機技術員工。他也租了一棟小型建築當作他的營運基地。

老爹總是在忙。我記得有個特別冷的冬天，現金吃緊，所以他自學如何修理當時在費城十分流行的煤油暖爐。他印了一些傳單，民眾開始帶著故障的暖爐來找他。老爹算過他一旦修好一台暖爐，就必須「測試」個兩天以確保它能用，因此無論什麼時候，他都會有十到十二台煤油暖爐「在測試修復品質」。即使在最寒冷的冬天，那麼多暖爐也能輕易加溫費城西區的連棟住宅。所以老爹取消了我們的瓦斯供應，讓他全家在冬天暖烘烘，還有錢可賺。

到了我兩歲時，老爹建立的生意穩固到可以買下離琪琪家大約一哩、在費城西區一個名叫溫菲爾德的中產階級社區裡的房子。

我在伍克雷斯特大道五九四三號長大，那條路樹成排的街道有三十棟灰紅色磚造的連棟房屋，全部是相連的。房屋的實體緊鄰培養出強烈的社區感。（這也表示如果你鄰居家有蟑螂，你家也會有。）每個人都認識所有人。對一九七〇年代的年輕黑人家庭來說，這是最接近美國夢的情況了。

對街是比柏中學和壯觀的水泥操場。有籃球、棒球、女子花式跳繩。老式拍打拳擊。夏天一到，水上運動就開始。我們社區的小孩很多，我們總是在戶外玩耍。在我家一百碼範圍內，有將近四十個跟我同齡的小孩。史黛西、大衛、瑞西、切利、麥可、泰迪、蕭恩、奧瑪，沒完沒了——這還沒把他們的兄弟姊妹，或隔壁街區的小孩算進來。（史黛西・布魯克斯是我在世界上交情最老的朋友。我們在我家搬來伍克雷斯特那天認識。我兩歲，她三歲。我們的媽媽推著嬰兒車串門子介紹我們認識。我在七歲時愛上了她，但她愛的是大衛・布蘭登。當時他九歲。）

當年景氣好，大家顯然有在生孩子……生很多。

我的中產階級教養造成了我在饒舌生涯初期不斷被批評。我不是幫派份子，也沒有販毒。我在乾淨街道上雙親齊全的家庭長大。我上大多數是白人的天主教學校直到十四歲。我媽受過大學教育。我爸雖然毛病很多，但他一直有在養家活口而且死也不會放棄他的小孩。

我的經歷跟那些後來成爲嘻哈歌手、引發全球風潮的年輕黑人很不一樣。在他們心目中，我不算是夠格的藝人；他們會說我「軟弱」、「爛」、「老套」，是「口香糖饒舌歌手」，這些批評把我氣瘋了。回顧過去，我發現我可能有點突兀，但我這麼痛恨這些批評的理由是他們不知不覺中戳到我最討厭自己的事，我感覺我是膽小鬼。

老爹看待世界的方式就像指揮官與任務，是激勵他人生每個方面的軍人心態。他經營家庭的方式彷彿我們是戰場上的一個排，伍克雷斯特的房子是我們的營房。他不要求我們打掃房間或鋪床——他是下令，「整頓你的區域」。

在他的世界裡，沒有所謂「小事」。寫家庭作業是個任務。打掃浴室是個任務。去超市採購是個任務。刷地板呢？從來不只是刷地板而已——重點是你服從命令、展顯自我紀律，以最高標準完美完成一項任務的能力。「百分之九十九跟零一樣」是他最愛的口頭禪之一。

如果士兵沒能完成他的任務，就必須重複直到完美。違背命令表示你要受軍法審判，懲罰通常是用皮帶抽打裸露的屁股。（他會說，「脫掉，我不要打壞我買的衣服。」）

在老爹心目中，一切都是生死問題。他要讓小孩有能力在這個他認為混亂又粗暴的嚴苛世界裡成功。灌輸恐懼是——大致上至今仍然是——黑人社區的文化教養戰術。恐懼被視為生存的必要而接受。大家普遍認為為了保護黑人小孩，他們必須畏懼父母的權威。灌輸恐懼被當作一種愛的表現。

一九八五年五月十三日，老爹走進我們房間叫我們趴到地板上。伍克雷斯特南方兩哩外，費城警察局剛在住宅區丟了兩顆一磅炸彈。我們聽得到微弱的喀-喀-喀-喀-喀啊-喀-喀-喀啊的連發槍聲。那天有五個小孩、六個成人喪生於現在所稱的MOVE組織轟炸案（譯注：MOVE組織是個黑人激進環保團體）。整整兩個街區——六十一戶人家——被燒成平地。

這個新聞似乎強化了老爹的觀點。老爹的意識型態聚焦在訓練我們的身心去應付人生不可避免的逆境，但他無意中創造的是個永遠緊張與焦慮的環境。

我記得有個週日下午，老爹難得休假坐在客廳裡看電視。他叫我過去：「欸，威爾？」

我馬上立正說，「是，爸爸？」

「你去布萊恩先生店裡幫我買包Tareyton 100香菸回來。」

「遵命，長官！」

他給了我五塊錢，我到街角的雜貨店去。當時我大概十歲吧，不過那是一九七〇年代，當時父母可以派小孩跑腿買菸。

我跑過街上一路直奔布萊恩先生的店。上氣不接下氣，像個完美士兵。

「嗨，布萊恩先生，我爸叫我來買他的菸。」

「威爾，最近還好嗎？」布萊恩先生說，「今天沒有進貨——告訴老爹明天應該會到。我會幫他留一包。」

「OK，謝謝，布萊恩先生。我會跟他說。」

我仍然像個好士兵回家。途中，我遇到大衛和丹尼·布蘭登，他們剛弄到一個叫做軟式橄欖球的怪異新玩意。那是橄欖球，不過很軟。

任何士兵都會停下來。

這玩意眞神奇——我沉迷在這個異常物體的精巧設計中。你可以在冬天丟著玩，但是接球時不會傷到你的手指！你可能失手，被它砸在臉上，而且沒事！一分鐘變成五分鐘，然後變十分鐘，接著變二十……突然間，大衛和丹尼愣住。他們的目光盯著我背後。

我轉身，心情一沉。老爹裸胸大步沿街向我走過來。

「你在搞什麼鬼？」

大衛和丹尼瞬間消失。我趕緊設法解釋。

「爸，布萊恩先生說香菸今天沒進貨——」

「我是怎麼跟你說的？」

「我知道，爸，可是我——」

「誰說了算？！」

「什麼意思——」

「這裡誰說了算？!你？還是我？」

我的心臟差點從胸口跳出來，我的聲音發抖：「是你，老爸——」

「因爲如果有兩個人說了算，大家就死定了！所以，如果是你說了算請通知我一聲，因爲我會服從你的領導！」

他的鼻孔掀動，左太陽穴的血管瘋狂脈動，他眼中的怒火燒穿了我脆弱的十歲純眞。

「當我派你出任務，有兩個可能性——第一，你完成任務。或第二，你。死。了。你聽懂沒有？」

「是，老爸。」

老爹抓著我的頸背把我拖回家。

我不認爲我因此就活該挨打。我童年挨打的大多數時候，我都不認爲我該打——感覺很不正義。我不是那種必須被打屁股的小孩。我已經想要討好你了。大衛・布蘭登才該被揍。麥特・布朗才該挨打。如果我惹上麻煩，通常是因爲我分心了——我會忘記事情或者心思亂飄。我認爲我童年的體罰只是說服了我我很爛。

我童年時代的長期恐懼塑造了我對環境中每個細節的敏感度。從很小的年紀，我就培養出超敏銳的直覺，調適周圍每種情緒的能力。我學會了察覺憤怒，預測喜悅，比其他小孩更深入了解哀傷。

認出這些情緒對我的個人安全既重要又關鍵：老爹聲音裡的語氣，我媽問的尖銳問題，我妹眼皮抽動一下。我大量又迅速地處理這些事情——錯失的眼神或誤解的話可能迅速惡化成被皮帶抽屁股或一拳打在我媽臉上。

老爹有個內含大約三十支鑰匙的黑皮革鑰匙包掛在他的萬用腰帶上，對我來說是個警報系統。他走進門把它放回盒子裡、重新裝回腰上的瞬間你可以聽到他的鑰匙碰撞聲。我變得機靈到能夠從他處理鑰匙的韻律和強度分辨他的心情。我的臥室在樓梯的頂端，正對著樓下的正門。如果他心情好，鑰匙會輕鬆地叮噹響，彷彿比平常輕。如果他不爽，我聽得出他把鑰匙掛回腰上時壓力的搖晃聲。

如果他醉了，鑰匙就不重要了。

這種情緒知覺在我身上維持了一輩子。諷刺的是它幫助我成爲好演員和藝人。早在我知道大家會花錢來看我之前，我就能輕易地認出、理解與模仿複雜情緒。

我父親出生在大蕭條後期。他是個一九四〇年代住在費城北區街上的黑人窮小子。他大致上有高一的教育程度。不過在人生歷程中，他建立了十幾個員工和七輛卡車的公司，每天賣掉三萬磅冰塊給遍布三個州的雜貨店和超市。他可以工作好幾週不休假，幾十年沒有度長假。我媽有個記憶是老爹三更半夜從店裡回家；把幾千塊現金倒在床上說，「數數看」；然後立刻出門回去工作。

我爸很折磨我。他也是我所認識最好的人之一。我爸很暴力，但他也很擅長各種比賽、遊戲和說故事。他是酒鬼，但他保持清醒看我每部電影的首映。他什麼唱片都聽。他每家片廠都拜訪。嚇壞家人的強烈完美主義同時也讓他在我的一生中天天養家活口。我有些朋友長大後不是父不詳就是父親不在身邊。但老爹照顧我從不放棄崗位，一次也沒有。

雖然他一直沒學會克服自己的心魔，他在我內心栽培了對抗心魔的工具。

雖然我們都在老爹對愛與家庭的軍事觀點下吃了不少苦頭，沒人比我媽更辛苦了。如果兩個人說了算表示大家死定了，那麼意思就是我媽永遠不可能說了算。

問題在於我媽不是那種可以命令的女人。她受過教育、驕傲又固執，而且不管我們怎麼求她閉嘴，她會拒絕。

有一次，老爹打她耳光，她叫他繼續打。

「喔，你眞是男子漢！你以爲打女人就是有男子氣概，蛤？」

他又打她，把她打倒在地。

她馬上站起來，盯著他的眼睛，冷靜地說，「你想打就打吧，但是你永遠無法傷到我。」

我永遠忘不了那一幕。他可以打她的肉體，但她不知怎地仍然控制著什麼能「傷害」她？

我也想要那麼堅強。

我們家每個人都很能打。

除了我。

我繼姊潘像我們老媽一樣堅強。她比我大六歲，算是我小時候的保鑣。她能隨時挺身對抗任何人。有很多種情況下別人會拿走我的錢或我會被霸凌或我會哭哭啼啼回家，然後潘就會牽著我的手，帶我直接走出門，大喊，「是誰幹的？指出來，威爾！」然後她輕鬆地上前修理我指出的那個倒楣小孩。她離家上大學那天我很難過。

哈利長大後也很堅強。我格外小心利用每個機會討好我爸，哈利則模仿我媽的行爲。他從很小就寧可站出來接受體罰。他有一次向我爸大吼，「你可以打我，但是你無法逼我哭。（挨打。）我不會哭！（挨打。）我不會哭。」最後，老爹發現無法馴服他，乾脆完全不管哈利。一路上，哈利的勇氣——我弟弟能夠挺身對抗「怪獸」這一點——強化了我的羞恥在戰士的家庭裡，我是軟弱的那個。我是膽小鬼。

演戲時，了解一個角色的恐懼是了解他或她靈魂的重要部份。恐懼製造慾望，慾望促使行動。這些重複行動與可預測的反應是好電影角色的基石。

現實生活中也大致一樣。我們遭遇了某件壞事，我們決定絕對不再讓它發生。但是爲了防止，我們必須變成某種樣子。我們選擇自己相信會帶來安全、穩定和關愛的行爲。然後我們不斷重複。在電影裡，我們稱之爲角色；在現實生活中，我們稱之爲個性。

我們決定怎麼回應我們的恐懼，我們就會成爲怎樣的人。

我決定要風趣。

我的每個兄弟姊妹都記得跟老媽在臥室裡那晚。我們都嚇壞了，但是我們的回應各不相同，這些方式日後會決定我們大半輩子是怎樣的人。

哈利雖然只有六歲，仍設法介入保護我們的母親——在接下來幾年他會重複很多次，有時候會成功。但是那一晚，老爹只是把他推開。

我弟弟直覺地接受我媽對痛苦的教訓：哈利發現了自己內心不可侵犯的地方，你再怎麼打他，也永遠無法傷到那個地方。我記得他有一次向我爸大吼，「你得殺了我才能阻止我。」

同樣那一晚，我妹妹艾倫的回應是回到她的臥室，蜷縮在床上，摀住耳朵哭泣。事後，她會回想老爹走過她的房間聽到她在啜泣，冷酷地問，「妳他媽的又在哭什麼？」

艾倫退縮。不只遠離老爹也遠離其餘家人。幾年後，她的退縮造成了直接的叛逆。她會整晚在外面喝酒抽菸，根本懶得打電話來說她在哪裡。

如果哈利是「戰鬥」型，艾倫就是「逃走」型，而我成了馬屁精。我們的整個童年，兄弟姊妹跟我爲了不同的反應嚴厲地互相批判，那些批判惡化成了厭惡。艾倫覺得哈利和我沒有支持她；哈利感覺到了，身爲大哥，我應該堅強一點，我應該做點什麼。而我覺得他們的反應只是火上加油，讓情況對所有人更惡化。我希望每個人都給我閉嘴照我的方式做。

我想要討好與安撫他，因爲只要老爹臉上有笑容，我相信我們就會安全。我是家裡的開心果。我希望維持一切輕鬆好玩又開心。雖然這種心理反應後來有了藝術和財務上的成果，這也表示我九歲的小腦袋把老爹的虐待情境多少當作我的錯。

我應該要能夠保持我爸滿意。我應該要能夠保護我媽。我應該要能夠讓家庭穩定與幸福。我應該要能夠讓一切沒問題。

正因爲這種去不斷討好他人、去讓他們隨時笑口常開、去轉移現場所有注意力遠離醜陋與不愉快並導向喜悅與美好的衝動慾望——一個眞正的娛樂家就此誕生。

但是那晚在臥室裡，我站在門口，看著我爸的拳頭打在世界上我最愛的女人身上，看著她無助地倒地，我只是僵硬地站在那兒。

我整個童年都很恐懼，但這是我第一次察覺自己缺乏行動。我是我媽的長子。我就在不到十碼外。我是她唯一可能的救兵。

但是，我什麼也沒做。

就在那時我的童年自我在心中凍結。它被包裹進一層堅硬沉積物裡，無可動搖地感覺無論我做了什麼，無論我變得多麼成功，無論我賺了多少錢、得了多少暢銷榜首或打破多少票房紀錄，總是有個溫和沉默的感覺在我腦中脈動：我是膽小鬼；我失敗了；我很抱歉，媽媽，很抱歉。

你知道有兩個人說了算會怎樣嗎？有兩個人掌權時，大家都死定了！

那晚，在臥室裡，只有九歲，在我媽倒地時看著家庭破裂——在那一刻，我決定了。我暗自向我母親，向我的家人，向我自己發誓：

總有一天，我會說了算。

這種事永遠、永遠不會再發生。

第二章　幻想

呃，我知道你們都認爲我會這樣子給本書開場，「在費城西區，出生長大……」，而不是家庭虐待和暴力的故事。

我也想那麼做，我是說，怎麼可能不想？我是個幻想者。不只是什麼老套幻想者，而是我是傳奇、絕地戰警、星際戰警那種幻想者：我是個電影明星。我的最大衝動向來是清空我腦中的現實，然後讓它變得更好。美化一點讓它不會那麼痛。我重新設計，用適合我的東西取代它。或者該說，適合你的任何東西：我是討好群眾的人。這是我實際的工作。「眞相」就是我決定要你相信的任何東西，而且我會讓你相信：我是幹這一行的。

我是敘事大師。我很想要讓你看到漂亮的我，像顆無瑕的鑽石，一個有自信、無法打敗的人。成功人類的幻想形象。我向來很想要假裝。我活在與現實的持續戰爭裡。

當然，有個走紅毯、駕駛飛天車、留新潮髮型、打破票房紀錄、娶辣妹、在《我是傳奇》裡拉單槓、超大咖的「威爾・史密斯」……

然後也有我。這本書是關於我的故事。

在那費城西區，出生長大
操場上就是我度過大多數日子的地方
冷靜，努力，放鬆扮酷
我每天放學後挨揍被霸凌……

歌曲應該是這樣子唱的。好吧……我可以承認我是怪小孩。有點瘦，有點呆，穿著品味怪異。我也不幸長了一對招風耳，讓大衛・布蘭登曾經說過我看起來像個獎盃。回想起來，我很可能也會取笑我自己。我喜歡數學和科學更是雪上加霜；那是我在校最喜歡的學科。我想我喜歡數學是因爲它很精確；我喜歡事情嚴絲合縫。數字不會欺騙、鬧情緒或有意見。

而且我很多嘴——可能太多了。但是最重要的，我有狂野又清晰的想像力，擁有一個比大多數小孩廣闊得多又持續更久的幻想生活。當大多數小孩還在玩塑膠玩具兵、軟式球類和玩具槍，我會建構精細的幻想情境然後沉溺在其中。

我大約八、九歲時，媽媽送我和潘去參加費城西南區的賽爾莫里斯一日營。都是些平常且廉價的東西：錄音室，游泳池，藝術和工藝課。我第一天結束回家後跑進廚房，我媽正跟隔壁鄰居芙瑞妲小姐坐在一起。

「嗨，寶貝，夏令營怎麼樣？」媽媽問道。

「喔，媽，我喜歡。他們有個喇叭、小提琴、歌手和鼓組成的爵士大樂團，還有個號角狀的東西會這樣。」我模仿吹長號的來回動作。

「然後我們有鬥舞大賽，大概五十個人一起跳編排的舞步⋯⋯」

芙瑞妲小姐看著我媽——全編制爵士樂隊？五十個編排過的舞者？在小孩的夏令營？

芙瑞妲小姐不知道的是她陷入了我媽和我的戲謔遊戲的交鋒，直到現在我們還會玩這個遊戲。規則是，我描述我能想到最多采多姿、清晰、奇特的景象，然後把我實際經歷的現實加油添醋，媽媽的工作是判斷其中有多少是眞的，若是眞的，她必須做什麼應對嗎？

我媽暫停了一下然後轉向我。她的眼光充當某種老派媽媽智慧的測謊器，尋找我對自己的說法動搖的跡象。我毫不畏縮。

她看清楚了。

「威拉德，別鬧了。夏令營沒有爵士樂隊。」

「不，媽，我跟妳說——太誇張了。」

困惑的芙瑞妲小姐說，「可是，卡洛琳，他根本不認識長號這個字——他一定是看過，對吧？」

「不對。他經常這樣玩。」

就在此時，潘走進廚房，我媽說，「潘，今天夏令營有爵士樂隊、鬥舞大賽和吹長號嗎？」

潘翻翻白眼。

「什麼？沒有啊。那是點唱機，媽。威爾整天站在那兒聽點唱機——他根本沒進游泳池。」

媽媽看向芙瑞妲小姐。「我就說吧。」

我爆笑起來——媽媽贏了這一回合，但至少我打敗了芙瑞妲小姐。

我的想像力是我的天賦，當它跟我的工作倫理結合，我可以讓天上下錢雨。

我的想像力向來是我身上媽媽最喜愛的部份。（呃，另外還有我拿到好成績的時候。）她對我的愛是個怪異的融合。她愛我愚蠢的一面，但也要求我聰明一點。

從人生的某個時刻開始，她決定只讓自己談論重要的事情：教育改革、世代財富、誤導性的新全國衛生綱領。她不「娛樂蠢人」。她和老爹會辯論所有事情。

「種族整合是黑人發生過最糟糕的事情，」老爹同情地說。

「威爾，你不這麼想——你只是說來惹我生氣，」媽媽輕蔑地說。

「聽我說，卡洛琳！在整合之前，我們有我們自己的。黑人生意興隆是因爲黑人必須照顧黑人。清潔工、餐廳、五金行——每個人互相需要。黑人一被允許進麥當勞吃飯，我們的整個經濟基礎建設就崩潰。」

「所以你是暗示你寧可在奴隸制度或吉姆克勞法案下（譯注：Jim Crow laws，1876 年至 1965 年間美國南部及邊境各州對有色人種實行種族隔離制度的法律）養這些孩子？」媽媽說。

「我是暗示如果有個黑人飲水機，黑人就會有工作機會去修理它。」

媽媽從不跟老爹這麼說，但她經常會複述，「別跟笨蛋爭辯，因爲從遠處看來，旁人分不出誰才是笨蛋。」所以當她停止跟你爭辯，你就知道她認爲你是笨蛋。

我說蠢話時，她感覺全世界都變輕鬆了。但她也希望我說些聰明話。這能讓她感覺安全。她認爲我要生存的唯一辦法是變聰明。她希望聰明與愚蠢的比例大約是六比四。她是我的最佳觀眾。就像她心裡有個自己也沒察覺的隱藏部份一直在鼓勵我前進。

快點，威爾，愚蠢點，聰明點，愚蠢點，聰明點……

我喜歡用表面上超愚蠢的話突襲她，隱藏聰明的部份看看她能否發現。我喜歡她認爲某件事太蠢了，然後突然想到聰明部份時臉上的表情。（那也是我的最愛。）喜劇是智慧的延伸。如果你不太聰明就很難很好笑。笑聲是媽媽的藥。在某方面，我是她的小醫生，她笑得越多，我就會編出越多愚蠢、聰明和誇張的東西。

小時候，我會躲到我的想像力之中。我做白日夢可以沒完沒了——對我來說沒有比我的幻想世界更具娛樂性的東西了。夏令營有個爵士樂團；我聽到喇叭聲；我看到長號、阻特西裝（譯注：zoot suit，四〇年代黑人流行的男裝）、群舞場面。我心智創造與居住的世界對我來說跟「現實生活」一樣眞實，有時候甚至更加眞實。

這些不斷流動的影像、色彩、想法與笑話成了我的庇護所。然後，能分享那個空間，能運送某人到那個空間，成了終極的幸福。我喜愛令人全神貫注，利用我的幻想創作完美和諧地帶他們坐上自身情緒的雲霄飛車。

對我來說，幻想和現實間的界線向來又細又透明，我可以毫不費力地進進出出。

問題是，一個人的幻想是另一個人的謊言。我在社區裡培養出說謊強迫症的名聲。我朋友們感覺他們絕對不能相信我說的話。

這對我是個奇怪的嘲諷，甚至持續到現在。這是在我朋友和家人之間流傳的笑話：必須把我的說法調降個兩三級才知道事實是怎麼回事。有時候我會說個故事然後朋友看著潔達（譯注：威爾的老婆）說，「好啦，所以事實到底是怎樣？」

不過小時候，其他小孩不懂的是我沒有謊報我的認知，是我的認知騙了我。我會迷失；有時候我會忘了什麼是眞實什麼是我掰的。這變成一種防禦機制——我的心智根本不會考慮什麼是眞的。我會想，他們需要聽到什麼話才沒問題？

但是媽媽懂我——我的怪癖能讓她高興。她給我盡情愚蠢和發揮創意的空間。

例如，我大半個童年裡有個叫魔術客的幻想朋友。很多小孩經歷過幻想朋友的階段——通常在四到六歲之間。那些幻想的朋友沒有固定身份，也不太有形狀或個性。小孩想要什麼幻想朋友就要什麼，小孩討厭什麼他就討厭，以此類推。那是捏造用來肯定小孩的想法與情感的。

但是魔術客不一樣；即使我撰寫本書時，魔術客的記憶仍跟任何童年實際經歷一樣清晰響亮。他是個完整的人。

魔術客是個紅髮的白人小男孩，皮膚漂亮，有雀斑。他總是穿著粉藍色人造纖維小西裝，打個火紅色的領結。他的褲子有點太短，露出選擇欠佳的白襪子。

大多數其他小孩的幻想朋友是充當投射與肯定，但魔術客對於我們該玩什麼遊戲、該去哪裡與該做什麼有明確的偏好與意見。有時候，他會跟我意見不合；其他時候，他會在我不想要時逼我去戶外。他對某些特定食物與我生活中的眾人個性有強烈的想法。即使我坐在這兒回想我們的關係，我心想，哇賽，魔術客，這是我的想像啊！

魔術客是我童年裡很重要的存在，我媽有時候會在晚餐桌上另外幫他擺一盤。如果她跟我談話沒什麼進展，會改跟魔術客聊天。

「好吧，魔術客，你準備好睡覺了嗎？」

幸好，這是魔術客和我向來一致的事——我們從來不想去睡覺。

沉迷在幻想生活中的副作用就是我對何謂酷、流行或好笑有很多怪想法。例如，我不確定是怎麼發展出來的，但我陷入了不幸但熱情的牛仔靴階段。天啊，我愛死牛仔靴了；其實，我完全拒絕穿別的鞋。我會穿著搭配運動衣；我會穿著搭配牛仔褲。

該死，我還穿著搭配短褲呢。

呃，費城西區的黑人小孩穿牛仔靴簡直是在背後畫個靶心討打。同儕會取笑我，無情地戲弄我，但我不懂爲什麼。「這雙靴子蠢斃了！」他們越笑，我對牛仔靴的喜愛就越深刻。

我向來有點怪胎。我覺得正常的事情可能對別人很奇怪，別人喜歡的事情有時候我一點感覺也沒有。

在當時，赫菲越野腳踏車正流行；每個小孩都想要一台。某年聖誕節，我這個街區的所有朋友聚在一起，大家說好要向父母要求赫菲越野車。我們的計畫是要一起騎著相同的越野車去梅莉恩公園，那是我們社區外面遠到足夠帶來冒險感的一座小公園。

呃，聖誕節到了，聖誕老人送來了十台嶄新的赫菲越野車。中午將至，每個人都跑出來了。

每個人，意思是除了我。

是這樣的，我沒有要求越野車。赫菲是呆子騎的！他們即將目睹眞正的腳踏車長怎樣。因爲他們都要求庫存、標準、普通量產的赫菲越野車，我不想從眾。我要求的是……鮮紅色的英國 Raleigh Chopper。Chopper 是那種前輪小後輪大的低座位腳踏車，握把高高翹上天，有三段變速和L形改裝座墊，又稱香蕉座墊。它就像兒童腳踏車版的哈雷機車。這玩意讓你感覺像在騎機車，豪無爭議是世界上最酷的腳踏車。

我在前一晚想像出場的情景想到睡不著。我想好了風光亮相方式：我會等大家都列隊排好，準備出發，但我會從後方車道出來，保持奇襲優勢。我計畫並練習大家看到我騎

Chopper時我要說什麼。「怎麼啦，呆子們，還在等什麼?我們走吧！」然後我會超車讓他們被迫追趕我：威爾・史密斯，群體領袖，社區之王。

命運的時刻來了。我從家裡客廳窗簾後面盯著他們；我看得出他們都在等待猜想，威爾在哪裡?就在此時我從側面車道出來，握把高聳上天，穿牛仔靴平順地踩著踏板——Raleigh Chopper的一檔最棒了。

我是老大。

我一路飄過去，所有人看著我。我點點頭，然後丟出我的台詞：「怎麼啦，呆子們，還在等什麼?我們走吧！」

鴉雀無聲幾秒鐘。我以爲我嚇壞他們了。

接著我差點被背後出現的爆笑聲震下車。泰迪・艾利森名符其實地笑倒在地上。

他邊笑到流淚邊說，「那是什麼鬼玩意?」

我剎車轉身掃視其餘人看泰迪是不是瘋了，或他是否代表所有人說話。

「兄弟，你是飛車黨嗎?」丹尼・布蘭登說。「你根本看不到握把以外的地方！」

麥可・巴爾小聲說，「上白人學校就會發生這種事。」

但他們怎麼想不重要，因爲對我來說，我很屌。那就是想像力過度發達的缺點之一：我可以讓我的腦子相信任何事。我能夠培養近乎幻覺程度的自信。

雖然我小時候這種有點歪斜的自我認知經常以被嘲笑或挨揍收場，但它在我人生的許多情境中仍然像個超能力。當你沒察覺你不應該做什麼事，你就會去做。當我父母說我不應該當饒舌歌手，因為嘻哈沒前途，我沒被嚇退，因為我知道父母只是不懂。當電視製作人問我會不會演戲，我說「當然了」，即使我這輩子從來沒演過戲——我心想，這能有多難？當片廠說他們不能排我角色，因為黑人主演的電影無法賣給外國觀眾，我未必會生氣，我只是不懂錯得這麼離譜的王八蛋是怎麼混到這個職位的。我困擾的不只是種族歧視，還有愚蠢。大家會告訴我我應該這樣那樣，完全沒道理。我覺得他們的規則不適用於我。

用你自己的規則活在你自己的小世界裡有時候可能是個優勢，但你必須小心。你不能太偏離現實。因為會有後果。

我的意識是我樂意去探索的無窮遊戲場。

但在我小時候，妄想幻覺的好處還在遙遠的未來，後果卻是近在眼前。包容與開闊心胸可不是費城西區最常見的校園美德。小孩有時很殘酷的。你越古怪，他們會對你越不留情。操場是每個小男孩測試他自已剛萌芽的男子氣概極限的獵場，企圖證明自己的強大和宰制力，不斷秀肌肉挑戰其他男生，衡量自己與他們，懲罰那些比自己弱小的人。

我以前很瘦又沒有運動神經。我的四肢和軀幹之間是可悲的功能失調關係。此外，我想像力過度發達，在其他小孩看來，我總是在說謊。這一切導致我被其他男生挑出來成爲輕鬆又能合理化的目標，用來證明他們的宰制力。我被使喚，比賽時最後才選我，挨打，被吐口水——你想得到的，我都遇過。

有一天，當時我大概十二三歲吧，我們一群人在校園打籃球。我穿著鮮綠色短褲和最愛的牛仔靴，看起來菜到不行。我在心中自認是魔術・強生，但在實際球場上我比較像是花式溜冰手——牛仔靴未必能提供你穿籃球鞋可能有的必要抓地力和腳踝支撐。

基本上，我不斷跌跌撞撞。

在某個時點，普世的籃球吹牛開始了，每個人都想展現自己能夠複製他們最喜愛球星的招式。有個傢伙大喊，「卡林！」同時秀出一手天鉤。另一個人大叫，「博德！」然後投了一記三分球。但這可是八〇年代初的費城——他們竟敢不尊重費城的街頭？在這些球場上只有一個名字該喊出來：J博士，朱利亞斯・厄文。

所以我說，「小心！博士來了！全部讓開，我要灌籃了！」

麥特・布朗爆笑起來。「黑鬼，你才不會灌籃。」

當然，我從來沒灌籃過，但我一說出口，我就相信我可以。我走回半場時，舔舔手指擦擦我的牛仔靴底增加摩擦力。在我準備起跑時，我敢發誓我毫不懷疑我能夠灌籃成功。

我伸展肩膀準備大顯身手時，大家開始下注。

「我賭三塊錢你做不到，威爾！」

「賭了！」我俏皮回嘴，「準備好我的錢！」

「我插花五塊錢！」有人說。

「我會贏走你們所有人的錢！放馬過來！」

我答應他們所有人，因為在我心中，球已經灌進籃框了。眾人散開。充滿期待的片刻；我穩住身子，同時嘀咕聲平息。然後，碰！我開始跑過球場。我看到了一九八三年朱利亞斯・厄文對湖人隊決賽的「搖嬰兒」搖籃式灌籃。牛仔靴咚咚響，我揮舞雙腳，大步前進。快起飛了，我跳了，我在飛，照相機發出閃光，觀眾開始瘋狂。

然後……一陣沉默。

不知怎地，我跌倒了。往後？一定哪裡出錯了。

碰！——現實以柏油路面的力量撞擊我。

我不是朱利亞斯・厄文。

我昏迷不醒。

你的幻想越大，與現實的衝突就無可避免的越痛苦。如果你培養的幻想是你的婚姻會永遠喜悅輕鬆，那麼現實會用你幻覺的同等比例回報你。如果你的幻想是賺錢能幫你贏得愛情，那麼宇宙會用上千個憤怒的聲音組成旋律一巴掌打醒你。

如果你認爲你可以穿牛仔靴像朱利亞斯・厄文那樣灌籃，那麼重力現實會引發痛苦又出奇完美的制裁。

我們倒帶看看實際發生的事：

我從半場起跑；我加速經過罰球線時一切還很順利。我最後一次運球；起跳很平順——不完美——但我跳起來了。我上升時，高度剛好足夠用球撞到籃框，前進動能完全停住，造成我底下的腿往前飛。（這種運動災難的俚俗術語是「把自己掛在籃框上」。）我回想起來，牛仔靴的額外重量或許惡化了扭力。

我猛摔下來，直接以背部和頭頸著地，把我自己撞暈了。

我醒來時，我朋友奧瑪站著俯瞰我。我看得到救護車閃爍的燈光，我頭髮裡面有血，左腳牛仔靴也不曉得到哪裡去了。

我聽到奧瑪的聲音。

「他醒了！他醒了！」

奧瑪是我認識最久的朋友——呃，除了史黛西・布魯克斯以外。他小時候腳趾內翻嚴重到會絆倒自己，我們玩耍時他總是拖著腳走路。他父母判定他最好接受矯正手術。他五歲時，醫師打斷他的雙腿重新接正。奧瑪整個夏天都戴著腿箍，但到了該上學的時候，突然間，他成了全街區跑最快的小孩與最佳舞者。讓我們都想要動那個神奇手術了！

隨著我的視力慢慢恢復，奧瑪的臉逐漸聚焦。我從他的眼神看得出我一定摔得挺嚴重。他沒在笑；他嚇到了。

「唷，老兄，你沒事吧？」

我迅速檢查一下——我的雙手、雙臂、雙腿、雙腳都可以動。沒有骨折。我努力點頭確認。

他們把我綁到擔架上送進救護車時，我瞥到奧瑪最後一眼。「唷，奧瑪！球進了吧？」

幻想是心理發展的正常成分。但隨著我們長大，我們開始放棄幻想生活，只因爲我們發現活在現實世界對我們比緊抓著幻想更有價值。我們必須學習如何與他人來往，如何在學業與工作上成功，如何在物質世界生存。如果你無法精確地認知現實，就很難做到這些事。

因此，我們都必須學習分辨什麼是眞實、什麼不是。其實，有些人分辨得很好，好到在成年之後，他們很不幸失去了擁抱除了水泥、物質現實之外任何東西的能力。

但是，不知何故，我沒有經歷這個過程。也可能是我拒絕經歷這個過程。那是因爲我的幻想生活在這個世界保護了我。在想像力的無窮遊戲場與隨時充滿威脅的現實之間提供選擇，我的心智選擇了幻想。

我們在面對恐懼的事物時都會稍微自欺一下。我們怕不被職場同仁、學校師生或在推特上接納，所以我們說服自己他們只是高傲、無知或殘酷。我們捏造別人生活的整套敘述，其實我們根本不了解他們在想什麼、有何感受或在掙扎什麼。我們發明這些故事來保護自己。我們想像關於自己或世界的各種事情是眞的，不是因爲看到了證據，而是因爲這是唯一能夠免於崩潰、遠離恐懼的辦法。

有時候我們寧可蒙住眼睛也不想冷靜仔細地看清世界的眞相。

問題在於幻覺的作用像毒蜂蜜——起初味道甜美但是最終會讓你生病或倒楣。我們告訴自己的說法是設計來自我保護的，卻也在我們深深渴望的人際連結中製造了隔閡。我告訴自己我有個叫魔術客的朋友是因爲這讓我感覺比較不孤單。但那個幻想也是我跟社區裡其他小孩脫節的部份理由。在後來的人生中，我會發明致富成名就能解決人生所有問題的幻想。但追逐與維持那個幻想只會把我愛的人趕得離我更遠。

小時候，我告訴自己如果我娛樂老爹讓他發笑，他就不會傷害我媽。但那個幻想只讓我感覺像個膽小鬼，沒出息的兒子，即使那完全不是我的錯。

我的幻想生活，雖然在某些方面保護我，卻也讓我感覺更愧疚、羞恥、厭惡自己。所有幻想最終都會失敗。無論你多努力奮鬥，眞相不會被打敗；現實仍然是毫無爭議的老大。

在我整個童年老爹只休過一次暑假。如果你家是賣冰的，你從六月第一週就會被工作綁住，當你從學校出來直到勞動節過後，你又要開學了。

但在一九七六年夏天，老爹決定休息兩個月，租輛露營車，全家開車橫越美國。琪琪那邊的家族要在洛杉磯辦聚會。我們出發走北方路線去洛城，再走南方路線回費城。

我看見了美國的每個角落和縫隙。我們離開費城往西到匹茲堡去看媽媽的童年老家。她父親——我們都叫他阿公——還住在那兒。他很像是衰老版的老爹。傳說阿公有時候會生氣到流鼻血——可能只是因爲看了匹茲堡鋼人隊比賽。

下一站，克里夫蘭，去看圖蒂阿姨和華特姨丈。然後到大湖區的芝加哥，接著到明尼亞波里斯和南北達科塔州。我們看了草原犬鼠，但我不知道爲什麼叫那個名字——牠們看起來像直立的大型倉鼠——試想像《獅子王》裡面的提蒙。哈利在南達科塔州獲得蘇族族長贈送一個手工鼓。他一路打著鼓穿過拉許摩爾山，魔鬼塔國家保護區，進入黃石國家公園。我們看了老忠實噴泉——我不敢相信他們能分秒不差地精準預測何時會噴發。管理員會伸手指著然後變魔法！大股沸水從地裡噴出來。味道很難聞——老爹說那是硫磺（我很慶幸得知這點，因爲有一瞬間，我以爲是艾倫的味道）。

日出時媽媽在懷俄明州的山頂上叫醒我們。我們在雲海上。天堂一定就是這樣子。但接著我們受困一小時，因爲跑出一隻黑熊走到路中央直撲我們的露營車。公園規定如果有熊逼近你的車子五十呎內，必須把車子熄火。老爹雙手猛力關上車窗——那是我唯一記得他害怕過的東西。

大約兩星期後，老爹開始評論這是他一輩子沒看到黑人的最長期間。（當然除了我們——我們是黑人。）老爹患了黑人戒斷症候群（Negro Withdrawal Syndrome），簡稱NWS，但有一天在懷俄明州的休息站，他看到一對黑人夫婦開車離去，他追上去攔下他們，只爲了跟他們握手打招呼。他們覺得這很好笑。

老爹開了一整天到達愛達荷州的月球撞擊坑國家保護區——看起來就像月球表面，你眞的會感覺身在月球。他累壞了，但是媽媽不想要上月球——她在那裡很不自在——於是我們沒住進汽車旅館，老媽開車帶我們往南到鹽湖城。老爹醒來後，他帶我們去看大鹽湖。他解說鹽水中的浮力對比五大湖區的淡水如何運作；他示範給我們看漂浮有多輕鬆。他是製冰的，所以對於水的一切瞭若指掌。

但我小時候看過最不可思議的東西莫過於大峽谷。

「這整座峽谷都是被水切割出來的，」媽媽說。

我讚嘆不已，但我太害怕不敢走到懸崖邊。我記得《脫線家族》的彼得・布萊迪也對水能夠造成這座峽谷很驚訝。「哇！」他說，「難怪你不喜歡我們沒關水龍頭。」

就在我以為那天不會更美好的時候，哈利的鼓意外掉到了峽谷裡。感覺好像墜落三天才著地。我被他的打鼓聲搞得煩透了，感覺好像上天回應了我的禱告。

這趟旅行擴展、引爆了我的想像力。我們遇到的每個人都像是全新又迷人的角色；每個目的地都是夢幻國度；我感覺人生就等著我去填補這些故事。美國景觀這麼多元又美麗——有高山、草原、谷地、湍急河流、普通沙漠和石化林沙漠、翠綠森林和石化森林、一望無際的玉米田和紅杉或紅木——無論我們看到哪個——高聳參天，有時候滿天陽光，遠方有龍捲風、怪雲朵、嚇人的雲層和各種雲系。

那是我童年最棒的八個星期——大家都很開心。

我們眞是完美家庭。

離伍克雷斯特大約一個街區外，葛拉翰街末端，有個出名的性侵前科犯。社區所有小孩都認得他，父母都交代我們絕對不要接近他家。我們很少看到他——他就像個鬼魂或都會傳說。

某天，我看到一個小女孩走上他家正門的台階——他站在打開的門內，迎接她進去。我胸膛的心臟開始狂跳；我考慮出聲叫她，但我愣住了——她離太遠了，而且我看得到他。我很害怕。

我跑回家，上樓到我的臥室，用力關上門。沒人應該進入那棟房子。那是壞人的家。他看到我了嗎？他會來抓我嗎？

我想要盡量躲遠一點，躲在衣櫥裡發抖。我感覺得到魔術客跟我在一起。

威爾，你必須通知大人。

「但是我沒辦法。萬一那個人發現是我說的呢？萬一他因爲我告密想傷害我呢？」

威爾，馬上去告訴你父母。

「我不行我不行我不行。」

威爾。去。趕快。

但是我只能蜷縮在衣櫥地板上哭。

威爾！起來！你必須去告訴你父母！

這下魔術客生氣了。他從不生氣的。

你必須告訴別人！你得起來，馬上！

我閉上眼睛雙手抱頭。

「我不行。」

就像我無法面對我父親。就像我無法面對社區的惡霸。我甚至無法告訴別人可能有人要被傷害了。我到底有什麼毛病？爲什麼我老是害怕？爲什麼我這麼膽小？

我就躺在那兒發抖。滿心羞愧。軟弱。過了一會兒。我拿開遮住眼睛的雙手。

魔術客不見了。

有的時候你的幻想消散，你會發現你還是你。幻想的朋友或灌籃不會讓恐懼消失。它們可能幫你暫時遺忘，但是現實仍然沒被克服。幸好，有別人看到那個女孩走進房子並且出手干預。但萬一他們沒看到呢？

此後我再也沒有見到魔術客。

第三章 表演

週日早上在復活浸信教堂，克勞迪斯・阿瑪克牧師單調的聲音迴盪在破舊的木造天花板上，往我們身上灑落上帝的金科玉律。

我外婆琪琪（發音是「吉吉」）總是盛裝打扮上教堂。對她來說，週日出來見人是敬拜上帝的刻意行爲。她會穿那種嶄新花卉圖案的教堂婦女洋裝，完美搭配教堂專用珍珠項鍊和專用帽加上絲緞大花別針。佈道期間，她會搖扇子，閉著眼睛，搖頭表示同意，出聲附和，「傳道吧，牧師，再說一遍！」或是簡單的「嗯哼！」每隔一陣子，她會瞄我一眼，以確保我有注意聽。

但我才九歲耶。大家拍手搖擺大喊禱告，同時我九歲的心智忍不住懷疑這個儀式是否永遠不會結束。

除了每月的第三個星期日，當客座牧師羅納・威斯特上台主講的時候。

阿馬克牧師是我們的本地牧師，他會談到上帝的神力，但我只聽到史努比漫畫裡的大人聲音——「嘰哩，呱啦，嘰哩，呱啦。」至於威斯特牧師呢，他會讓你看到上帝的神力。他戴著很有型的紅色 CAZAL 眼鏡，身穿搭配的三件式西裝，口袋插著經過漂白的標準白人浸信會手帕——他六呎三吋高，兩百一十磅重，很有威嚴。

別讓他靠近你的鋼琴，因爲被威斯特牧師彈過之後，你可以直接把它丟到垃圾場去了。

威斯特牧師帶領唱詩班。他總是坐著開始，用左手彈鋼琴，右手指揮唱詩班，冷靜地彈奏某種緩慢、瑪哈莉亞・傑克森式的民謠讓老人家熱身。

這只是暴風雨前的寧靜。

他會慢慢地轉變，讓音樂把他帶入恍惚。他會眼中泛淚，眉毛冒汗，同時摸索他的手帕擦拭眼鏡上的霧氣。鼓聲，貝斯聲，人聲，全部在他指揮下拉升，彷彿在懇求聖靈顯現。然後像時鐘般精準，一個狂喜的漸強音，然後……轟！聖靈充滿全場。威斯特牧師從他的座位上爆炸，踢翻鋼琴凳，雙手著魔，用力敲擊琴鍵。這時，他從丹田發出吼聲，衝過舞台到三層的電子管風琴，要求它做上帝要它做的事，撥動巨大的琴弦，同時汗水四濺；群眾情緒爆發，唱歌跳舞；老太太哭到昏倒在走道上；威斯特牧師指東指西，指揮著，完全掌握對琴弦和樂隊的控制……直到他的身體力竭癱倒，對上帝恩賜的慈悲幸福充滿感激。

音樂平息後，琪琪回到座位上，擦掉眼睛的淚水，我的小心臟狂跳——根本不確定我體內的美好顫動是怎麼回事——我只想到我也希望那樣做。我也想讓大家有那種感受。

如今我躺下安眠，
我向主禱告收留我的靈魂；
萬一我在「醒來」之前死去
我向主禱告帶走我的靈魂。

我外婆教我的第一段禱告詞其實是首饒舌歌，我總覺得很好笑。琪琪是耶穌的老鄉。我認識很多自稱有宗教信仰的人。但我從未見過像我外婆那樣實踐基督福音的人。她走路說話都在體現基督的榜樣。這對她不僅是星期天的事。這是全年無休的事。她說的一切，她做的一切，她想的一切，都是爲了榮耀上帝。

琪琪在醫院上大夜班，讓我父母雙方都能維持全職工作。她白天照顧我們兄弟姊妹，在晚上工作。四五歲的時候，聽到「大夜班」（graveyard shift）一詞總讓我想起食屍鬼、惡魔和我的超級英雄外婆斬殺兇惡生物以便她能餵飽我的景象——而我躺在床上安全地熟睡，撫摸著奶油色蓬鬆棉被的絲綢邊緣。

我以前會求她，「請不要走，琪琪！拜託留下來陪我！」我感覺好歉疚。我容易被影響的心智把狀況扭曲成了我個人的失敗與軟弱。我心想，哪有小孩子躺在床上讓他外婆必須半夜在墳場跟怪獸戰鬥的？

感覺就像她在冒生命危險保護我。在某個角度上，或許她是——不是她的生命，但她肯定爲我、我兄弟姊妹和我父母犧牲了很多自身需求。

「總有一天，我會照顧妳，琪琪，」我說。

「喔，謝謝你，小可愛。」那是她給我取的綽號。

有一天我們坐在琪琪的門廊上。她在織毛衣——遲早我會被迫穿上那件衣服——這時有個女遊民走過，她的衣服好骯髒；她臉色陰沉又憔悴，混雜著污垢和曬傷。她的門牙掉了。雖然她在街上，我還是聞得到刺鼻的尿騷味。之前我沒看過遊民。我覺得她好像巫婆，暗自禱告她趕快走開。

但琪琪把她叫住。

「抱歉，小姐，貴姓大名？」

我嚇壞了——我心想，琪琪，妳在幹嘛？讓她走吧！

這女人顯然不習慣被問到名字，至少最近沒有。她似乎還得努力回想。

一陣漫長的停頓，同時她打量我外婆說，「克拉拉。」

「威爾，這位是克拉拉小姐，」琪琪說，彷彿她們是老朋友了。

說完，琪琪走下門廊伸手攬著克拉拉。

琪琪說，「我是海倫，」邀她進來家裡。

我的心思在厭惡與驚恐之間瘋狂地翻來覆去。但這還不是最糟的。

她們一起走進廚房。琪琪沒把冰箱裡已經做好的食物給克拉拉小姐；她從零開始爲她做了一餐飯。克拉拉吃飯時，琪琪給她一件浴袍，拿走她的所有衣服，洗過之後摺好。

「威爾？」琪琪大聲說。

她會要我做什麼？我心想。

「是，琪琪？」

「去幫克拉拉小姐放洗澡水。」

回想起來，這可能是我最有名的電影台詞誕生的一刻：「喔見鬼了！」我心想。

我放了洗澡水。

然後琪琪帶克拉拉小姐上樓，徒手幫她洗澡，幫她刷牙，然後洗頭。

我想要尖叫，琪琪！別再摸那個髒女士了！她會讓我們的浴缸臭死！但我懂得最好別說出來。

她們體型接近，所以琪琪帶克拉拉去她的衣櫥，開始用她的衣服在鏡子前比劃看看哪些適合她穿。

克拉拉小姐感激得氣喘。她淚汪汪地一直說，「這樣太多了，海倫，眞的太多。請別這樣。我沒資格。」

但琪琪不接受。她牽著克拉拉的雙手，溫柔地握了握讓克拉拉看著她的眼睛。

「耶穌愛妳，我也是，」琪琪說。討論到此結束。

琪琪不會區分你的負擔和她自己的負擔。她眞心相信福音的訊息。她認爲愛人與服務他人不是責任而是榮譽。我從未聽她抱怨過上大夜班。從未聽過她說一句我爸的壞話，雖然他打過她的女兒。她手拿聖經，不只對我們、也對每個人張開雙臂。她很樂意照顧她的兄弟姊妹們。

琪琪是指引我一輩子的道德指南。她是我與上帝之間的管道。如果琪琪對我滿意，就表示上帝對我滿意；但如果她不高興，就表示全宇宙不高興。琪琪對我的認可意味著宇宙認可我做的任何事。在我心目中，她有直通上帝的熱線。她說話時，我感覺像得到了來自上帝的明確指示。所以她的認可不單純是慈愛溫柔的外祖母的表現——她的認可是我處理與駕馭上帝力量與恩典的方式。

琪琪把我對神聖和神性的理解擬人化。直到現在，當我自問，什麼會造就一個好人？我腦中立刻浮現外婆的影像。當我小時候坐在復活浸信教堂那些堅硬的木凳上，我不懂佈道的意義或經文的奧妙。但我有琪琪。她照基督教誨的方式生活。她說到做到。透過她，我看到了上帝的愛。我感覺到上帝的愛。那份愛給了我希望。琪琪就是光明。她照亮了人生可以美好的可能性。

當我回憶童年，會看到我爸、我媽和琪琪像哲學三角形一樣排列。

我爸是三角形的一邊：紀律。他教我怎麼工作，怎麼鐵面無私。他灌輸給我「死掉都比放棄好」的倫理。

我媽：教育。她認為知識是通往成功人生無可改變的關鍵。她希望我讀書、學習、成長、培養又深又廣的理解；「不知道你在說什麼就閉嘴。」

琪琪：愛心（上帝）。我努力討好我父母是為了不惹上麻煩，但我想要討好琪琪是為了我能沐浴在神靈之愛的超脫狂喜中。

這三個概念——紀律、教育和愛心——在我的終生爭奪我的注意力。

琪琪很迷一齣六〇年代的百老匯舞台劇，叫做《傳教士普利》（Purlie Victorious），在一九七〇年還改編成音樂劇《普利》。作者是奧西・戴維斯（Ossie Davis），描述一個名叫普利的黑人傳教士來到喬治亞州，開了一間教堂，開始拯救被奴役的人民脫離邪惡的農場主人。有一年，琪琪決定讓教會的所有小孩表演《普利》。我們必須從頭到尾背誦每個字、每首歌。她要我和所有兄弟姊妹在客廳裡排練，大聲播放唱片，讓我們跟著唱歌跳舞。

四十年後，我仍然唱得出那齣劇的每一首歌。

琪琪總是鼓勵我表演。她自我任命爲復活浸信教堂的特殊活動總監，主辦所有復活節誦經，耶穌降生劇，感恩節濟貧，聖誕節才藝秀，嬰兒洗禮後聚餐會，諸如此類——你說得出，她就能策畫。弟弟妹妹和我一學會說話，琪琪就叫我們站在信眾面前表演聖經裡的什麼東西，讓所有人親眼「欣賞」。

我父母也都鼓勵學音樂。我們小時候都上過鋼琴課，因爲媽媽會彈。我弟弟哈利有一陣子還會吹點瘸腳薩克斯風，我也在中學短暫地上過打鼓課，包括在盧德斯聖母遊行樂隊有一次幸好被遺忘的打小鼓經驗。但是鋼琴似乎是唯一適合我的樂器。

《新鮮王子妙事多》影集比較有名的場面之一是試播集的最後一幕，跟菲爾叔叔爭吵之後，他離開房間而我坐到鋼琴凳上。製作人原本要我背對著鋼琴坐，讓他們推進鏡頭拍我思索菲爾叔叔結尾台詞的深奧時臉部特寫。但我坐下時面對著鋼琴，開始彈奏媽媽的最愛，貝多芬的〈給愛麗絲〉。詹姆士・艾佛瑞大吃一驚，退後到角落。全場沉默，因爲大家發現這一集會很特別。這場戲的重點在於絕對不要以貌取人。製作人被這臨場發揮的一刻啓發，保留這一段，後來成了整個系列的定調主題前提。

但我最佳的鋼琴表演發生在十年前。

當時我十一歲，琪琪辦了場兒童才藝秀，然後要到復活廳尋找彩蛋。我一直練習莫里斯・艾伯特的歌〈Feelings〉作爲鋼琴課程的一部份。琪琪連續一個月每晚叫我彈給她聽。然後她向我提出要求。

「小可愛，我希望你在復活節的教堂裡彈這首歌給大家聽。」

那時候，我只會彈這首歌，而且我除了家人以外從來沒在別人面前表演過。

「等等，琪琪，不行，我沒辦法，我沒準備好，」我說，「我會把音符搞混。」

她露出微笑。

「喔，寶貝，」她說，溫柔地撫摸我臉頰，「上帝不在乎你彈得正不正確。」

琪琪有種神奇、隱形的魔力；她從不使用武力，但是沒人能抗拒她的強大能量。

於是兩星期後我不知不覺間穿上了奶油色細條紋的三件式復活節西裝，坐在復活廳的鋼琴前面。琪琪在台側燦笑。我雙手發抖，兩百張臉孔注視著我。寂靜。期待。我心臟在胸口狂跳，感覺好像無論我想不想要它都要逃走。琪琪向我點點頭。

我深呼吸一下，不知何故找到了F音，然後開始。

由於舞台上的鋼琴擺放方式，我一直可以跟琪琪眼神接觸。莫里斯‧艾伯特的〈Feelings〉響徹復活廳裡兩百個觀眾耳邊。但我只為一個人彈奏。她臉上的表情……我仍然難以形容。「驕傲」或「認可」這些字眼既無力也不恰當。我只能說，我一直在此後愛過的每個女人眼中追尋那個表情。我從來沒有這麼確定過某人的讚揚。我的整個職涯，我的表演，我的專輯——所有東西——都是無情、持續地追尋，只為重現我在復活廳為我的琪琪演奏〈Feelings〉時感受到的美好純粹。

我不必做什麼不同的事；我不必當不同的人。在那一刻，就是做我自己，即使彈錯音符，我已經足夠。

我開始經常表演。

無論我為父母編造搞笑故事，為朋友重演電影橋段，或在教堂為琪琪唱歌，表演成了我最愛的秘密小綠洲。它給我情感的溫暖但又能躲在面具的保護之後。太完美了：我可以隱藏自我同時受人喜愛，減輕情感脆弱的風險但又得到一切。

我迷上了。

但是我要再過四十年才懂我誤解了外婆最深刻的教訓。如果我了解她眞正想要教我什麼，這本書會在這裡結束。但你也看到了，還有十九章呢。

某年，聖誕夜儀式期間——復活廳從入口到祭壇都有裝飾，到了連耶穌都可能認爲有點誇張的程度——琪琪安詳地隨著唱詩班撫慰人心的〈有福的確據〉歌聲搖擺。我看著她搖晃哼歌，發現自己被她的寧靜催眠了。她不算是在笑，但嘴角的柔和上揚顯露出無敵的安寧。後來我才逐漸認知這個表情是人們知道別人不知道的事情時會有的表情。

她發現我在看她。

「小可愛，什麼事？」

「琪琪，妳爲什麼總是這麼開心？」我低聲說。

這時她笑開了。她停頓一下，像準備播下重要種子的園丁。她湊過來向我耳語，「我信任上帝。我很感謝祂給我人生中的恩典。我知道我的每一口呼吸都是天賜。你感恩的時候就不可能不開心。他把太陽和月亮放在天上。他把你給了我。還有我們全家。爲了這一切，他只給我一項工作。」

「妳的工作是什麼，琪琪？」

「愛護與照顧他的所有子民，」她說，「所以我去哪裡都努力讓我接觸的一切變好。」

然後她伸出手來摸摸我的鼻尖。

「噗⋯懂吧？」

我這輩子被當面叫過「黑鬼」五六次——兩次是警察，兩次是隨機陌生人，一次是白人「朋友」，但從來不是我認爲聰明或堅強的人。我在學校聽過某些白人小孩拿「抓一個黑鬼就殺一個」節來「開玩笑」，那在他們社區顯然是個有名的「假日」。早在一九〇〇年代初期，某些費城白人社區人士會選個特定日子攻擊他們看到在社區走動的任何黑人。七十年後，我天主教學校的某些同學仍然認爲開這種玩笑很有趣。但我每次遭遇明顯種族歧視的人，都是我估計頂多算軟弱的敵人。他們總是顯得很很不聰明、很憤怒，對我來說，很容易避開或打敗。所以就結果論，明顯種族歧視雖然是危險又永遠存在的外部威脅，卻從來不會讓我覺得低人一等。

我被教養相信我天生就有能力處理生活中可能發生的任何問題，包括種族歧視。結合努力工作、教育和信仰就能推翻任何障礙與敵人。唯一的變數是我對戰鬥的決心程度。

但我長大之後，開始越來越能察覺周圍潛伏的沉默、沒說出口和比較隱匿的偏見形式。我跟白人同學做同樣的事情會陷入比較多麻煩。我比較少被叫到，而且感覺老師比較不把我當一回事。

我大半個童年都在橫跨與摸索兩種文化：我家鄉和社區，復活浸信會和老爹的店的黑人世界；以及學校、天主教會和美國主流文化的白人世界。我上全部黑人的教堂，住在全部黑人的街道，成長過程也大多跟其他黑人小孩一起玩。但同時，我也是在當地的天主教八年制中小學盧德斯聖母學院就讀的少數三個黑人小孩之一。

在學校，不可能不感覺自己像個局外人。我不像白人小孩一樣穿著。我不聽齊柏林飛船或AC/DC樂團的唱片，也從來不打曲棍網球。我就是無法融入。但回到社區裡，我也不太融入。我講話不像其他小孩，也不用他們的俚語——我媽根本不准我們在家裡說「ain't」。媽媽在費城教育委員會工作，她對措辭很堅持己見。有一天，她聽到我向朋友大喊，「欸，你們會去哪裡（where y'all gon' be at）？」

她不敢置信地猛轉頭，活像《大法師》裡面那個小女孩。「我希望他們會去學好介係詞，」媽媽說。

在天主教學校，無論我多麼聰明或能說善道，仍然是黑人小孩。在溫菲爾德，無論我多麼精通最新音樂或時尚，我從來「不夠黑」。我成了第一批被認爲對白人聽眾夠「安全」的嘻哈歌手。但對黑人聽眾，我被貼上「軟弱」標籤，因爲我唱的不是硬蕊的幫派鬼扯。這個種族力學以各種形式糾纏了我一輩子。

但就像在家鄉，表演與幽默成爲我的劍與盾。我是大家典型的班級小丑，會說笑話，發出愚蠢的怪聲，做些荒謬的事。只要我是那個「搞笑小子」，就表示我不只是「黑人小子」。搞笑不分膚色；喜劇能拆除所有負面性。你捧腹大笑的時候，不可能生氣、仇恨或暴戾。

但我開始注意到在學校裡會鬧出人命的笑話，在溫菲爾德只會引來茫然眼神——反之亦然。我發現白人和黑人對我的幽默有不同反應。

我的白人朋友通常喜愛我較大較廣的時刻，就是我輕快愚蠢表現出卡通式肢體的時候。盧德斯曾經有個男生嘗試在廁所點燃他自己放的屁；我認爲那樣子搞笑有點過火了，但是眞的有效。他們也喜歡雙關語和文字遊戲，機智的諷刺，而且要求有圓滿結局——每個人都必須沒事。

我的黑人朋友偏好比較眞實又粗魯的笑話，要求在喜劇的核心含有一點眞理。他們把我裝傻視爲弱點——如果我嘗試在溫菲爾德點燃我的屁，他們會把我痛扁一頓。當我的幽默出自力量，出自比較戰鬥的心態——貶抑、羞辱、詆毀，他們反應比較好，沒有比痛打說屁話的人更容易受歡迎的了。他們最喜歡有人自作自受的時候——因果報應——即使那個人是自己。身爲黑人，我們喜歡自嘲。如果我們能拿我們的痛苦、我們的問題、我們的悲劇開些玩笑，就能讓它比較容易忍受。

我學會了在兩個世界之間遊走。如果我能逗街角的小孩發笑，我就不會挨揍。如果我能逗學校的白人小孩笑，我就不會是「黑鬼」。如果我能逗老爹笑，表示我的家人會安全。我開始把笑聲連結到安全。

我腦中的小科學家開始尋找我所謂的「頭號答案」。「頭號答案」是指能讓聽到的每個人接受的完美虛構笑話，不分種族、信仰、膚色、年齡、出身國家，性傾向——沒人能逃過這個笑話的威力。我整個職涯中，老實說吧，我一輩子，這都是我的執念。我永遠在尋找完美的措辭，完美的聲調，完美的表現法，完美的肢體語言，完美的流行時尚，這一切會融合成喜劇涅槃與純粹人類和諧的完美時刻。

但撇開崇高的理想，我在盧德斯聖母學校的生活越來越難過。我一向不願意把我跟校方之間升高的問題歸咎於種族歧視。含蓄形式的不敬，七到八年級多次被停學，被派對和學校活動排擠……我經常懷疑比起身爲白人世界裡的黑人，這會不會更是因爲我是個天主教學校裡的新教徒。校方希望我父母讓我受洗爲天主教徒，但他們拒絕，即使這麼做可以讓我每年減免二十%學費。他們知道盧德斯的學力比當地公立學校好多了，所以堅持要我撐下去。

突破點發生在我八年級的途中。我在中學的美式足球隊打球，我證明了自己是當季最佳防守後衛——在十場比賽中攔截了十七次。

每年足球隊會舉辦宴會，讓所有球員、父母和教練共享一頓晚餐，在賽季結束後表揚球隊。得獎的學生應該要坐在前方然後走上舞台讓人看見。因爲我是全隊攔截最多的人，我被安排領獎盃：年度最佳防守球員。但是晚宴前一星期，我被艾格妮絲修女告知因爲我被學校停學過（早在球季開始之前），我不准坐在前方或上台領獎。我很失望，但我猜想那很公平——那是規則，反正每個人都知道我贏了。

但在晚宴當晚，我看到我的白人朋友羅斯・丹普希坐在前方，準備領他的獎盃，即使我們是一起被停學的。

這樣不公平把我氣炸了。我湊向媽媽和老爹告訴他們是怎麼回事。他們不發一語，交換個眼神，在這罕見但強力的共識時刻，他們站起來，我們全家離開。

那晚我們默默開車回家。幾天後吃晚飯時，老爹頭也不抬地說，「我們受夠那所學校了。」

就這樣了。

那年夏天很熱。

生意好到爆，滿手現金，所以老爹犒賞自己買了柯達Super 8家用攝影機和投影機。這眞是蠢斃了。它有大型橡膠接目罩和一條小皮帶讓你纏在手腕上避免把整個夏天賺的錢砸毀在後院露台上。

要是老爹在不同的時代或地點長大，他一定會成爲藝術家。他青少年時期，有個老師借他一台相機，他從此愛上攝影。他跑遍費城北區拍照，後來還學會了暗房沖印。

但是攝影開始消耗他的所有時間和注意力，他父母和老師提醒他必須工作賺錢。攝影是個昂貴的嗜好。所以他被送去寄宿學校時，校方要他交還相機。他很傷心，但是老爹從未失去對攝影的熱愛。

他的新Super 8攝影機把他變成了「那種」老爸，在生日派對和烤肉會上追著所有小孩到處跑，拍攝他們做的一切，要我們微笑、表演戲法或搞笑。因爲攝影機沒有音效，他鼓勵我們動作要像查理·卓別林那麼誇張，才能不靠語言表達他的敘事。

老爹拍攝時放得很開。有工作要做的時候，他只在乎秩序和紀律。但是在拍攝中，他想要看我到處蹦跳耍白癡。我搶佔所有注意力——即使他不想拍我的時候，你也休想把我趕出畫面以外。（搶鏡頭是我發明的。）

我們願意拍攝之後，老爹會衝進地下室，在牆上掛起一張床單，小心翼翼把脆弱的膠捲裝進投影機。一連串令人洩氣的意外和操作錯誤之後，床單會突然亮起……出現我們！一段公路旅行，一段生日派對。這是我們全家的精華。老爹有時候也會彈吉他。小桌上放一杯起瓦士 Regal，嘴上叼根菸，飄揚的煙霧燻得瞇起眼睛，他會彈安迪・威廉斯的〈The Shadow of Your Smile〉，或嘗試一些他做工的手太粗糙無法完美表現的細膩爵士即興片段。他會撥弄、亂彈，甚至唱歌。曲目總是很浪漫；情歌似乎能讓他心情好。我媽也是。

音樂和家庭影片為家裡帶來了和平。我想我們的家庭影片描寫了老爹對完美幸福家庭的夢想。像某種怪異的煉金術，我們一起觀看時，螢幕上眞實的東西在地下室也變得眞實起來。我們在每個影像裡都微笑，大笑，歡樂。沒有恐懼，沒有緊張，沒有暴力。因為在那些短暫的時刻，老爹的人生就像他的藝術，而我們都微笑或大笑著跟他一同合唱。

心理學家寫過我們在童年和青春期開端跟父母的關係是如何創造了我們理解愛與成人生活的「地圖」。當我們小時候跟父母互動，某些行為和態度贏得關注與情感，某些行為和態度則造成被拋棄、不安全與被忽視感。贏得情感的行爲與態度通常會定義我們對愛的理解。我努力工作和賣力精確地執行他的直接命令時老爹會喜歡。我有紀律地鋪下一塊完美的磚逐漸建造一道完美牆壁時他會鼓掌。媽媽則喜歡我動腦的時候——當我的機智和知識最顯露時，她爲我內心的思考者喝采。我媽就是我的原型：耐心、聰明、可畏、滋養。她偏好一起做事，但她有沒有別人在都沒問題。如果你需要休息一下，媽媽可以幫你扛一陣子。

至於琪琪，她愛我的方式算是莊嚴與賦權。每當我爲她表演，感覺好像我被灌注了原力，好像我不可能輸。她對我就像太陽。如果我能讓世人像琪琪在我演奏〈Feelings〉時那樣子看我，那就好了。那就是頂峰。

愛與表演的概念在我心目中合爲一體。愛變成靠說出與做出正確的事情來贏得的東西。在我心目中，偉大的表演能讓你贏得喜愛；爛表演讓你被唾棄孤伶伶。精巧的表演能確保情感。但如果你很爛，就只會自己爛掉。

我表演是爲了安撫我爸、平息他的壞脾氣。我表演來讓家人分心忘掉正吞噬我們家的累積張力和厭惡。我表演讓我社區的孩子們喜歡我。因此，我開始認爲我自己和親人的幸福就是我表演能力發揮的功效。如果我表演得好，我們都會安全快樂。如果我的表演失敗，我們就有麻煩了。

老爹在操作攝影機和投影機時最有愛心。所以，我總是希望在他的攝影機前面，他也總是希望我在。那是我童年極少數幾次他和我完全一致的時候。我喜歡演我爸的家庭影片。這讓我更親近他。對他的愛與認可的那種深度渴望，無疑也在我後來的人生中出演電影的慾望上推了一把。

我這輩子，有個痛苦的感覺總是糾纏著我：我讓我愛的女性們失望了。多年以來，在我的兩性關係中，我總是會做太多。安撫、過度保護、拼命想要討好她們，即使她們根本沒事。這討好人的無窮慾望表現爲一種累死人的糾纏。

對我來說，愛是一種表演，所以如果你沒拍手，我就是失敗。爲了在愛情裡成功，你在乎的人必須不斷鼓掌。破梗警告：這不是維持健康關係的方法。

我十三歲時，老爹最後一次打媽媽。她受夠了。隔天早上她出門上班後就再也沒回家。她沒有走遠——就在幾個街區外的琪琪家——但是訊息很清楚：她不玩了。這是我生平兩次考慮自殺裡的第一次。我想過吞藥；我知道有個男生在鐵軌上被壓斷了雙腿；我看過電視上的人在浴缸裡割腕。但我腦中不斷浮現的是聽到琪琪說自殺是罪孽的模糊記憶。

老爹回復到全面軍事管理。現在他是絕對的主宰者；他全都自己來。隔天早上他四點鐘醒來準備早餐。他決心要證明他不需要媽媽。

到了五點半，餐盤在桌上擺好：半顆蘋果，煎荷包蛋，還有一片玉米肉餅。一大瓶柳橙汁和一大瓶牛奶。媽媽從來不用大瓶子裝。

到了六點，艾倫和我坐在餐桌上。哈利知道他六點鐘應該要下樓。我猜六點四分是我弟的無聲抗議吧。老爹放過這次（他絕對不會輕易地放過任何事；拖到六點四分通常會罰哈利沒早餐吃）。食物靜靜擺了半小時，所以煎蛋冷掉，半顆蘋果也發黑了。艾倫和我默默吃飯。

「蛋是硬的，」哈利說。

老爹似乎根本沒聽見；他在洗碗。開始清理，保持乾淨是老爹的格言之一。他應用在烹飪，還有工作上。你要一面做事一面清理，而非到最後留下一團大混亂。

哈利對這些食物嗤之以鼻。「蘋果都發黑了，」哈利說。

拜託，哈利，別惹他了……

「還有這是什麼鬼？」哈利說，用手指戳戳玉米肉餅。

老爹不發一語，把哈利從椅子上抓起來，拎著他到大門口，開門，推哈利出去。然後他把哈利的書包交給他，用力甩上門。

那天哈利放學後沒有回家。他跑去琪琪家搬進去跟媽媽住。

哈利離開時，對我就跟媽媽離家一樣痛苦。我也想要跟她在一起，但我太害怕不敢走。這只會凝聚我最深的不安全感。我無法再否認事實：我是個膽小鬼。

媽媽在琪琪家住了三年。我們每天都看得到媽媽。她會送午餐給我們，我們也會去琪琪家，有時候過夜。兩個家夠近讓我們可以維持表面上的親近，但在心裡，我們的家庭破裂了。

就在這段期間我開始逃避到電視中。我在我最愛的情境喜劇完美打造的家庭敘事中找到了平靜與喜悅：《歡樂時光》、《好時光》、《脫線家族》、《拉文與雪莉》、《莫克與明蒂》——還有《三人行》的傑克・崔伯簡直是眞理。我理想化在電視上看到的各種家庭。他們做的正是我一直想要做的——他們會有問題，康寧漢先生會生氣；瑞奇會害怕；暫時會很難堪，但接著方茲會說些好笑的話，敲打點唱機，每個人大笑，大家永遠幸福地過下去。

對。沒錯。他媽的沒那麼困難嘛！

我想當那個無憂無慮、總是跟父母關係融洽的青少年。我想要有一對相愛的父母。我想要違反羅普先生的規定跟兩個美女住一起。至少至少，我覺得我應該有個來自歐克星球的古怪外星人來解決我的所有問題。

然而，我被困在混亂中。

但我小時候最大的執迷是電視影集《朱門恩怨》（Dallas）。尤恩家族是個龐大富裕的德州石油家族，由意志堅定的家長小傑領導。他統治家族的方式很像老爹統治史密斯家族，只差小傑・尤恩有錢到爆。當你的家族莊園有個名字，大家會對你禮遇很多。那迷倒我了。他們的房產有名字耶！「南叉」是德州北部三百英畝大的牧場。整個尤恩家族——兄弟、姊妹、父母、祖父母、姻親、姨姑、叔伯、姪子、外甥——每個人都住在南叉。我也想要全家人像那樣住在一起。

我永遠忘不了改變我人生的那一幕。回想起來，那只是個小細節：在德州北部平凡的晴朗日子。尤恩家族進行強制性的全員聚餐。鏡頭切到宮殿式豪宅的外觀，小傑的老婆蘇艾倫騎馬來吃早餐。我幼小的心靈再也不一樣了。她騎著該死的馬從她在牧場上的房子來到家族大屋？對我來說，南叉就是天堂：每個人住在一起但是老婆居然可以騎馬來吃早餐的龐大地產。

同時，在現實世界裡，我把我的缺點深入埋藏在一層又一層的表演底下。我採取的個性是永不疲倦的開朗、樂觀又積極。我保持純粹不變回應這世界的不和諧：我永遠在微笑。總是有趣又準備好大笑。我的世界裡毫無差錯。

總有一天，我會說了算，一切都會很完美。我們會在廣大地產上有一棟大房子，所有人會住在一起，我會照顧每個人。

我會成爲金童。我媽的救星，我爸的篡奪者。這將是長達一輩子的表演。在未來的四十年裡，我絕不會脫離角色。一次也不會。

第四章　力量

保羅有麻煩了。他捲入了鬥毆，深夜不歸，從紐澤西的老家溜到紐約去跟「一群不對的人」打混——我聽媽媽說他還打倒了一個警察。當時他才十八歲，我阿姨芭芭拉再也管不動他。情急之下，她打電話給她認識唯一幫得上忙的人：老爹。

我們家人已經好多年沒看過我表哥保羅了。我們印象中的他是個貼心但是嚴肅的孩子。但他在一九八三年夏天出現在費城時，已經是個大男人了。

保羅現在很高，肩膀很寬，而且衣衫襤褸。這老兄簡直是塊磚頭。他手上的關節有擦傷、割傷和顯然不是烹飪造成的瘢痕瘤。他頂著巨大爆炸頭，頭上還插著「黑人力量」的拳頭狀髮簪。但他的髮簪是在手腕（握把）雕刻了反戰符號的特別版。如果這還不能吸引你的注意，保羅也隨身牽著一隻受過攻擊訓練、名叫公爵的德國牧羊犬。

保羅最近剛晉升中國功夫的黑帶一段，驕傲地穿著道服和拖鞋在費城西區晃來晃去。他很投入好戰的黑人力量運動（譯注：六〇年代末期到七〇年代初期盛行）。他就像不苟言笑、現實生活版的《最後一條龍》男主角布魯斯・李洛伊。

保羅向來寡言，但他開口時總是很有禮貌——他總是行空手道鞠躬禮，每個句子結尾不

是「是，先生」就是「不是，女士。」他誠實做自己，不麻煩任何人，但如果你惹到他，令他生氣的話……兩個字：死定。

這個時候，老爹的ACRAC（空調，冷藏，空氣壓縮機）公司生意很好。擴張轉型成不只是修理冷藏設備。他賣新的設備給客戶時，他們經常付錢請他把店裡的舊貨處理掉。他的店鋪成爲某種冰箱和製冰機的墳場。但老爹沒把它們送進垃圾場，而是日夜工作翻修重建。不知不覺間，他已經有能力靠別人當垃圾丟棄的機器每天生產幾千磅的冰塊。就這樣，我們家進入了冰塊產業，製造、包裝與運送整個費城的袋裝冰塊，進入紐澤西州，甚至遠到德拉瓦州。

問題是每天包裝幾千磅的冰塊需要勞力。很大量的勞力。因爲冰塊廉價，你需要廉價勞力。剛開始是我、哈利加艾倫與兩個繼姊潘，接著找來我們的所有朋友。然後老爹開始徵召遠親和他們的所有朋友。那個時代的童工法律很不同，所以很快地，社區的每個小孩都在包裝冰塊。ACRAC成了小孩遠離街頭用暑假賺點小錢的方式。老爹變成了溫菲爾德的某種兒童耳語傳說。因爲他很軍人心態，灌輸孩子們階級與紀律到了大多數小孩從未體驗過的程度。而且他付現！如果有人遲到，他就趕他們回家。如果有人咒罵或打架，他們就滾蛋。孩子們的父母都愛死了——他們的小孩能賺現金並且學習尊重與紀律。老爹眞是入對行了。所以，當保羅開始惹麻煩，芭芭拉阿姨才把他送到費城來，希望老爹冰廠的階級（和現金）能改變他的人生走向。

但結果被永遠改變的是我的人生走向。

保羅在五月底搬進來我們家，剛好趕上夏天賣冰旺季。他叫我帶他熟悉社區。我告訴他布萊恩家在哪裡，也介紹他認識我的朋友——其實我只是在炫耀酷帥表哥。保羅喜歡跟我混——他認爲我很好笑。他開始教我怎麼跟公爵培養感情，甚至分享祕密的攻擊命令——那是德語（用德語受訓的德國牧羊犬，我覺得太帥了）。最棒的是，他教我功夫。那年夏天，他成了某種我從來沒有的兄長。

老爹經營ACRAC的方式跟經營家庭一樣：當個指揮官。他會吼叫、喧嚷和咒罵；我們都被嚇壞，躡手躡腳，希望他不要爆炸。但保羅是我認識第一個不受老爹的憤怒或發飆干擾的人。老爹翻臉時，保羅會保持沉默靜止，眼睛一直盯著老爹。保羅的肢體語言非常清楚：老頭，你想說什麼都可以，只要你在那邊說。但如果你過來這邊，兩個字……死定。

我很驚奇——保羅和老爹相處得很好。想到有人能夠對抗老爹怪獸，屹立在他憤怒的風暴中……而且只靠一個眼神和笑聲解除他的武裝？我從來沒體驗過那種力量。保羅的武術訓練讓他能服從老爹的權威。他尊重他，但是不怕他，因爲內心深處，保羅知道如果他必須，他可以殺了他。

而且老爹也知道。

我的童年裡第一次，保羅讓我在自己家裡感覺安全。他很強大。如果保羅在身邊，沒人會惹我。社區小孩不會。學校的白人同學不會。連老爹也不會。就在我以爲表哥不可能變更酷的時候，他打開了嘻哈世界的門。

當年，嘻哈不是現在這樣子。有一兩首暢銷曲，但大多數只是地下音樂。沒有專輯或單曲，電台不會播放，沒有錄影帶——你得認識有門道的某人，才能幫你弄到從震央紐約市爆發出來的現場表演卡帶。眞的有人會高舉錄音機頂在頭上站在派對觀眾群裡錄下表演內容。合輯卡帶就是這樣做出來的——有人親自到派對去高舉著大型錄音機撐一小時，兩小時，然後拷貝錄音帶送給他們的朋友。紐約的人會剪接一些他們最喜愛的嘻哈藝人的卡帶，複製，再帶給在波士頓的朋友，寄給在洛杉磯的兄弟，或播放給住費城的小表弟聽。這些卡帶被交換，販賣，複製，再交換。這種全國性的人際交換驅動了嘻哈的火箭式擴張。這是草根文化。

這在「瘋傳」一詞發明之前就在瘋傳了。這是從街頭直通人心。

在一九七〇年代的紐約市，黑人社區會舉辦街區派對。他們會封閉自家街區，請個DJ——「disc jockey」的簡稱——拿出唱機和一箱唱片當街播放讓大家跳舞。因為那是七〇年代，他們播的大多數是放克和迪斯可音樂。

放克和迪斯可的歌總是強調在中間的樂器段落。歌曲會即興進行，然後開始拉高，直到所有樂器全力發聲抵達高飛的漸強音，接著轟！只剩鼓聲。後來這種風格被稱為「碎拍」（break）。碎拍是設計來給他們添加一點額外快感（spladow）的。中斷空檔是讓詹姆士・布朗這種藝人炫耀舞步的時間，但是後來碎拍變成了整首歌最紅的部份，總是能炒熱派對氣氛。

因為大家都很愛跟著碎拍音樂跳舞，某天在布朗克斯區的一場街區派對，有個叫DJ Kool Herc的傢伙想出了用兩台唱盤播放兩張相同唱片的主意。那樣子，他可以來回切換，只播放空檔，讓它無限持續。兩台唱盤加混音器也表示他可以從詹姆士・布朗切到溫斯頓樂團，回到布朗再切到史萊和史東家族樂團——空檔到空檔到空檔，只播放大家最喜愛的唱片裡最喜愛的十秒鐘。這創造出了狂熱、新風格的舞會，現代DJ技巧就此誕生。

因為現在DJ有兩台唱盤和混音器了，另一項創新出現：刮擦（scratching）。刮擦的做法是來回移動唱片，製造出音樂中狂野的新音效。一張唱片被刮擦時另一張唱片可以播放空檔。然後放開被刮擦的唱片，完美合拍，然後過程逆轉，讓空檔可以持續讓人想聽多久就多久。

嘻哈成形的方程式裡唯一欠缺的就是饒舌。

現在的 DJ 都有兩台唱盤和兩倍的唱片。技藝的需求消耗掉他們越來越多的注意力，妨礙了他們像以前那樣跟群眾互動的能力。所以他們開始帶個兄弟或朋友利用麥克風跟群眾互動。這些「儀式主持人」（masters of ceremonies）會向觀眾講話，炒熱氣氛，吹噓 DJ 能耐，廣泛地娛樂觀眾：「女士們，我聽不到妳們聲音！」「誰的口袋裡有一百塊錢？」「布魯克林在哪裡？」

最後，最具創意的 MC 們開始跟著碎拍的韻律用押韻講話——從牙買加移民引進的特色——稱作「饒舌」。

街區派對開始熱鬧。尤其是當押韻台詞很聰明、搞笑、詩意，或最棒的，當它喊出你的社區名字的時候。

這下方程式完整了：DJ 加 MC 等於嘻哈。

可是世人還沒準備好。

保羅「麻煩地」逃到紐約市讓他接觸到一堆合輯卡帶。他認識一些人是一個叫做「祖魯國」的團體成員，那是早年根據地在紐約／紐澤西地區以外的硬蕊嘻哈狂熱者團體。他能幫我弄到任何卡帶：閃亮大師（Grandmaster Flash）；梅勒梅爾與憤怒五人組（Melle Mel and the Furious Five）；叛逆三人組（Treacherous Three）；酷摩迪（Kool Moe Dee）對戰忙碌蜜蜂史塔斯基（Busy Bee Starski）；還有我永遠最喜愛的卡茲大師（Grandmaster Caz）和冷戀兄弟（The Cold Crush Brothers）。

卡茲大師無可否認地是我嘻哈人生中單一最大的影響力。他是新鮮王子的原型。他是嘻哈的最初敘事者之一。卡茲很機智、聰明，詩句能帶你去旅行；你會坐在座位邊緣聽他饒舌，一直猜想接下來會發生什麼事。最重要的，我的偶像懂得怎麼丟關鍵句。我想要像卡茲一樣。其實，我第一首暢銷單曲〈Girls Ain't Nothing But Trouble〉就是受他啓發——等等，不對，受他影響……好吧，基本上，我研究卡茲大師合輯裡自由風格的〈Yvette〉每句歌詞，然後把他的故事寫出我自己的版本。我猜我對他這麼認同的原因是我有過他在〈Yvette〉中描述的類似經驗，但我從未想到爲它寫段韻文。在某方面，卡茲確認與釋放了我充滿創意、我從不認爲有人會在乎的部份。他讓我能夠做自己。

It was a long time ago, but I'll never forget
I got caught in the bed with this girl named Yvette
I was scared like hell, but I got away
That's why I'm here talking to you today...
I was outside of my school, shootin' up the rock
A crowd of people gathered round listenin' to my box
It was me, the L, the A, and the Al'
And then I slipped away to make a phone call
And to this very day it was a move I regret
But I didn't know it then, so I called Yvette.

Grandmaster Caz, "Yvette"

或許沒必要指出相似處，就當我多嘴畫蛇添足吧：我向來喜歡卡茲在籃球場上打電話給伊薇的情節。所以在《新鮮王子妙事多》的主題曲裡，我也把我的角色放在籃球場上——是向傳奇人物的沉默致敬。

我成爲「饒舌歌手」的時候並不太確定。當時，嘻哈不是一件我們會去「做」的事——嘻哈就是我們。嘻哈不只是我們的音樂——它是舞蹈；它是時尙、街頭藝術、政治、社會正義。它就是一切；它就是生活；它就是我們。外人不把它看成是可以從事與磨練的正經音樂類型，但我們根本不用那些條件去思考它。它是新穎、新鮮、好玩又刺激，生長在我們周圍與內心的東西。我們沒人認爲它會爆發，像現在這樣稱霸世界，如果有人問「你認爲嘻哈四十年後會變成怎樣？」，我可能不會說，「喔，它會成爲人類史上最有衝擊力的音樂形式之一。」我們只是喜愛我們唱的歌，所以一直唱。

我還記得我寫的第一篇韻文，當時我十二歲：

一歲時，我剛開始，在攀向頂峰的旅途上。
兩歲時，每個人都知道，我是個超棒的（蛤）MC。
三歲時，任何傻瓜都看得出，我內心是個善良的情人我的智商有 142，而且就像我的姓，我是個藝術品。

幸好我有進步了。靠著保羅的卡帶和鼓勵，我迷上了。我原本已經不斷講話和表演。但這時我更是整天講話，自己默默碎唸唱饒舌，構思新歌詞，背誦我最愛的詩句，嘗試對身邊發生的任何事自由創作。我出去買了一本黑白斑點裝飾的作曲簿，開始寫下我的韻文，在房間裡對著鏡子練習。

我被幻想驅使的心智遍布在那些頁面上，有時候出來的東西甚至令我驚訝。我的創意之河在翻騰。饒舌對我來說是世界上最自然的事情。

從被霸凌、彆扭的小孩之繭，出現了一個天生的殺手級 MC。

奧佛布魯克高中位於離盧德斯聖母學院不到一哩外。但是彷彿在另一個星球。環境差異大到不行。盧德斯緊鄰著有錢的白人社區「下梅莉恩」，奧佛布魯克則在稱作「丘頂」的區域中央，那是費城西區比較貧窮的黑人社區。

盧德斯聖母學院是很小很親密的天主教學校，每個年級只有幾十個學生，大多數是白人。我曾是全校僅有的三四個黑人學生之一。

但奧佛布魯克綽號叫「山丘上的城堡」。它很巨大，結構像隻專制的怪獸。建於一九二四年，當時他們使用眞正的材料蓋房子，佔地有兩個城市街區，像座石砌要塞俯瞰社區。你得爬上綿延如山的三十段階梯才能從人行道走到大門，如果你還沒累死，你會發現裡面有將近一千兩百個學生，九十九%是黑人。

孩子們成群喧嘩著奔過街區長度的走廊。在盧德斯，每個人都認識我，但我第一天走進奧佛布魯克時，我完全匿名。

我被嚇壞了。以今天的理解回想起來，我可能在恐慌症發作邊緣。我的心臟狂跳，雙手發抖，但這時候我已經培養出應付自己恐懼的不敗策略：表演。如果我能逗他們笑，我就會感到安全。

我還不太確定我第一天爲什麼那樣做。那是反射作用，某種怪異的自動防禦機制，彷彿我的情緒免疫系統發動，控制了我的嘴巴。

我在知道要說什麼之前就開始胡言亂語，因此用或許是我生平直到當時做過最蠢的事情展開了我的高中生涯。

就在東岸時間上午八點之前，兩百個學生聚集在廣大的販賣部準備新生訓練。我們是新來的，是去適應環境，分發班級，接受正式歡迎進入奧佛布魯克高中。我走進販賣部時，累積的焦慮壓力終於扛不住了。我高舉雙手大喊：

「抱歉，抱歉，大家可以聽我說嗎？」

全場安靜；兩百個學生都轉頭——看著我。

「他在這兒，」我指著自己說，「你們都可以放輕鬆，因爲他在這兒……不客氣。回去忙你們的事吧，如果有人需要我，我就在這兒。」

一陣怪異的寂靜——顯然大多數小孩是第一次見識這種事。有兩人竊笑，大多數人只是回去繼續做自己被這麼古怪地打斷之前的事。我不確定我希望從群眾得到什麼反應，但是壓力爆發至少清除了我大多數的焦慮和緊張。

我深入走進現場時，經過一個顯然不太喜歡我的宣言的傢伙。他頭也不抬地說，「老兄，沒有人在乎你在不在這裡。」

我毫不遲疑地俯身向他說，「欸，借我十分鐘，你女朋友會在乎。」

喔喔喔！我們周圍響起聲音；還有幾下掌聲。

那個學生看著我一會兒但沒說什麼。他僵硬地點點頭——不是贊同的點頭——而是好吧原來你想要這樣的點頭。

我得意地繼續走，心想，或許上高中這件事沒那麼糟嘛。八點三十一分，校園介紹結束，學生們都被趕進奧佛布魯克的走廊去問人、摸索、東奔西跑直到我們找到隸屬的班級教室。

我的教室是315號，我轉過二三樓之間的樓梯時，看到販賣部那個老兄在我眼角出現，偷偷接近我背後。一道藍色閃電，我的頭右側一陣劇痛，然後喪失感覺。

接下來我只記得血的味道，接著一陣吵嚷聲，我上唇腫起，門牙鬆掉，而且空前劇烈地頭痛。這傢伙拿了一個舊式密碼鎖——大家用來鎖置物櫃那種。他把鎖握在掌中，鋼鉤套在他中指上，製造一個臨時的銅製手指虎。他經過時，用鎖打中我的頭右側。我立刻倒地；我跌倒時，嘴巴撞到了樓梯。血流如注，學生們尖叫，老師跑過來，每個人都在猜測我是不是死了。

校長室的燈光差點把我閃瞎。老爹走進來時我正拿著毛巾摀嘴巴。警察很快也趕到了，我口齒不清地回想敘述。老爹很生氣；警察在跟校長談控告的事情。在暈眩中，我只想到等等，等等等，大家先別急。這一切發生得太快了。

我只想按下暫停鍵再倒轉。我想要重來。我不想要在這裡；我不希望這一切是眞的。

「過來，」老爹說，「我們走吧。」

他扶我站起來。

這時走廊上沒人。老爹感覺像找不到東西可殺的雄獅。我們走出側門。我只在奧佛布魯克待了一個半小時。在大白天走出學校很怪。糖碗便利商店就在對街。我想要冰水和一份椒鹽捲餅。老爹似乎沒這個心情，所以我沒要求。

我們駕車離開時，我看到那個學生在上高中的第一天就戴著手銬被帶走，丟進囚車後座。後來他被退學，我一直不曉得他的名字。

晚上。月光在我腫脹、塗滿凡士林的嘴唇上閃亮。在這充滿瘋狂的日子裡第一個舒緩的時刻。我躺在床上時（左邊側躺）猜想，到底發生了什麼事？我怎麼會在這裡？

這時，琪琪進來查看我。她換掉我的冰袋，拍鬆我的枕頭，調整我頭上的繃帶。我必須說，有個當護士的外婆眞不錯。

我告訴她事情經過，她沒有說教或責備。她只說，「你知道的，如果你別再這麼多話，或許你能先發現有人要打你。」

然後她親了我一下才離開。

我一直回想琪琪的話。她說得對——我總是在講話，總是開玩笑——我從不閉嘴。我講話不是因爲有什麼特別重要的話說，而是因爲我害怕。我開始想到我的過度補償和虛張聲勢其實只是另一種比較隱晦的膽小鬼宣言。

我的思緒在旋轉。我的心思飄到琪琪發現我第一本饒舌書的時候。

就像大多數模仿嘻哈偶像的小孩，我一直在寫充滿咒罵與老套鄙俗語的歌詞，我不小心把書遺留在廚房了。

琪琪發現之後看過。她沒跟我說什麼，但她在封面內側寫了留言給我。

親愛的威拉德，

眞正聰明的人不必用這種語言表達自我。上帝用語言的天賦祝福你。一定要善用你的天賦提升別人。請讓世界看到你像我們認爲的一樣聰明。

愛你的，

琪琪

我躺在床上，滿心羞愧。我用我的語言提升了別人嗎？我想起那個學生坐在某處的牢房裡——他的外婆現在在做什麼？他差點拋棄了自己的人生，這或許不是我的話造成的，但肯定是我的話引發的。我很確定我不想當那種人。

但我的羞愧開始慢慢變成對語言力量的恍然大悟。我知道我下意識地造就了這一整天——我不清楚怎麼回事，但我很確定是我幹的。我初次察覺我不軟弱；其實，我無限強大——我只是無法控制自己。我的想像力因爲可能性而暴走。上帝確實用語言的天賦祝福了我。那一晚，我初次瞥見那些語言改變與塑造我的現實的力量。

然後我自問，如果我有這麼大的力量，不是應該善用嗎？語言可以影響人們怎麼看自己，如何互相對待，如何處世。語言可以造就一個人，也可以毀掉一個人。我那晚決定我想要用我的語言爲別人賦權，幫助而非傷害。

我在歌詞裡不再咒罵。多年來我因爲這個選擇受到批評與攻擊。但是同儕壓力絲毫無法勝過琪琪的壓力。

高中的前幾個月有點坎坷，但我肯定不再匿名了。以我的語言力量差點毀掉我自己的同樣方式，如今我開始發現語言的力量正在爲我的夢想增色。

那個學年的中期，嘻哈在費城貞的開始熱到冒泡了，現在，每個人都有自己的保羅表哥——他們認識在紐約的某人能幫他們弄到合輯。糖丘幫（Sugarhill Gang）的〈Rapper's Delight〉大獲成功，對主流文化的屏障造成重大突破。每個人都一直在聽那首歌。

那年走在奧佛布魯克高中的走廊就像走過嘻哈戰場。嘻哈或許沒上過電視，或許沒在電台播放，但在奧佛布魯克高中，每個人都在饒舌。還沒有人知道，但是八個月來我每天一直在寫歌詞。我有無數頁的不同概念、關鍵句和故事。我開始記住其中一些，準備好隨時表演。我會走向成群饒舌的小孩加入，我開始慢慢培養出不錯的饒舌歌手名聲。

新流行是自由發揮（freestylin'）。某人會用嘴巴做口技，然後饒舌歌手針對當下周圍的事物即興發揮——某個小孩的怪鞋，你數學課當掉的考試，你喜歡的女生，什麼都行。

這向來是我最大的優勢。我一輩子都在講笑話。現在我只需要讓它押韻，大家就會反應熱烈。

全校最佳的 beatbox 口技者是名叫克拉倫斯・荷姆斯的男生——大家都叫他克雷特。他不只能模仿大多數銅管，還會模仿流行碎拍歌曲的實際聲音。最屌的是，克雷特能做音效——他在走廊上模仿鳥叫能逼真到大家轉頭看是誰把鳥帶進來了。我很快發現每次克雷特用口技搭配我的表演時，總會讓我聽起來好一點。我開始每天放學後去找他。我會過去用標準的問候語跟他說：「最近怎樣，C，準備好搖滾了嗎？」

「你知道怎麼回事，」他會說。

克雷特總是準備好搖滾。永遠。以致我們都開始叫他「準備搖滾C」。很快地，一開始只是輕鬆的自由發揮較勁——設法在押韻與流暢上勝過對方——演變成後來所謂的對戰。我會上前唱一段，然後其他同學設法贏過我。或許他會取笑我的髮型或衣服。等他唱完之後，我必須上前唱出回應。判斷誰「贏」主要取決於誰引發群眾最大的笑聲或歡呼。如果你贏得群眾，就贏得對戰。

我所向無敵——兩個字：贏定。

有些人比我聰明，他們比較流暢或聲音比較好聽，或比較有詩意品味。但沒人像我這麼好笑。沒人能像我這樣用關鍵句震撼群眾。似乎永遠沒人了解搞笑是無法打敗的。你可以盡情撂些幫派狠話——你可以形容世界上所有金錢和美女——但如果你的褲子太短了些，有人說，

看看你，鄉巴佬，假裝你很屌
看來你的鞋子去了派對，你的褲子太 high 了

然後四十個人發笑？你完了。比賽結束。

唱饒舌改變了我的一切。我生平第一次受到歡迎。我得到注意與尊重。準備搖滾和我都出身溫菲爾德，但奧佛布魯克在丘頂區。很多次在對戰中，我們會代表溫菲爾德。所以很多以前挑剔我取笑我的同社區的人，現在在我出現時都很高興。我交到了新朋友；女生也開始懂我了。準備搖滾和我變得形影不離。

我鬥歌沒輸過的另一個原因是因爲我在老爹家長大，被他無情的工作倫理塑造磨練。我不斷練習。不像其他開始抽大麻翹課的小孩，我每天花很多時間在筆記簿塡寫歌詞。我會站在鏡子前練習我的歌詞，確保我的表情和肢體語言完美搭配，以強化並加重關鍵句。我精簡我的呈現法，努力加深我的聲調。每次下課與上學前放學後，我總是在找鬆懈的笨蛋。我會跟任何人鬥歌——在餐廳，在停車場，在操場或校園。上課時，我開始跟老師開玩笑，被點到時就用韻文回答。我會拿父母練習。我會用韻文接電話。很多成年人假裝討厭，但我知道他們很喜歡。

嘻哈與幽默的結合讓我所向披靡。我找到了我的聲音。我選擇詩意又有喜感的措辭。現在，我第一次體驗到自己的生活充滿活力。老師們都喜歡我。我上課遲到、沒寫作業或被逮到在後排發呆時，他們不能罵我，因爲他們在笑。

我開始發現我不再惹痲煩。我最喜歡的老師之一是布朗小姐。她教二級代數、初級函數和三角學。她有無瑕的巧克力色皮膚和又大又亮的褐眼珠。她身高不到五呎，但她的內心有六呎八吋高。她很清楚我在幹嘛。這時候，我至少比她高一呎，當我做什麼她必須檢查的事情，她會直接走到我胸前說，「下來一點我才能跟你講話。」

當你感覺到老師喜歡你，學習眞的很容易。布朗小姐開始戲稱我「白馬王子」。例如她會諷刺地說，「喔，你看，白馬王子本週一早上賞賜我們交了作業呢。眞是太佛心了。」同學們會笑，我會吞下去。只要每個人都在笑，我無所謂。

在八〇年代，「新鮮」這個字是嘻哈的新俚語。每個人都當成口頭禪——很像七〇年代的「飛」，或九〇年代的「藥」；在八〇年代，如果什麼東西很流行，你會說，「老兄，那很新鮮。」某天我眞的在鐘響後僅四十五秒跑進布朗小姐的教室，她看看手錶說，「王子閣下，遲到兩分鐘……」

我趕緊糾正她。

「不對，布朗小姐，我們都知道我勉強算遲到三十秒。如果妳不介意，從今以後我要求被稱作新鮮王子。」全班大爆笑。

這個稱號從此跟著我。

爲了感到自信與安全，你必須先有東西可以感到自信與安全。我們都想要自我感覺良好，但很多人不懂這實際上要花多少工夫。

內在力量和自信出自洞察與精通。當你很懂或擅長某件事情，你覺得強大，讓你感覺好像有東西可以貢獻。當你適當地培養你的獨特技能與天賦，你才會興奮能接近世人與世界互動。我從保羅學到的是擅長某件事讓你能夠在風暴中冷靜，心知你能應付發生的任何事。有句李小龍的名言讓我很有共鳴。他的學生曾經問他，「師父，你常跟我們談和平，但是每天訓練我們戰鬥。你如何協調這兩個衝突的概念？」李小龍回答，「當花園裡的戰士，好過當戰爭中的園丁。」

饒舌不只爲我贏得我渴望的同儕認可；它給了我權力感。但我知道那很短暫；我必須不斷注意與培養它。我知道我很棒，但我也知道我必須努力。

它不會從天上掉下來。我必須去爭取。

我老是在走廊上看到她——我甚至夢見過她——但我們來自兩個不同派系。我現在唱饒舌，所以我跟酷學生混，但她戴著超大眼鏡，她和所有朋友都參加了藝術計劃、帶著大包小包的作品袋到處跑。

但梅蘭妮・帕克很漂亮。她在不幸的鎖頭事件之後不久注意到我。她是個摩卡奇諾口味的正妹——有種笨拙迷人天才的特質，是圍繞著悶燒的藝術才能核心的不安全感加古怪的迷人混合。

我們已經互相試探了幾週，我看得出她太矜持無法先開口。她有漂亮的紅褐色眼睛和如沐春風的笑容，我後來才了解那是隱藏深層悲哀用的偽裝。梅蘭妮是個折翼天使，從我看到她的那一刻起，我只想要照顧她。

所以，我去接近她。

「怎麼樣，正妹。我叫王子，」我說。

她禮貌地微笑說，「你媽媽怎麼叫你？」

我心想，該死——我媽都用官方本名叫我。

「呃，她叫我威拉德，」我說，「但是妳可以叫我——」

「威拉德，」她插嘴，「幸會，威拉德。我是梅蘭妮。」

她從來不叫我威爾，也從不叫我王子——她叫過我一兩次混蛋。但直到現在，她還是叫我威拉德。

「欸，那個畫袋好大，」我說，「我可以幫妳拿到下一節的教室去嗎？」

梅蘭妮楞住；我察覺她已經喜歡我，但她感覺應該讓我困難一點。她不發一語把袋子交給我，走向下一節教室。我跟著她，已經完全戀愛了。我們到她的教室之後，我把袋子還給她。

「我想妳最好也讓我幫妳拿回家，今天下午，」我說，「妳的藝術肌肉該休息一下。」

我會每天從奧佛布魯克送梅蘭妮回家。她很容易分心與驚訝——什麼東西都對她很有趣。她是那種可以停下來看樹木十分鐘的人。梅蘭妮住在伍克雷斯特的反方向，所以我得走十分鐘到她家——沿路扛著她的超大作品袋——再走二十分鐘回我家，途中回想著那雙明眸。

梅蘭妮在明尼亞波里斯出生長大。她家充滿暴力到了悲劇的極點：她母親殺了她父親然後入獄。因爲母親坐牢，梅蘭妮搬到費城跟她阿姨住，那個嚴厲的穆斯林開門收容了外甥女，但對青少女該如何表現有很強烈的意見。

我從來沒搞懂整個故事，但是有一次，梅蘭妮和阿姨對某事發生很嚴重的歧見，狀況惡化到阿姨把梅蘭妮掃地出門的程度。法律上，無家可歸的梅蘭妮可能會被送回明尼亞波里斯，安置到收養家庭。我嚇慌了。我告訴媽媽事情始末求她讓梅蘭妮跟我們住。

「媽，只需要一陣子就好，」我說，「我會找工作，做我該做的任何事去賺錢，我和梅蘭妮會去找自己的地方住。我愛她，媽咪。拜託讓她待到我想清楚爲止好嗎？」

媽媽眼眶泛淚，淚水混合了複雜的情緒。一方面，這正是她希望把兒子養成的樣子——關愛、負責任、肯承諾。但另一方面，她從個人經驗知道年輕人愛情的脆弱。

「喔見鬼了，不行！」老爹說，「卡洛琳，妳很清楚他們會幹什麼。」

但我已經答應我媽了：「不准上床。」梅蘭妮會住在地下室；我會睡在兩層樓上的自己房間。只是暫時的。老爹抗議，但是這次媽媽贏了。

我還不是很確定那晚我爲什麼那樣做。直到今天，我都不曉得自己在想什麼。我在本書分享的這麼多經歷中，這個私人行爲的時刻我覺得最不合理。

在我透露後續之前，我想要明確清楚地先說我的評論，當時我深深愛上了梅蘭妮・帕克。我們會結婚；我們要生四個漂亮的摩卡奇諾口味混血小孩；我們的結合會比照浪漫的經典傳奇：羅密歐與茱麗葉，崔斯坦與伊索德，吐派克和珍娜，甚至《花心大少闖情關》的艾迪和荷莉。

但是在凌晨四點，我們明星交會的愛情發生不到三個月，媽媽應該在睡覺但卻悲劇性地決定她想喝杯咖啡。穿著太安靜無法保衛她纖細感性的拖鞋，她走到家裡廚房的門檻。渾然不知的她打開電燈開關，就像以前做過幾萬次那樣。但這次，她的眼睛看到她的長子和女朋友掙扎著深陷魯莽的做愛。身爲青少年，除了肢體受傷，沒有比被老媽逮到你跟女朋友用小狗體位趴在廚房地上感覺更糟的了。

「喔，威拉德！」媽媽關掉電燈。憤怒地踱步上樓梯，臥室的甩門聲象徵著災難性的驚呼點。

這下她才在發出噪音！

上帝垂憐，佳伍克雷斯特那陣子讓梅蘭妮的阿姨冷靜下來，讓她搬回去。我才十六歲，但我全心投入——我空前地堅決要幫我們找個地方，讓梅蘭妮跟我一起建立生活。

我在十六歲生日之前考到了駕照。準備搖滾和我很喜歡每天放學後在費城西區兜風，尋找能對戰的人。當時他們挺容易找的。就是一群老兄在街角站成一圈，其中一人把雙手圈在嘴邊，反覆點頭——這是舉世人類共通的 beatbox 姿勢。

我們會停車，下車，模仿口技者的姿勢，然後開始較量。我只要一分鐘就能開始教訓傻瓜。我丟出關鍵句，大家揮手尖叫——「喔喔喔可惡！你聽到他說啥沒有？」聰明人發現我贏得了群眾之後會放棄，因爲群眾一旦看衰你，你說什麼只會讓你顯得更蠢。但有些呆子不放棄——他們會試圖繼續唱，然後就是兩個字：死定。

到我高二那年，我已經在費城西區混出名聲。我加入一群稍微年長的傢伙——我們自稱「催眠MC團」。團體的設計是根據卡茲大師與冷戀兄弟：我們有一個DJ，四個MC。分別是DJ Groove on the tables、Jamie Fresh、Sheihkie-D、我朋友馬克・佛瑞斯特（別名the Lord Supreme）；加上我新鮮王子。（準備搖滾會進進出出，但他不太喜歡這些人。）

我非常認眞看待我在催眠MC團的角色。我用老爹灌輸我的紀律去投入。但在當時，我還不曉得大多數人沒有我這種工作倫理。

我想要每天排練，用特定的行程表。他們都比較散漫看待。有時候他們排練會遲到，也有些時候根本不來。我希望我們能去所有街區派對表演，存錢買設備，發傳單宣傳自己，製作我們自己的卡帶。因爲我最年輕，他們總是有點在嘲笑我、排斥我的主意。最後我眞的說服每個人各出兩百美元讓我們購買全新的SP-12取樣混音器。我在冰廠埋頭工作幾星期，賺到了我出的份。現在我們有混音器、四支麥克風、兩台唱盤和我們需要的所有唱片。因爲Groove是DJ，我們同意把所有設備放在他家。

我們在大約六個月裡一起做了幾場挺棒的表演，但是設備多半放在Groove的地下室沒用上。我很挫折——沒人想要辛苦地去搬。我的工作倫理和不斷催促慢慢地讓我跟團體產生隔閡。他們討厭我老是煩他們，毀掉了對他們來說應該是好玩的嗜好。我討厭他們不夠努力讓這件事盡量做到最好。

我記得自己在跟他們一起排練時不知不覺喊出老爹的格言：「九十九%跟零是一樣的！」

我們開始爲了每件事發生爭吵打鬥：爲了歌詞，爲了哪段斷拍節奏跟哪段和聲最搭配，爲了誰負責唱哪段——每個決定都變成煩人的工作。以我現在懂的，我看得出那行不通，但在當時，我的心態是一切都能修正。

但最後，幾個月沒進度錄不出東西之後，我去Groove家裡告訴他們我要退出。對他們來說，反正我是毀掉大家樂趣的討厭小鬼。他們聳聳肩，互相笑了笑，送我走。

於是我拿了我的麥克風和耳機，而且爲了公平起見，我提議向他們買下那台SP-12混音器。

「那是非賣品，」Groove說。他的語氣多了一份冷淡。

「別這樣，老兄，那玩意你們根本沒在用，」我說，「我爸會幫我湊錢⋯」

他們不甩我只顧自己交談。重點不在SP-12；也不是厭惡。重點是權力——他們不尊重我是因爲他們可以。他們知道我無計可施。

「好吧，算了，」我說，「把我的兩百塊還我，你們可以留著機器。」

他們互相傻笑起來，然後 Groove 說，「不行。」

沒有爭執。沒人拉開嗓門。只有不斷的拒絕。

表面上我保持冷靜，但怒火開始在我內心翻攪。整個童年我在家裡飽受霸凌和虐待。我厭倦了這些狗屁。

「好吧，」我冷靜地說，「後會有期。」但我要離開時，我發現那台 SP-12 就放在旁邊。所以我走過去，停頓，然後拿起來，猛扯連接到牆上的電線，高舉到頭頂上儀表板朝下，轟！我把它砸到地下室的水泥地上。那玩意當場解體——旋鈕、塑膠、電晶體到處飛散。

「你他媽的在搞什麼？」Groove 慘叫。

然後我爬上地下室樓梯走到外面街上。他們一開始就沒看錯我，但我是最年輕的。在當年，我逃跑的方式被稱作「booking」。我低著頭連走八條街沒回頭。我終於放慢腳步時，背後沒人。

我現在單飛了。

老爹的嶄新雪佛蘭廂型車所有車窗都被打破。他的音響和所有工具都不見了。

事發當時是保羅在用車。他幾乎哭哭啼啼地向老爹道歉。老爹設法安撫他。

「老兄，這種事難免——那就是買保險的用處，」老爹說。

但保羅的內心準則認爲這不可原諒。他感覺廂型車在他保管下，就是受到託付。我從來沒看過他這樣。保羅感覺不知怎地失敗了讓老爹丟臉。老爹看得出保羅的心裡有問題，一開始讓他來到費城西區的同樣問題。

「欸，保羅，你看我，」老爹說，「你知道黑鬼們強行破壞和偷我的東西有多少次了嗎？」

「我很清楚是誰幹的，威爾姨丈，」保羅說。

「去他的黑鬼，保羅，」老爹說，「我們有太多事要忙。別管它了。」

但保羅就是放不下。他跟一個叫雪莉的女孩在交往，她以前的男友是個名叫老黑的老角頭。老黑掌管溫菲爾德。他總是跟七八個朋友一起待在布萊恩先生的店前街角。老黑大約六呎四吋高，老是不穿上衣。他不在乎。他光天化日之下就會在戶外抽大麻。

保羅直接走進人群中，到老黑面前。

「你動了我姨丈的廂型車？」保羅說。在場每個人都笑了。

「對，是我幹的，你想怎樣——」

碰。

兩秒鐘內，老黑的鼻子斷了。但他還不曉得。他直到稍後恢復意識時才會發現。我除了電影以外從沒看過這種打鬥。保羅痛扁每個人。街角的每個人不是流血、逃走，就是昏迷了。

那晚保羅沒有回家。隔天也沒有。他違逆了老爹。我猜那對他太難以承受了。

直到三十五年後我才再度見到他。

第五章　希望

媽媽和哈利搬回了伍克雷斯特。我家不是會討論事情的家庭。我一直不曉得她和老爹決定了什麼——我沒問，他們也沒說。但無論如何，他再也不打她了。

那是我高三學年的中期。我剛拿到我的 SAT 成績：一千兩百出頭。離完美成績還差得遠，但對費城市中心學校的黑人小孩而言，那個數字遠超過能讓我選擇好大學的程度。媽媽很開心。她在家裡手舞足蹈，打電話給她在卡內基梅隆和麻省理工學院的所有朋友——你一定會以爲她要回到大學校園了。

我的強項學科是數學和理工。在一九八六年，越來越多學校開始提供電腦科學和工程課程。媽媽設置了一個戰情室。她有張美國地圖；她交叉參考「工學院」和「有我們家親戚的州和城市」，「生活費用」和「離費城多遠」。資訊到手之後，她篩除我的選項到頂尖的五六所學校，以最可能到最不可能錄取排序。接著她塡寫所有申請表，處理所有住宿後勤，衡量所有旅行與財務補助問題。當時她在費城的教育委員會上班，所以一談到教育，她的組織與執行力連老爹都佩服。

我們在威斯康辛有家族朋友，媽媽突然決定我們要全家出遊去看他們。（大家長華特・

麥卡倫（我們都叫他哇恰馬卡龍伯伯）跟大學工學院的甄選官關係密切。）她已經把我姊姊潘送進漢普頓大學，我就是下一個。她當父母最狂野的夢想要實現了——她的所有小孩都要上大學。

媽媽是負責「威爾進大學」任務的指揮官。突然間，她毫不介意「如果兩個人說了算，大家都會死」的觀念了。

那是個週五晚上，我女朋友茱蒂·史都華在同個街區要辦生日派對。我放學後跟準備搖滾碰面。

「唷，你今晚要去茱蒂的派對嗎？」他說。

「不了，老兄，她玩我。前兩年我都在她的派對當DJ，她找了別人而且根本沒告訴我。」

「呃，她不只找了別人，老兄。她找了爵士傑夫。」

「蛤？！我久仰大名，但我從來沒看過他表演。」

「是啊，老兄。他超屌，」準備說，「不過他是西南區來的，他會到我們社區耶！我們放任不管嗎？」

準備搖滾總是懂得怎麼激我去對戰。倒不是我特別需要鼓舞啦。

「唷，他的饒舌歌手是誰？」我說。

「MC 冰人。但是他比不過你。」

「沒人比得過我。」

準備搖滾喜歡我這樣撂狠話的時候。他敲我一下。我腦中就翻滾著對戰歌詞逐漸成形應付今晚的大屠殺。

「你知道嗎，我們今晚要突襲派對修理那些笨蛋，」我說，「我們必須代表溫菲爾德。」

「賭了！」他說，「準備搖滾C和新鮮王子對抗爵士傑夫和 MC 冰人！我八點鐘在那邊等你。」

「好吧，賭了。晚點見。」

傑佛瑞・亞倫・湯恩在費城西南區的羅德曼街長大，離溫菲爾德大約四五哩。傑夫出身音樂世家。他老爸主持過爵士傳奇貝西伯爵的演出。他哥哥在放克和融合的樂團演奏，他老姊一直在唱摩城唱片公司的歌。他是全家最小的，像一塊音樂海綿，吸收與處理他身邊出現的各種傑出天賦。

十五歲時，傑夫被診斷罹癌，非霍奇金氏淋巴瘤。各種痛苦困難的治療之後，他成功打敗病魔，但他母親可想而知變得過度保護，傑夫不知不覺間就在家裡地下室度日，被他父親和哥哥的一萬張爵士、放克與藍調唱片圍繞。傑夫整天挖掘唱片，從約翰・柯川與查理・明格斯到史提夫・汪達和詹姆士・布朗什麼都聽，注意不同的風格、音樂技法和樂器演奏。

十歲時傑夫就開始學做 DJ。他的百科全書知識讓他成為音樂神童。大家都叫他「爵士」，因為他有能力天衣無縫地融合複雜爵士曲調與現代放克、迪斯可或嘻哈韻律。最後，稱號擴張成「爵士傑夫」。

你們很多年輕人或許不知道，但在當年，DJ 其實比 MC 更有名。饒舌仍是挺低階的事。我們還不懂得像今天這樣培養韻律與語言的巧思。當 DJ 才是創新與刺激的注意力焦點。

很難跟不熟悉老派作風的人解釋，但是傑夫刮擦旋律調合聲音的能力，從以前到現在大多數時候是無與倫比的。他青少年時期在費城地下室派對上開拓的技巧與風格至今仍被全世界數以千計的 DJ 引用。他能用沒人看過或聽過的方式操縱唱片。他能融合音調和時間標注去改變聲音，其中一招我後來稱作「變形金剛刮擦」，因為它讓我聯想到變形金剛卡通的音效。他能讓兩張唱片的歌詞互相反覆「交談」，從兩首完全不同的歌曲製造「對話」。

我可以說個沒完。但我只想說為何這麼多人，包括我自己，認為傑夫是史上最佳嘻哈 DJ 是有道理的。即使三十多年後的今天，他仍被 DJ 專家尊崇為世界頂尖之一。

重點是：我知道我是電影大明星，但在八〇年代，爵士傑夫才是明星。是我在支持他。

那晚在茱蒂家，我提早到了。我大搖大擺走進她的地下室：雙色Lee牛仔褲，背面是黑色，正面是白色，左腿用紅字繡了「新鮮王子」，加上搭配的雙色Lee外套。我把Lee品牌貼片從褲腰帶摘下來裝到我脖子掛的銀項鍊上。

我幾乎酷炫到不適合這個派對。

我走進房間時，腦中閃過我上次來茱蒂家地下室時的情形。記錄在我第一首單曲〈Girls Ain't Nothing But Trouble〉裡的那些悲慘事件，其實就發生在這裡。某天晚上我跟茱蒂的一位女性朋友在地下室時，茱蒂的父親在大約凌晨兩點被無疑是猛烈做愛的聲音吵醒（是我的聲音，不是她）。我聽到頂樓傳來他怒吼衝下樓梯的聲音。

「誰他媽的在我家裡？」

我跳起來裸體衝過狹窄的後廳，打開通往後車道的門，驚恐地發現車道已經被一呎深的積雪掩埋。

當時氣溫華氏三十一度，我必須作決斷。

「他在哪裡？他在哪裡？」茱蒂的父親大吼。

決定了。

我光著屁股跑過一整個街區在大雪中回我家。我在戶外待了十幾分鐘做雪球，設法擊中哈利的臥室窗戶。終於，窗子打開，哈利往下看。

我沒聽過我弟弟笑得這麼大聲，之後也沒有。

碰巧茱蒂的地下室也是我初次見到傑夫的地方。無論魔法茱蒂在八〇年代中期的地下室裡施了什麼魔法，顯然傑夫和我的事業都靠它了。茱蒂，多謝了。

我抵達時，傑夫還在布置。茱蒂介紹我們認識。「你好嗎，老兄，我是爵士，」他說。

「王子，」我指著我的腿說。

我心想，這就是爵士傑夫？他戴著一副特大眼鏡，而且全身衣服上沒繡他的名字——這樣別人怎麼會知道他是爵士傑夫？他左手用來刮擦的中指上包著OK繃。顯然他練習到手指的最末端關節都扭曲了。每個人都在談論這老兄，但我完全無感。如果這個小丑是全市最佳DJ，我爲費城難過。那個年代很多出名的DJ很酷炫，會後空翻、跳過他們的唱盤之類的。傑夫很寡言、瘦削、語氣溫和，看起來比較像科學阿宅而非操縱唱盤的武士。

我坐下休息看傑夫繼續布置。對戰前提早到以便計算材料總是件好事。我規劃我要嘲笑他眼鏡和繃帶的關鍵句，但我的對手其實是冰人。過幾分鐘之後我說，「唷，爵士，冰人在哪裡？」

傑夫頭也沒抬。我看得出這是個棘手話題。

「問得好。我打給他大概五次了。他沒回電。」

當時還沒有手機——無法像現在這樣跟人聯絡。茱蒂的賓客開始上門了，但準備搖滾還是不見人影。派對即將開始。我發現茱蒂開始緊張，我能察覺傑夫感覺也不太妙。我的「討好個性」全力發作。

「欸，如果你想要的話，冰人來之前我陪你一起搖滾，」我說。

傑夫鬆了口氣說，「喔，那就太帥了。多謝。我討厭用麥克風講話。」

「我罩你，」我說，「我最喜歡的莫過於用麥克風講話了。」

我們都笑了。茱蒂也尖叫拍手。

身爲藝人有些罕見的時刻你無法量化或衡量。你再怎麼努力都很難重演那些時刻，而且幾乎無法形容。但是每個藝人都懂我在說什麼——那些神靈啓發讓創意巧妙又輕鬆地流瀉，不知怎地讓你空前厲害的時刻。

跟傑夫那一晚是我初次嚐到這滋味，運動員稱之爲「特區」的地方。感覺像是我們已經組團了而且我們只需要趕上自己就好——自然，舒適，自在。

傑夫看得出我的押韻風格。他總是知道我何時要說笑，何時切斷音樂讓大家聽清楚關鍵句，而我能分辨他要用哪隻手做哪種刮擦。他偏好用左手而非右手做不同的刮擦。察覺之後，我能把觀眾注意力引到他即將要刮擦的手去。他根據感覺最能強調我敘事結構與韻文流暢的條件來選擇唱片與調整節奏。隨著音樂漸強，我會丟出尖銳台詞，而傑夫會把節奏弄成這些費城小孩生平看過最屌、最火熱、震撼派對的東西。

那晚很瘋狂。派對結束時，我和傑夫站在戶外車道上喘息冷卻。我們仍然很亢奮。

「唷，你做的那個 Truck Turner 回音太屌了，」我說。

「你的 flow 也完美搭配那段 Chic 樂團的低音聲部！」傑夫回答，「下次，我們來用『Bounce Rock Skate Roll』然後轉換到 Chic……」

我們的點子像消防水管般噴出來，創意在我們之間來回彈跳。他說的一切都引發我腦中三個主意，我的回應也讓他抱頭踱步繞圈。

「一言爲定！」

我們從未眞正商量過，沒有把它正式化，但在茱蒂．史都華的地下室那個狂野十一月夜晚，他成了我的DJ，而我成了他的饒舌歌手。從那時起，我們就是DJ爵士傑夫和新鮮王子，只是來自費城西區的兩個小子——夥伴、朋友、兄弟。

至今我們仍然是。

接下來兩個月，我跟傑夫用力挖掘。我們天天練習，每個週末都表演。他住在媽媽家的地下室。那是他的聖地，他的魔法工坊。走進去時，感覺就像你在窺探魔法師的簾幕後面。

傑夫是我第一個擺明比我更努力的朋友。我想如果說他「練習很久」會是一種誤解。他不是在練習——而是他根本不做別的事。你絕不會看到傑夫進廚房或看電視。你去他家時不會看到他從商店回來走上門口台階。他不去商店；我猜魔法師不自己採購的。傑夫每天站在他的唱盤前面十四到十八小時，每週七天，全年無休。那簡直是我能想起傑夫在他童年老家的唯一影像。

傑夫是個瘋狂科學家，他熱愛科技。他總是在等只能向某個資歷可疑的維也納七十八歲吉他工匠買到的新道具送來信箱裡。傑夫從單純當DJ進入編寫節奏與錄製工作。他有一台TASCAM四軌錄音機，而且創作自己的唱片做實驗。現在他有一間迷你錄音室了。

傑夫比我大三歲，所以他已經畢業，但我還得上學並且在冰廠工作。所以等到我下午四點左右能排練時，傑夫已經工作十小時了。他會給我兩張唱片塡寫台詞；隔天出現時我會寫好一張，他又給我六張。我們搭檔的前幾個月都是這種狀況。DJ 爵士傑夫是個嘻哈終結者。他不吃飯，他不睡覺，而且直到你掛掉以前他肯定絕對不會停手。

我努力趕上——我會盡量熬夜，直到媽媽或老爹叫我，問我知不知道現在幾點了。在傑夫地下室的開頭幾個月是我經歷過最有創意的時期之一。一切都很尖端，一切都很紅；很有實驗性與啓發性。我從不想要離開。我們尋找我們的聲音，但我們找到了自己。

某天晚上，我們在傑夫的地下室排練，有個穿著鱷魚牌馬球衫、褐色打摺卡其褲和愛迪達運動鞋的陌生老兄爬進地下室窗戶。他冷靜地去到顯然是他地盤的角落坐下。音樂在播放，傑夫和我都深陷藝術交流中，所以我猜他不想打擾我們。傑夫對他在場毫無反應。這樣持續了幾分鐘，直到我設法打破顯然只有我覺得的尷尬。

「嘿，老兄，你穿那種褲子和鞋子得小心點。如果卡其褲搭配貝殼頭款式，可能會把你的腳踝炸掉。」

我只是想破冰，但那老兄看著我，覺得是威脅，說，「喔，我們要這樣嗎？我們互婊？因爲我們可以從你的車門招風耳開始⋯」

「不，不，不，老兄，我只是鬧你的。我是威爾。大家都叫我新鮮王子。」

傑夫終於脫離他的瘋狂教授恍惚狀態，摘下他的耳機。

「我靠！怎麼了，JL？」傑夫說，「你什麼時候來的？」

詹姆士・拉希特是傑夫的童年好友。他在隔壁街區的榛木大道長大。傑夫小時候生病時，母親不肯讓他出門，所以JL會過來坐很久陪傑夫，跟他作伴。這種例行公事在傑夫痊癒後持續很久，直到他們成年。

JL很優秀。我認識他時，他正在讀坦普法學院。他白天念書晚上在賓州大學醫院工作。他白天最後兩小時會來傑夫家，部分是習慣，部分是放鬆，部分是爲了見證史上最偉大DJ的進化。

我們在費城嘻哈界迅速崛起。我們盡力表演每場秀：街區派對、學校舞會、畢業舞會、地下室派對、生日、教堂停車場的募款會——什麼都有，我們都做。我們建立了好玩、有創意、迷人的派對藝人名聲。最後，一九八六年初，我們辦了第一場在大型場地的正式演出，就是聞名的溫舞廳（Wynne Ballroom）。「Wynne」是溫菲爾德的簡稱——我的社區、我的同胞和我的新DJ。我們紅爆了。我們是費城街頭最紅的嘻哈雙人組。

但在一九八六年九月有個大突破，傑夫受邀去參加新音樂研討會（New Music Seminar，每年六月在紐約市舉行的音樂會議和音樂節）的世界爭霸戰。

世界爭霸戰是每年在紐約市舉辦的老派DJ與MC對戰競賽。所有嘻哈界傳奇人物都曾在那表演與競爭：閃光大師、忙碌蜜蜂、Mantronix、梅勒梅爾等等。好像八〇年代初期嘻哈界的奧運。

當地電台DJ Lady B是費城嘻哈界的大咖先驅。她最早在本地播放饒舌音樂，當時還只在WHAT AM電台。她打電話給活動策劃人之一克萊恩（Dave「Funken」Klein），說她在費城認識一個正在改變遊戲規則的DJ。Lady B施壓克萊恩讓傑夫參加競賽。

雖然近在兩小時車程外，這段路感覺像朝聖之旅。紐約市是嘻哈聖地。我從沒來過紐約。對我來說，想到音樂能成爲我到新世界的護照就能刺激與啓發我。現在我來了，走過紐約市區，前往地球上最酷的活動。全是因爲饒舌音樂。

對戰在時報廣場萬豪馬奎斯飯店的大舞廳舉行。我們到場，人山人海，全力以赴；全場都是費城人隊的紅色棒球帽。我們嚇呆了，但是你從我我們引發出的噪音看不出來——費城正式成爲玩家之一了。

傑夫走向報到桌。我站在他背後雙手抱胸抬高下巴，虛張聲勢的狠角色模樣。梅勒・梅爾從我左邊走過，進入舞廳。我的狠角色姿勢忽然有點洩氣。接著閃光大師在我背後進場。爲了安慰，我雙手垂在身邊。然後我聽到背後有聲音，像好久沒見的好朋友會發出的驚呼。我隱約認得其中一個聲音。我是在那裡聽過的？

想起來了。我以前沒當面看過他，但我知道是他。他沒有裝出狠角色姿態，沒有酷炫的衣服，沒有隨從，但他走過時群眾仍然讓開道路。無疑是 MC 大賽的最愛：卡茲大師。他經過時，我費盡全力忍耐才沒有尖叫「我愛你，卡茲！」幸好他走得很快，我沒有出糗，但我不確定我能忍多久。傑夫完成簽到，我雙手插口袋，默默地去找座位。

世界爭霸戰有兩個區塊——MC 競賽和 DJ 競賽。各有八個參賽者；三回合淘汰賽；最後剩下的獲勝。對戰設計是每回合讓每個參賽者有三段三十秒的空檔表現他們的東西。他們會反覆使出自己的慣例，到最後，評審給他們評分，部分根據他們的技巧與整體表現，但也根據觀眾的反應。

MC 們先上場，那根本不是公平對戰：一輪接一輪，一個接一個饒舌歌手敗在我偶像的機智與魅力下。卡茲大師獲封世界 MC 霸主，而我再也忍不住了：

「我愛你，卡茲！」

接著DJ們上場。在當年，這才是大家前來眞正想看的對戰。

身爲新來的，傑夫在第一回合對上去年的冠軍DJ Cheese。大多數DJ準備了二到四段慣例然後在整場比賽中重複。但傑夫在先前一星期準備了九段獨立的三十秒慣例。他發現如果有三回合，每回合有三段空檔，他就能夠撐完整場競賽不會重複。但他做得更多：每段慣例都精準設計在三十秒結束。所以，當其他DJ被笛聲打斷顯得很遜，或開場花了二十秒尚未眞正開始，傑夫完美計時的慣例就在二十九秒丟出關鍵句——效果是讓傑夫的笛聲成爲群眾歡呼的訊號。

第一回合要開始了。傑夫走過舞台，或許有點太急，太開心能參賽，伸出手要跟DJ Cheese打招呼。Cheese上下打量傑夫揮手打發他（拒絕跟他握手）。傑夫回他的DJ台時，開朗的儀態不見了，他的眼神轉爲冰冷。如果Cheese早知道後果，他會跟傑夫握手，或者設法退賽更好。

Cheese先上場——他眞的很強。但傑夫用費城的最愛，一段詭異的刮擦旋律反擊。群眾面面相覷嘀咕，不太確定剛看到什麼。DJ Cheese瞪著傑夫，察覺這只是開始。沒人看過這樣的技巧。觀眾屁股都移到了座椅邊緣。

DJ Cheese放出他的第二段慣例再度成功。群眾歡呼——所有評審都給高分。然後觀眾冷靜下來看費城小子帶來了什麼絕招。沒有宣布也沒有號角聲，傑夫讓世人見識了他的「變形金剛刮擦」。在一九八六年，那是大家聽過最噁心的聲音。而那只是最初的十秒鐘。他用閃光大師與憤怒五人組的〈Pump Me Up〉完成了慣例。歌的結尾有段韻文是這樣：

曾是O型腿的弟兄，獨一無二的他
我買了棟豪宅給我媽

傑夫停頓了一下，把最後歌詞拆成音節：

我買了
棟
豪
宅，
給
我

然後他停著，讓時間跑完，在二十九秒時，就在笛聲前，他發出最後一個字：

媽

笛聲響起，群眾瘋狂。評審們從座位上跳起來，雙手抱頭走來走去。傑夫的刮擦非常乾淨、鮮明，又算準觀眾發現他們正在目睹這個藝術形式的進化。DJ爵士傑夫正在昭告通往世界霸主之路要經過費城。

傑夫那晚無懈可擊。一切結束之後，一九八六年世界DJ霸主是個大半生在費城西南區地下室度過的小子：我的DJ，DJ爵士傑夫。

事後，我們都擠進在萬豪馬奎斯的單人房。我們知道剛發生了大事——Eric B和Rakim甚至跑來房間親自跟傑夫道賀。我們不太確定往後會怎樣，但我們有預感某個重要引信被點燃了。

我們整晚沒睡，發笑，做夢，構思，計畫。那晚是我發現嘻哈帶給我的可能性遠超過我敢指望的任何東西的第一晚。我這輩子，父母都希望我重視教育與努力工作。我應該要上大學。我應該要找個好工作。我應該在世界力爭上游。身爲自我指定的金童，我向來致力符合我父母的期望和夢想。我無法想像別的方式。

但等到隔天早上我們開車回家時，紐約在我們背後消失，我忽然有個強烈的信念：我不上大學了。

戴納・古德曼有錢。

他大約五呎六吋高而且壯碩，不是胖，但是看來如果有必要他可以傷害你。年近四十的他是溫菲爾德的角頭。你不會看到他久站在街角，因爲他不是那些笨蛋——他可是玩眞的。

戴納是立足紐約的最早期嘻哈品牌之一 Pop Art 唱片公司的創辦人勞倫斯・古德曼的弟弟。勞倫斯出身費城，但他在紐約壓著對手打。

回到費城那前幾個月，我和傑夫火力全開。傑夫這時花費八十%時間在做唱片，二十%當 DJ。我們用傑夫的 TASCAM 四軌完成了六七首歌。他盡力做好混音，但是設備無法完全重現裝在他腦中的聲音，讓傑夫越來越挫折。

我剛買了一台夏普 777，原創的嘻哈錄放音機。那算是我第一次注意到大公司回應我們蓬勃藝術形式的需求。777 超大聲又超重的。你得夠強壯才能扛著那玩意到處走，而且必須手提，因爲不知何故，如果你把它放地上，昂貴的電池消耗會快很多。最棒的是777有高速雙卡座複製能力，所以我會帶著我和傑夫做的卡帶回家，然後整晚不睡高速拷貝我們的試聽帶。這是每次只能拷貝一捲的舊時代。無趣又單調——你知道的，就像你才九歲時要蓋該死的磚牆——但是非做不可，所以我來。

然後我把這些卡帶送給每個人。我不在乎你是否懂什麼是嘻哈，只要你有兩隻耳朵和錄音機，那我就是新鮮王子——就繡在我的褲子上——我有捲卡帶你非聽不可。

奧佛布魯克高中位於丘頂區，而丘頂區的角頭是大約三十個自稱「丘頂高手」的傢伙。其中有個頂級饒舌歌手叫 Steady B，他是勞倫斯・古德曼的外甥。街頭傳聞他舅舅剛幫他搞定一筆生意，他的音樂當年稍後就會發行。我希望 Steady 把我的卡帶轉交給勞倫斯——問題是，我出身對岸的溫菲爾德，如果丘頂高手有什麼不願意做的事，那就是幫助溫菲爾德來的黑鬼。

但我忽然想到：戴納・古德曼住在溫菲爾德！或許他能把我們的卡帶傳給勞倫斯。

戴納和勞倫斯跟許多兄弟檔一樣，有點瑜亮情結。戴納知道他哥哥靠他的唱片品牌賺翻了，所以他也希望能創立自己的品牌。他打給我和傑夫說他想碰面。所以我們邀他來傑夫家聽我們表演。

戴納穿著Sergio Tacchini名牌的深藍色絲絨運動服，手腕和腳踝有紅白色鬆緊帶那種。運動服的拉鍊拉低到露出七八條細金項鍊在他的胸毛上彈跳。他是那種無法擺脫小孩穿著風格的老人，只差他有穿襪子。戴納總是戴墨鏡——無論室內室外，中午或半夜，籃球場或教堂。你絕對看不到戴納沒戴眼鏡的樣子。

那天，戴納開著嶄新四門鋼藍色五檔變速的奧迪4000 CS Quattro停車在傑夫家門前，我生平第一次看到車上有電話的。那是史上第一代車用電話——轉盤撥號家用電話不知怎地在他車上能用。戴納下車踏上羅德曼街；他是個老闆。他大嗓門又愛現，陽光從他的小指戒指上反射出來。我和傑夫站在他家的門廊上；戴納看到我們，大大張開雙臂，用他低沉滄桑的男中音向附近玩耍的小孩和路過鄰居喊叫，「唷！看看他們！」指著我和傑夫。「各位，就是他們。你們最好向他們討簽名！這是DJ爵士傑夫和新鮮王子！這兩個小子要發達了！」

他叫我和傑夫過去。

「過來，你們倆。給我抱抱！」我和傑夫走下去人行道上，戴納像驕傲的父親般擁抱我們。

「我喜歡你們在紐約的表現，爲費城爭光！」

我和傑夫微笑。

「呃，你知道的，那是我們的專長，」我說。

就在這時，一個比傑夫年長幾歲、名叫基斯的鄰居老兄大聲說：「欸！戴納！是你嗎老兄？！喔，幹，是戴納・古德曼——你來這貧民窟觀光啊？」

基斯和戴納握手——是上一代那種漫長複雜、多重步驟的握手，跟戴納的運動服還是不搭。

「什麼風把你吹來啦？」基斯問。

「喔，你知道的。我來跟這兩個孩子談點生意，」戴納說。

「生意？」基斯看著我和傑夫。他的氣場稍有轉變，但我們太年輕太興奮，沒注意到微妙之處。

基斯把戴納拉到一旁，伸手攬著他。

「你知道這是吉米・湯恩的弟弟，對吧？」

戴納看著傑夫。

「吉米・湯恩的弟弟？」

基斯湊近戴納向他耳語，我們聽不見。

戴納低頭看，然後開始點頭，「是啊，是啊，我瞭，老兄，這只是做生意。我是想幫助他們。」

「家族，」基斯說，這次大聲到我們聽見了。然後他道別走回街上去。

戴納進到地下室。我和傑夫讓他聽我們做的所有歌。戴納選了他最喜歡的兩首：首先是〈Just One of Those Days〉。〈Just One of Those Days〉是每分鐘九十二拍的緩慢曲子，我唱的是遭遇到一個所有事情都出錯的倒楣日子。合音部分，傑夫取樣了厄文・柏林（Irving Berlin）的〈Puttin' on the Ritz〉，那是一九二八年的散拍曲子，史上第一首由跨種族團體在電影中表演的歌。這是純粹的爵士傑夫風格，混合高雅老歌與嘻哈的刮擦跟旋律。清晰呈現了我們的音樂力學：傑夫的成熟音樂與深度知識搭配我的天生敘事力與幽默。

第二首歌是〈Girls Ain't Nothing But Trouble〉，受卡茲的〈Yvette〉啓發之作。這次，傑夫取樣了六〇年代知名情境喜劇〈I Dream of Jeannie〉主題曲。他使用嶄新的 Roland 909 鼓機，壓低筒鼓讓它聽起來像低音聲部。我描述那晚在茱蒂・史都華的地下室因爲猛烈嘿咻差點害我凍傷的故事。戴納很喜歡；他樂不可支。

「唷，眞的有這種事？老實說：眞的發生過嗎？」

「是啊，老兄，」我說，「那晚眞慘。」

他爆笑起來。

「小子，你們都是很有天份、很搞笑的黑鬼，」他說。

幾十年來嘻哈進化了很多，現在聽那些歌我會畏縮——聽起來好簡單又重複。但在當時，我們做的可是革新。傑夫和我用當時嘻哈界空前的方式玩弄歌曲結構。我們有沒歌詞的副歌；我們有半取樣半饒舌的主歌。我建立的詩句架構出完整故事——每句通往下一句，乞求聽眾聽完整首歌來發現最後的結局。那是全新的一天——恕我誇口……很新鮮。

戴納隨著節奏點頭、拍手、跺腳。到了最後，他假裝他再也受不了的樣子說，「夠了，夠了，關掉吧！」

傑夫按下混音機的停止鍵。

如果我們在演卡通，戴納的眼睛裡會有旋轉的美元符號。但在現實生活中，他摸摸胸前的金項鍊說，「喔，天啊！你說我們出張唱片怎麼樣？」

我和傑夫理智斷線——我們興奮不已。蹦跳，擊掌，喊叫——我們好天眞，我們以爲就這樣了。只要邀請個傢伙來你家，他說，「我們出張唱片吧！」然後轟，你就是明星了！

我們當時沒發現戴納根本還沒開公司。他沒有經銷通路，在電台和電視台的人脈也很少。

DJ爵士傑夫和新鮮王子是他跨入音樂產業的第一次掠奪。

一星期後，我們走進戴納在費城市中心找到的專業錄音室Studio 4。很難形容傑夫走進主控室之後的表情。彷彿他是十七歲處男走進色情片的布景，發現自己是男主角。戴納拿給我們一份錄音合約，我們簽了。

我們從來沒進過眞正的錄音室，所以我們不太確定該怎麼辦或這裡如何運作。戴納至少跟他哥哥做過很多張Pop Art暢銷作。他了解該怎麼做與想要聽到什麼。合約規定戴納是我們音樂的製作人兼共同作者。他開始叫傑夫改節奏，換音高，添加中斷和調整音效。傑夫不同意戴納的許多創意選擇，但在戴納心中，既然他付錢租了錄音室，由他說了算。傑夫很不滿，但這是我們的大作，我們唯一的機會，所以我們不想搞砸。

〈Just One of Those Days〉在那次錄音被胡亂切割。歌詞和合唱之間的節奏不一樣了。歌曲費解地換了聲調。混音很糟糕。雖然我們後來重錄了，傑夫仍然痛恨那張唱片。

但是〈Girls〉大致無傷通過了錄製，仍算是一首像樣的歌。雖然傑夫抱怨，大家決定〈Girls〉會是我們第一張發行的單曲，而〈Just One of Those Days〉會放在B面。我們會先發行它們，在我們錄製第一張完整專輯的同時累積一點支持度。

〈Girls Ain't Nothing But Trouble〉單曲在一九八六年三月「上市」，不過沒人曉得，因爲那是用戴納的新品牌「Word-Up唱片」發行的。沒有辦公室，沒有員工，沒有經銷——

單曲連店頭都沒鋪貨；戴納用他的車子行李廂叫賣唱片。毫無動靜。憑良心說，他做了自己知道的一切方法。他是個高手——他花自己的錢，而且絕對相信 DJ 爵士傑夫和新鮮王子。

雖然沒人知道我們出了唱片，傑夫在世界爭霸賽獲勝表示行銷人員開始打電話來安排他演出，而我會被當作包裹協議的一部分。我們開始去費城各地比較高級的夜店演出；我們還去德拉瓦州和大西洋城表演。

秀做得夠大就必須簽合約，有一次，我們必須在當天下午五點前簽名回傳否則表演就要飛了。傑夫和我手忙腳亂——我們哪知道傳真機是什麼鬼？

JL 坐在傑夫地下室的「JL 專屬角落」，在他自己的世界裡，「閱讀」Ohio Players 專輯封套的背面，內側印了塗滿蜂蜜的裸女那張。傑夫和我越來越慌亂，拼命防止這一千五百塊錢在五點來臨時蒸發。

我們都沒有傳眞機；我猜想媽媽上班的地方可能有，但當時已經是週五很晚了。老爹不喜歡那種「新奇玩意」。Word-Up 唱片的行動辦公室裡只有一支車用電話。

JL 靜靜坐著，同時傑夫和我越來越惱怒對方。

「你這裡一堆電腦玩意卻沒有該死的傳眞機？」我說，「你可以向維也納的納粹買取樣的吉他踏板，卻沒有辦法傳眞一份該死的合約？」

「這關我什麼事？你在團隊裡都在幹嘛？」

JL 頭也不抬；用無聊的單調語氣，同時對 Ohio Players 裸女和我和傑夫說，「我有傳眞機⋯⋯」

詹姆士・拉希特就這樣成爲我們的經理。

商業名嘴吉姆・羅恩（Jim Rohn）有個好概念：

「仔細看你花最多時間相處的五個人，因爲他們就是你。」

我天生就了解這個觀念。內心深處，我知道我的夢想會由我選擇相處的人成就或摧毀。孔夫子說得對：無友不如己者。上帝保佑，我生平從未有任何時刻環顧左右找不到傑出的朋友，那些願意相信我怎麼樣都行的人。

JL 這時讀法學院最後一年，雖然傑夫和我僱用他當我們經理只是爲了輕鬆方便，我們很快發現 JL 不是那種輕鬆的人。他開始跟我們的所有場地和演唱會行銷人員做合約，開始向戴納要求關於唱片銷量和錄音室費用的文件和財務報表。他對回應不滿意，就雇了一位紐約律師監督我們的所有商業往來。JL 是那種不在乎金錢或名聲的人；他不酷炫，也不想要花俏衣服或閃亮首飾。他只以捍衛他關愛的人自豪。

JL 看了我們跟戴納簽的錄音合約。他在一些條款強調、畫圈又打叉，但那其實不太重要，因爲我們已經簽了。他面露困惑表情蹲在「JL 專屬角落」問道，「你們兩個讀過這份合約沒有？」

傑夫和我面面相覷。

「我沒細看，你呢？」我說。

傑夫搖搖頭，然後向 JL 說，「沒有。裡面說什麼？」

那不是 JL 期待的回答。

「裡面說你們倆很蠢。」

戴納總是很樂觀，跟我們說他多麼努力工作，花了多少錢促銷這張唱片。傑夫午夜時分在 WHAT 網路電台聽到了一兩次，有些朋友和家人也聽到了，但頂多只是偶爾在電台播放而已。

「你們得賄賂廣播電台；你們得請人吃飯喝酒。你知道的，競爭很激烈。他們想要呼攏我！不過他們會播，只是你們沒聽到！給我一點時間，你們一定會紅的！」

既然我暗自決定不上大學，我不再寫作業，也不讀書應付考試，我甚至翹掉了很多課。

就老爹所知，如果我在冰廠有紀律，完美地做我的工作，沒害自己被逮捕或被殺，他就不過問。但媽媽跟我在奧佛布魯克的所有老師都是朋友，她生氣了。

媽媽最優先的教養任務是讓我、讓她的所有小孩上大學。對她來說，大學就是一切。這是她打包遷居費城的原因。她爲此容忍老爹喝酒與暴力。她搬回伍克雷斯特家也主要爲了這點。大學教育對她就是成功人生的基礎。少了它，我就完蛋了。

希望支撐人生。希望是我們在最黑暗的時刻求生的靈藥。預見與想像更好的日子的能力爲我們的苦難帶來意義，讓它可以忍受。我們失去希望時，就失去了力量與彈性的核心來源。

我媽對子女的希望支撐她熬過婚姻中最黑暗的年代。但現在，我培養出了自己的希望。我有嘻哈的希望。我希望出專輯、上舞台，面對五萬人聽我指揮高喊「呵呵呵！！」現在這些希望帶給我力量和支撐。如果要我放棄我會死掉。我做不到，也不願意。

高三學年末期的某個下午終於來到了重要時刻。放學後我沒回家；我直接去傑夫家排練。我終於回到家是晚上十點左右。我把鑰匙插進大門之前就感覺得到媽媽在。

果然，媽媽在廚房裡等我。

「嘿，媽！」我假裝開心地說。

「你有什麼問題嗎？」她平靜地說。

「不，我沒事，媽。」
「不對，顯然你有個大問題。或至少即將發生。」
「怎麼了，媽，發生什麼事了？」
「我剛跟史塔布斯老師談過。都四年了你才忘記你的教室在哪裡嗎？」
「不是，媽，我只是太多事要做了。」
「你還有什麼比上大學更重要的事？你知道這些學校會看你最後一年的成績吧？我們努力了這麼久，不能讓你把人生拋棄掉。你有什麼問題？」
媽媽的語氣和姿勢顯示出憤怒，但我看到底下別的東西：她嚇壞了。我的心也軟了。
「媽。我跟傑夫合作了大約一年。大家都說他是全世界最強 DJ。饒舌歌正在暴紅。上電台，上 MTV，Run-DMC 樂團還紅到日本。我跟妳說，媽，我們在製作跟別人一樣棒的歌。每次我們表演，觀眾都瘋狂。我們找了個願意投資的唱片製作人；我們有經紀人。費城沒人像我這麼會唱饒舌。大家都說我們會當明星。我只需要一點時間讓它實現。」
「不行。你不能當饒舌歌手，」她直率地說。
「蛤？爲什麼不行？」
「因爲我不知道那是什麼。你先聽我說：你不准再翹課；不准再缺考。你要完成指派的每項家庭作業。你秋天要上大學。沒得商量。」

「媽，聽聽這個音樂……」

「我聽了你一輩子蹦蹦跳跳！那是嗜好；不是事業。晚安。」

她從廚房餐桌起身，轉身要走，我用或許是我對我媽說過最糟糕的話攔住她。

「媽，我不上大學了。」

我站在掙扎熬過辛勞與犧牲的世代背上才有今天——努力的非裔美國人漫長系譜中的幸福接受者，在美國擁有穩定、受教育、中產階級的生活。媽媽和老爹的世代在種族隔離與赤貧的痛苦中長大。琪琪全家逃離南方的吉姆克羅法案。我媽在學區的官僚體制、財務不穩和老爹的狗屁中奮鬥了幾十年把我栽培到現狀。如果我爲了跟爵士和準備搖滾這些同鄉在地下室派對搞的什麼音樂而不去上大學，她就白忙了。

我們的希望終於衝突了。這些希望先天上就不相容。一方必須讓步。我們有一方必須傷心。

這些年來關於忠告我學到的事情就是沒人能精準地預測未來，但我們都自認可以。所以忠告頂多是一個人對眼前無限可能性的有限認知。眾人的忠告是根據他們的恐懼、他們的經驗、他們的偏見，到頭來，他們的忠告只是針對他們，不是針對你。大家給你忠告時，他們是根據他們會怎麼做，他們能認知的，以及他們認爲你能做的。但是事實上，沒錯，確實我們都受制於一連串普世法則、模式、潮流和時勢——全都多多少少可以預測——對你卻是第一次碰到。你和當下是獨特的情境，你是所有可能性的最可靠衡量標準。

我一向喜歡《當幸福來敲門》的籃球場那幕，傑登的角色投籃大喊，「我要當職業球員！」我的角色克里斯・賈德納潑冷水阻止他走籃球路但是又轉念說：「永遠別讓任何人告訴你不能做什麼，連我也不行……你有夢想……你必須保護它。大家自己做不到某件事，就想告訴你你做不到。如果你想要什麼，就去爭取。就這樣。」

我媽的大學教育拯救了她的人生，爲她鞏固了基本前提：大學教育是對抗這世界上的殘酷的唯一盔甲。沒有大學教育，我可能淪落到某種毀滅。這不是她給我的忠告——這是「眞理」。對她來說，當饒舌歌手是不可能的。

但我不是我媽。正如她的教育拯救與捍衛她脫離早年的辛苦，表演與嘻哈也拯救我脫離我的問題。如今回顧我更清楚了。雖然我們僵持、衝突與爭吵，現實是兩者都對——一件對她正確，另一件對我正確。

但在當時，我們雙方都無法妥協，因爲那就表示摧毀我們所代表的一切。

老爹被夾在中間。媽媽要求他逼我上大學，而我乞求他先理解我在說什麼。顯然他必須做出最終裁決。老爹會當妻子和兒子雙方之一的希望與夢想的法官、陪審團兼劊子手。

老爹考慮了大約一星期。他載我去兜風，帶媽媽去散步；他發問然後聽我們講。同時，家裡氣氛跟冰廠一樣冷。我媽和我以前很親近——現在我們只說「嗨」和「再見」。然後某天晚上，老爹把我們倆叫到廚房。我媽和我坐在餐桌邊，老爹倚著爐子。

老爹碰過這種狀況，只差上次他是坐在我的位子，被他父母告誡他可以與不可以做什麼，當時他很愛攝影，但他被告誡那只是嗜好，不是事業。在他心裡，老爹是個被奪走夢想和熱情的藝術家，因為那些東西「不切實際」又「不實用」。但他也親身了解這個世界對沒受教育的黑人小孩有多凶險。老爹做過的一切，都有人說過他不能做。他應該去找個工作因為他不可能自己創業；大家告訴他白人不可能為他工作；眞正的超市不會向黑人買冰塊。他面對了懷疑與勸阻的猛烈逆風，但他還是做到了。

「所以，我們就這麼辦吧，」老爹說，「你有一年時間。你媽說她可以讓那些學校保留你的錄取資格到明年九月。我們會幫你，支持你做為了成功必須做的任何事。但是一年後，如果不成功，你要去上你媽選擇的任何學校。你同意嗎？」

在我心裡一年就是永恆。我樂翻了。他轉向媽媽。「妳接受嗎？」

媽媽顯然不喜歡，但這是幫她保住夢想的妥協。她只說了一個字。

「好。」

說完，老爹回去工作。

含蓄地說，我跟父親相處的經驗是百感交集。但在那晚，伍克雷斯特大道五九四三號的廚房裡，他展現了我所見過最傑出的領導力。

父親就應該是那樣子。

幾星期後，我媽打電話給威斯康辛大學的校長，那是有錄取我的學校。她把事情原委告訴了校長。

「太糟糕了，」她說，「我兒子想要休個空檔年。他在搞叫做什麼『饒舌』的東西。他有經紀人，有公司付錢給他錄製專輯。我聽起來很可疑，但我們在想您是否可以保留他的資格直到八七年九月。」

校長耐心地聽完。「我認爲那很棒，史密斯太太。」

「什麼?」媽媽說。

「對他那個年紀的年輕人?他在這裡永遠不會有那種人生體驗。他絕對該去試試。」

我媽認輸了。

「我們肯定會爲他保留一個位子。如果他的專輯沒弄好,他可以明年入學。不成問題。」

幾星期後的五月初,畢業前大約一個月,我在ACRAC公司包裝冰塊。如果你在懷疑,包裝冰塊就跟聽起來一樣無趣又單調沒錯。而且會一直背痛。鋁鏟子大約能裝四磅冰塊;兩鏟半就能裝滿十磅包裝袋,接著你要旋轉封袋再丟進打結機器裡,然後把袋子丟進購物手推車。如果你堆疊得正確,一台手推車可以裝大約二十四袋。然後把推車推進冷凍庫,逐一把袋子全部拿出來,堆起來。在四小時的值班中,每個人可以處理兩百到兩百五十袋。幹這種重複工作會讓你腦子放空好幾小時。

我向來喜歡上夜班,因爲那時Power 99電台會開始播嘻哈。我會聽Power Nine at Nine的排行榜倒數節目,迷失在自己的世界裡,靠新嘻哈歌曲打起精神。我會跟著唱,記住我最喜愛的歌,配合節奏鏟冰,發明自己的韻文。

但是那晚,我很沉默。我第一次理解那句老諺語「小心你許什麼願,因爲它可能實現」。

我堅持立場對抗我父母，他們讓步了。但現在我必須證明。

「第五名——五——五——五！我們有酷摩迪的新歌，〈Go See the Doctor〉。」

I... was... walking down the street, rocking my beat,
Clapping my hands and stomping my feet.
I saw a little lady, so neat and petite,
she was so sweet, yes, I wanted to meet——

我是說，我就跟酷摩迪一樣厲害，我想著，設法鼓舞自己。但腦中浮現出媽媽。萬一她說對了呢？萬一饒舌歌手眞的不成氣候呢？而且才一年？夠嗎？最近一年閃過我眼前。或許我該上大學。我這一切都是在上高中期間跟傑夫做的——或許我可以上大學兼顧做音樂。

鏟，封袋。鏟，封袋。鏟，封袋。

我不是想要住在家裡。我需要我自己的地方，我自己的錢，我自己的車……

「第四名！！！野獸小子回歸帶來的〈Hold It Now, Hit It〉。」

Now I chill real ill when I start to chill,
when I fill my pockets with a knot of dollar bills
Sippin' pints of ale outta da windowsill
When I get my fill I'm chilly chill

鏟，封袋。鏟，封袋。鏟，封袋。

天啊，我肯定跟野獸小子一樣厲害。只差他們能上電台，而我在包裝冰塊。或許包裝冰塊是我的宿命。但是，天啊，我要是十年後還跟老爹困在這裡，不如用冰鏟鈍的這端砍掉我自己的頭。

我是說，Run-DMC和野獸小子必定也有自己版本的裝冰塊，對吧？也可能他們只是走運，百萬分之一機率……

「第——第——第三名！！！各位，聽聽看——剛出爐的Stetsasonic出道專輯，《On Fire》，這是新上榜，你們一直在點歌，曲名是〈My Rhyme〉。」

但我才是百萬分之一。傑夫也是百萬分之一。媽媽不是我的目標聽眾。她怎麼懂得分辨饒舌歌手的好壞？她是在評斷她根本不懂的事情。梅蘭妮怎麼辦？跑去外地上大學是保不住女朋友的。她不到兩星期就可能跟別的傢伙跑掉。

鏟，封袋。鏟，封袋。鏟，封袋。

「我們回來了，帶來第二名！！這是你們以前最愛的，沒錯，RUN-D-M-C-〈My Adidas〉！」這是我的拿手歌；讓我從放空中醒來。我回去配合節奏鏟冰跟著唱。

My. Ahhhh-didas walk through concert doors
And roam all over coliseum floors
I stepped on stage, at Live Aid
All the people gave, and the poor got paid

我的動作加速，完全無意識。

我心想，那就是嘻哈的力量。

My Adidas touch the sand of a foreign land
With mici in hand

I cold took command

但我的幻想很短暫。媽媽在我腦中揮之不去。我沒能保護她躲過老爹。她離家時我不夠勇敢跟她走。如今，她對我的希望，支撐她熬過所有痛苦和麻煩的夢想，我卻當面吐口水。我無法擺脫我又令她失望的感覺。

〈My Adidas〉播完，Power 99 電台切入廣告。我發現我錯過了那首歌的結尾。可惡，我心想。連〈My Adidas〉都無法把我拉出來。

我把最後的推車推進冷凍庫。我今晚收工了。廣告大聲播放時我計算冰袋——新床墊拍賣，「一件不留」。

或許我能賣床墊，我心想。這種事肯定不難。我可以寫嘻哈床墊的歌。

整晚好好休息，睡得好的絕招
有全套雙人床，你也是國王和皇后

我把鏟子丟到一旁，關掉機器。

「我們回來了，這是 Power 9 at 9 倒數！今晚，我們的排行榜有個新人——」

我關掉電燈，發現我找不到鑰匙。我以前遺失過幾次鑰匙，老爹必須來接我。我想到就很怕必須打電話請他來載我。我呢，要求我的獨立性，卻必須打給我爸來接我，因爲我找不到該死的鑰匙。

「你們打到電話整天佔線，想聽這些傢伙的歌，所以準備好聽我們的家鄉孩子，費城土產，DJ 爵士傑夫和新鮮王子。這是……〈Girls Ain't Nothing but ——」

我完全愣住。我合不攏嘴，不知何故心臟狂跳。我想要尖叫，我想要蹦跳，但我也什麼都不想做，免得干擾宇宙把我的唱片撞出收音機外。然後那些歌詞。那些我重複了幾百次或許幾千次，關於過去的歌詞，從收音機傳出來：

> 聽著，老鄉，不是故意戳破你的泡沫
> 但這世界的女生只是麻煩而已！

是我的聲音。那是我。在電台上。我。我的韻文。我的聲音！我想要打電話給大家，但我不想錯過。

就在上週我走在馬路上

我發現一個我想要認識的可愛女生

我跑出去；我想要抓個路人，告訴別人，「那是我，老兄，那是我啊。」但是已經十點了；戶外沒人。我開始傻笑，我至今發現自己情緒激動時仍會有這種本能反應。我憋不住笑。那是喜悅至福的笑聲。小孩在聖誕節早上醒來的純粹喜悅。新發現、新希望、新生活的喜悅。

沒看錯自己的喜悅。

第六章　無知

我們什麼屁也不懂。

巡迴巴士停在伍克雷斯特。我們說好了大家在我家碰頭，因爲我家的街道最寬。全家人集合爲我送行。媽媽、老爹、琪琪、艾倫、哈利；這時候潘也在家。但是梅蘭妮說她無法忍受看我開車離開——我們在前一晚道別了。

社區的小孩從來沒看過巡迴巴士，所以他們鑽來鑽去，檢查輪胎，窺探行李廂，跟司機說話。

不知怎地，戴納成功了。〈Girls Ain't Nothing But Trouble〉在一九八六年五月終於登上本地電台。在三月剛推出時不太順利，但到了五月底突然暴紅。我們聽說在德拉瓦州、紐澤西州，甚至紐約市都有播放。

我六月才從高中畢業，表示我有一整個月是有電台播過暢銷唱片的高三生（那對十七歲小孩是太大的權力了）。我戴著方帽穿著長袍跑下舞台，揮舞我的畢業證書後，我跑去擁抱媽媽。但她開玩笑拒絕抱我，搶走我手裡的文憑說，「小子，這是我的。」

到了七月，戴納把我和傑夫關在費城市中心的錄音室裡錄製我們的出道專輯《Rock the

House》。因為傑夫和我從我們認識以來一直在寫歌，我們光速完成了那張專輯。但戴納一直亂搞歌曲，重新混音與編曲，最後毀了整張唱片。我們跟他的關係已經惡化，但我們沒時間處理那檔事。我們有暢銷曲，我們必須想通怎麼馬上把它變現。

我們跟 LL Cool J 與 Whodini 在東岸各地做了幾場秀，包括紐約市兩場門票賣光的演出。接著我們安排第一次全國巡迴：我們會為全民公敵與 2 Live Crew 暖場，那是當時全國最大咖的兩個嘻哈樂團。

我們把我們的行李塞進巡迴巴士肚子裡。我的家人鄭重地把我移交給新的嘻哈家庭。JL是新任「爸爸」——他比較成熟；他是全體的成年人。他給了媽媽和老爹我們的行程表，還有巴士路線，飯店名稱與電話，場地地址與日期，經紀人的名字和聯絡方式。

當時 JL 二十一歲，快滿二十二了。他最年長，媽媽和老爹有他管事很放心。奧瑪最年幼——只有十六歲，但即使在那個年紀，他的時尚品味就很屌。他總是有最新裝備，是我認識唯一帶著熨斗旅行的人。大多數樂團為了對稱都至少會有兩個舞者，但奧瑪的腿部手術很有效，我們只需要他。他和我成長過程中只間隔十戶人家；他目睹了我生平的大多數重大事件。他看著我經歷萊利 Choppers 腳踏車和牛仔靴時期；他包裝冰塊比別人勤快；甚至在我被送進救護車後廂時說謊安慰我。

「喔是啊，老兄，你肯定灌進籃了沒錯。」

奧瑪直到明年才會高中畢業，所以 JL 必須走到他家向他媽保證會負責讓奧瑪寫家庭作業維持模範生地位（已經在新鮮王子命名時扮演關鍵角色的布朗小姐明定這是允許奧瑪陪我們巡迴的條件）。

「蘭伯特太太，您不用擔心，」JL 向奧瑪媽媽說，「我是奧佛布魯克畢業的；威爾也是；我向妳保證：我會確保奧瑪從奧佛布魯克畢業。」

在接下來一年，JL 幫助奧瑪在飯店房間、在巴士上、在休息站寫作業，他們甚至因爲三角函數缺席了我們去 Six Flags Over Georgia 樂園的那天。

準備搖滾昨晚在外面狂歡；他累癱了。他把行李丟上巴士，我們還沒出發就在他的床位上睡死了。

傑夫剛買了全新的 Anvil 箱子運送他的唱盤、唱片和混音機。在當時我因爲太興奮所以沒注意，但傑夫那天很沉默自閉。在後續幾年間他才向我們透露因爲他童年坎坷，每次我們必須離開費城，他就會極度焦慮與其他生理反應發作。他會嘔吐個三四十次，但他很久很久沒說半個字。

我們都判定如果我們要旅行到一堆陌生城鎮，沒有保鑣可不太妙。在嘻哈樂的初期，「保鏢」的定義就是你最高、最壯、最不苟言笑的朋友。我們的就是查爾斯・艾斯頓，別名查理・麥克。

查理・麥克在費城南區長大，全城最糟糕的區域之一。他父母分居，他跟媽媽住。他們在他幼年時常搬家，直到家庭生活的混亂把他逼到了街頭。

查理才十一歲就開始混街頭。過了不久，他就開始攜槍與嚴重販毒。等到我們認識他時，他六呎七吋高、將近三百磅重，沒人敢惹查理・麥克。

那天他帶著裝滿一元和五元小鈔的綠色垃圾袋出現——顯然是他昨晚鋪貨給社區毒販的收入。他像個貧民窟版聖誕老人把垃圾袋揹在肩上。

「查理。你不能揹著裝滿現金的垃圾袋到處跑，」JL 說。

「什麼意思，什麼意思，你說什麼？我到哪裡都不會離開我的錢，」查理抱怨說。

查理的聲音太低沉，而且以將近七呎的人而言，他講話速度實在太快了。他激動時會重複講同樣的單字或片語直到你屈服。「老兄老兄老兄老兄，再來，再來，等等等等等等等等。」這樣能擋下任何路人——重複的音質和速度幾乎令人聽不懂，但就是能神奇地讓聽到的人服從。

所以我們讓他冷靜——我、傑夫和 JL 稍後跟他談。我們談到我們的夢想，和我們希望一起建立的東西。我們提供查理選擇：他可以繼續當毒販，或者把握機會跟我們建立眞實的人生。我們無法付他在街頭能賺的那麼多，但我們如果可以，我們保證會付。

查理停頓；我看得出他在衡量整個人生。他也有夢想。在他靈魂某個深層隱匿的部份，他知道他過得不好——他只是需要別人大聲說出來。

「我想我可以跟你們混，」他說。

最終，他把他的整個人生都奉獻給了DJ爵士傑夫和新鮮王子。事後證明這個承諾不是沒有波折。但是從那天起有一點是眞的：他再也不販毒了。

行李終於裝好。大家都道別完畢。團員都上車了。我擁抱家人踏入巡迴巴士的車門。三階骯髒的橡膠階梯，進入我新生活的門檻，像是星門，離開我的童年進入無限未知的門戶——獨自一人，老爹無法再傷害我，但他也無法再保護我。遠離令我媽失望的羞愧，遠離她眼中似乎在說「他毀了他的人生」的恐懼。

車門開始關上時，我對上琪琪的眼神。她露出我生平每個星期天在復活浸信教堂看到的微笑。

「記住，小可愛，」她說，「善待你往上爬途中遇到的每個人，因為你走下坡時可能還會遇到他們。」

我們的巴士搖晃著經過切薩皮克灣大橋時太陽正在落下。賓州變成德拉瓦州，再變成馬里蘭州，起初的興奮平息下來。路上的噪音把我的心拉進了冥想。

一個念頭掃過我全身：現在是我說了算。

我從來沒有像我跟梅蘭妮・帕克那樣戀愛過。我想要爲我們建立生活，保護她遠離世界的混亂。我想要把事情做對。

從我五歲起，我一直想要結婚。我想要自己的家庭。甚至我童年跟兄弟姊妹玩的遊戲：以前我們會玩「白人家庭」。艾倫是「凱西」，哈利是「迪奇」，而我是「小威」。

後來，我的青少年幻想從不包括交複數女朋友或狂野雜交。我的幻想對象永遠只有一個女人。我想要用我完整未分割的奉獻與情感蹂躪她。我想要當她認識過最好的人——我想要完成她的所有夢想，解決她的所有問題，解除她的所有痛苦。我想要她熱愛我。我想要很值得信賴與情感上可靠，我會清除她對所有男人的印象。如果我能爲她屠龍，爬上她的髮辮，進入戒備森嚴的城堡，然後用我的吻解除她吸收的毒素，那會是我結婚蛋糕上的小裝飾糖霜。

我當時十八歲。

從我認識她那天，梅蘭妮就是我的生活中心。治療她創傷的痛苦成為我永遠的優先要務。梅蘭妮的眼神成為被琪琪認可的替代品。我總是需要為了一個女人去努力。我表演時，現在我是為了梅蘭妮。我唱饒舌開始賺錢時，在我心中，我是為她賺錢。我把我的自尊連結到她快樂的程度。如果她快樂，表示我是個好人。如果她不快樂，表示我是個怪獸。

我們抵達南部行程的第一站塔拉赫西。其他人會提早去場地布置檢查音響，因為我只需要唱歌，我可以在開演前四十五分鐘抵達。第一晚，我走進化妝室發現整個團隊跟六七個女生分別坐在一起。到處是 **Jordache** 牛仔褲和竹子耳環。化妝室聞起來像旋轉木馬品牌的香水區。

我禮貌地要求凱莎、梅西迪和肉桂離開。然後召開團隊會議。

「我們得把規矩說清楚，」我說，「我不希望化妝室裡有女生；女生不准上巴士；無論我們住在飯店幾樓，我也不想看到有女生在。我不想聞到香水味或聽到竊笑之類的。我跟梅蘭妮在交往，我們是正式關係，我不是出來胡搞瞎搞的。」

同僚們有點面面相覷好像在說，他不是認真的吧。準備搖滾舉手發問，我指向他。

「兄弟什麼事？」

有點困惑的準備搖滾說，「那，我們要在哪裡搞那些追星族？」

「希望你們都私下約，」我說。

「威爾，這太扯了，老兄，」查理‧麥克說，「你不是自己一個人出來。我們有一票人。怎麼會由你來決定？」

「聽著，老兄，我快跟那個女孩求婚了；我們要結婚。我不想爲了一群發情的笨蛋獵犬搞砸。」

「大哥，我尊重你在談戀愛之類的，」奧瑪說，「但那不表示我是獵犬。」

我活像個唱詩班男童。夥伴們一點也不喜歡。但我腦中鎖定一個主意時——我奉行一套信念時——只有兩個選項：一，我完成我的任務。

或者二，我死掉。

我們什麼屁也不懂。

我們沒發現必須自己付錢給巴士司機，如果沒付，他可能跑回家。我們不知道某些場地會A錢——他們會騙你他們賣掉了多少門票。我們不知道任性的觀眾如果不喜歡你會往舞台上丟東西——硬幣、瓶子、電池、鞋子，某晚在奧克蘭甚至有M-80炸彈。我們不知道在不同州有各種宵禁法律和工會規定，意思是你的秀如果不趕快閉嘴下台就會被勒令結束。我們不知道如果你不希望自己的東西遺失，必須賄賂場地保全人員。我們不知道地圖上的一吋可能等於巡迴巴士十二小時車程。

大家常說無知就是福。

或許吧……直到禍事發生。

我們懲罰自己不知道。我們總是抱怨我們可以與應該做到什麼，還有我們做某件事多麼大錯特錯，多麼不可原諒。我們因爲自己的愚蠢捶心肝，後悔我們的選擇，哀嘆我們做的糟糕決定。

但現實是——人生就是這樣。活著就是從不懂到懂、從不了解到了解、從困惑到清晰的旅程。普世設計就是你出生在一個令人費解的情況，困惑，然後你生而爲人有個唯一的職責：搞清楚這些屁事。

人生就是學習。沒得商量。克服無知是旅程的重點。你一開始就不應該知道。冒險踏入不確定的目的就是要爲我們無知的黑暗帶來光明。我聽過一句好諺語：人生就像學校，但有個關鍵差異——在學校你先上課，然後接受考試。但在人生中，你先考試，然後你的職責是記取教訓。

我們都想等到我們有深度知識、智慧和確定感以後再冒險前進。但是我們弄反了——冒險前進才是我們獲得知識的方式。

接下來的幾年，雖然我們的無知會帶來大量痛苦和折磨，回想起來，我清楚地發現沒有別的辦法了。宇宙只會透過經驗教導我們。

所以，即使你一點兒也不清楚你在幹嘛，還是必須深呼吸一下，然後搭上那輛該死的巴士。

你絕對找不到比 DJ 爵士傑夫和新鮮王子、全民公敵還有 2 Live Crew 差異更大的樂團卻能同台的例子了。但是當年的嘻哈就是那樣子。

我不知不覺間觀察觀眾多過觀察藝人。我們都在探索人類精神的完全不同層面。全民公敵會引爆社會意識——人們會跺腳喊叫和歡呼，發洩他們對權威的不滿。我注意到場內——尤其在南方——的保全緊張程度在恰克 D 激怒觀眾去咒罵我們共通的不公義感時會升高。

作爲表演的一部分，他們有個特技人員會打扮成三 K 黨員。他們演出他因爲反人類罪被處分的場景，然後是他們整場秀最震撼的時刻，他們把繩圈套在他脖子上然後在舞台上吊起來。整整三十秒他的身體在空中抽搐震動，同時觀眾看著直到他最後的抖動。然後寂靜，他的屍體在舞台中央擺動……然後：

對！旋律就是叛逆！

恰克D會接上〈Rebel Without a Pause〉，同時釋放混亂與吵鬧。雖然我體驗過其他藝人有堪比全民公敵的演出強度，我從未看過超越他們的人。

2 Live Crew 探索完全不同的能量。路德・坎貝爾，別名路克天行者或路克叔叔，出場然後向觀眾尖叫，「嘿——！？」然後一萬五千人尖叫「我們要陰穴！！」，包括出席的大約八千名女性。（這招我還是沒完全搞懂。）我們從未聽說過 2 Live Crew，但他們在佛羅里達很紅。他們的熱門單曲叫做〈We Want Some Pussy〉。他們允許觀眾，至少口頭上，釋放他們的內心獵犬。這點又被他們納入表演的模擬淫穢性行爲進一步放大。如果我要說實話，有些夜晚他們乾脆省略了模擬的部分。

但眞正吸引我注意的是大家多麼聰明。在那個時代的「權威」——無論政府、企業、執法機構，甚至許多父母——很懷疑與恐懼嘻哈樂和嘻哈藝人日益強大的影響力。饒舌演唱會受到嚴格的檢視，尤其我們巡迴南部州的時候。當你和全民公敵與 2 Live Crew 巡迴喬治亞、南卡州、密西西比與阿拉巴馬州，你的東西保證會被嚴格檢查。

在南方的演唱會之前，總是要跟當地警長與各局長開會以告知我們管理舞台上可容忍行爲的當地法律與規定。我們被告知任何違犯會導致立即中止表演，我們會被強行拉下台並逮捕。不用說，公然口交和吊死三K黨在密西西比都是不宜的。

鑑於高風險，這些會議無可避免會升高爲社會辯論與法律解讀。恰克D懂法律——他有當地鼓吹者、社區領袖和法律學者提供他反面論證與必要資訊去捍衛他的第一修正案（言論自由）權利。如果其他手段都無效，他事先備有保釋金。但決不會發生當地警長告訴他他不能完全照他想要的方式表演。他在那趟巡迴的每一晚都吊死三K黨。

另一方面，路克天行者想要被逮捕。他認爲那是最有效的宣傳。路克叔叔是聰明企業家；他有自己的唱片公司、經銷商、代理商和周邊商品團體，更別提理髮店、超市和夜店了。他還沒想出怎麼把他的生意拓展到家鄉據點以外。但他知道如果在喬治亞州的麥肯、路易斯安那州的巴頓魯治和什里夫波特被捕，上頭條二十四小時內門票會賣光。（除此之外，他在舞台上會很開心。）他也知道國內外的聚光燈日漸重視藝術與道德衝突的問題。在當時，參議員高爾的妻子蒂波・高爾（Tipper Gore）帶領反對娛樂界褻瀆的運動。當年，聯邦通訊傳播委員會規定禁止播放褻瀆髒話，而 2 Live 每張唱片裡都有髒話。（連唱片行老闆都因為賣他們專輯以猥褻罪被逮捕。）所以，路克叔叔弄來一艘船，在船上蓋廣播電台，讓它停泊在公海上以便合法向美國大陸廣播。路克認為 2 Live Crew 是這場戰役的爆炸中心，他的目標是利用這事推動他的生意向全球擴張。

最後，美國上訴法院判決饒舌歌受第一修正案保護。（二十幾年後，路德・坎貝爾還競選邁阿密岱德郡的市長。）

我記得坐在那些會議中，很想舉起手說，不好意思，警長先生，你不需要看著我，因為我外婆同意你的看法。但是老實說，你或許可以馬上逮捕他們。因為恰克今晚肯定會吊死三K黨員，而路克還沒唱完第一段副歌就會露出他的蛋蛋。

現在呢，警察先生，我們的秀好看、完整、闔家歡樂！傑夫是世界上最佳DJ。準備搖滾C可以讓《Sanford and Son》主題曲聽起來像從水裡發出來！奧瑪六歲之前根本無法走路，但他現在是該死的史上最佳舞者……你認識誰？……誰是白人的好舞者？……佛雷・亞斯坦！而如果有哪個黑人小子你希望你女兒貝琪蘇帶回家的，我敢保證就是我。你不會被我們惹出問題。我們現在可以走了嗎？

我不記得 JL 在那些會議中有任何發言。他只會在法律記事本填寫。他研究每一個字；

然後他回來研究條文；他跟全民公敵的經理群碰面；跟巡迴主辦人交朋友；跟路克天行者一起思考大品牌與自力行銷的優劣。JL 越來越少花時間跟我們觀光、上夜店或去主題樂園，越來越多時間從每個角度研究音樂產業。

巡迴打開了我們對產業與它運作之妙眞相的眼界。全民公敵有經紀公司、會計師、藝人培訓代表，還有巡迴經理。我們只有 JL 與戴納那個仍然沒有簽到其他藝人的品牌 Word-Up 唱片公司；戴納沒告訴我們賣掉了多少唱片。我們的唱片在費城以外的店頭仍然買不到。

但我的突破點發生在我們發現戴納一直不甩羅素・席門斯的電話之後。

當年，羅素號稱是嘻哈界最重要的人物。他從一九七七年起一直代表藝人並製作唱片。他共同創立了 Def Jam 唱片公司，是八〇年代最大的嘻哈品牌。而且他打造、管理與製作所有最大型的演出，例如野獸小子、Run-DMC、LL Cool J 和 Whodini。

顯然，羅素已經嘗試聯絡我們好幾個月了，但他的訊息沒傳到我們耳中，因爲他想透過戴納接觸我們。

我們很不爽。

羅素肯定喜愛 DJ 爵士傑夫和新鮮王子。他會唱〈Girls Ain't Nothing But Trouble〉第一段，我說，「喔我的眼睛，我的眼睛／天啊這傢伙直接走過來打我眼睛，老兄／他說我想要勾引他馬子／我根本不認識她，老兄！」

「那是我聽過最慘的事情了，」羅素說，「哪有饒舌歌手承認他們被人揍眼睛的？」

羅素認同我們的誠實、脆弱與自嘲的幽默——在當時嘻哈界前所未聞——是通往饒舌歌手空前成就的護照。羅素想跟我們合作；不幸，戴納拒絕跟他談。

我總是很驚訝 JL 和戴納對羅素如此熱心的反應完全相反。戴納感覺受到羅素的威脅，則認爲羅素是潛在老師與通往新機會的大門。

JL 有個計劃：雖然戴納控制我們的音樂錄製，JL 控制我們的事業管理。他同意把 DJ 爵士傑夫與新鮮王子管理權移交給 Rush 管理公司的羅素・席門斯與萊爾・柯恩（Lyor Cohen），但有三個條件：（一）他們會讓爵士傑夫和新鮮王子跟著他們最大咖的藝人巡迴；（二）他們會僱用 JL 監督我們這個客戶；還有（三）他們會教 JL 經商。

羅素同意了。

看著我在乎的人錯失提升的機會實在很痛苦。我的生涯面臨這種狀況或許有五十次吧。我想要盡人類的可能爬高飛翔，我也希望拉拔我愛的人一起。但是每逢關鍵時刻，升級的需要出現時，有人——像是 JL ——會順勢提升，而其他人則會待在原地不動。無論他們是看不清大局，或受不了新挑戰的辛苦，或被某種隱藏、自我挫敗的想法困住，我一再遭受從新船的船頭揮手看著站在岸上的他們被留下的痛苦。

「你必須幫我們擺脫戴納這個合約，」我向 JL 說。

「事情不是這樣做的，」JL 說。

「那他可以綁住我們而我們無計可施嗎？他不是有些法律責任嗎？」

「他有合約，」JL 說，「你們只管做唱片。讓我來想辦法。」

這時嘻哈成了全球生意，DJ 爵士傑夫和新鮮王子也已經準備好要包裝賣給全世界。我們需要全國與全球性的經銷網。

Jive 唱片公司位於倫敦外圍。（Jive 後來因爲策畫小甜甜布蘭妮、*NSYNC 與後街男孩的事業而出名，但在八〇年代，他們是歐洲最大的嘻哈品牌。）戴納控制著我們在美國的唱片，JL 跟 Jive 籌畫一份國際經銷協議把《Rock the House》賣到海外。Jive 雇用戴納的 Word-Up 唱片公司成爲 DJ 爵士傑夫和新鮮王子在美國的官方經銷商。

表面上，這對戴納看來穩賺不賠。他可以繼續在美國賣我們的唱片，而我們會獲得更大規模的全球形象，用 Jive 的錢進錄音室。基本上，Jive 會負擔所有成本，但戴納在國內仍會有現金流。戴納等不及要簽約了。戴納透過把我們的國際權利賣給 Jive 賺了一張大支票。

Jive立刻重錄並在一九八七年三月重新發行《Rock the House》專輯，憑著新封面和新能量，它成爲重要的全球暢銷作。他們也能夠把新版當成進口貨賣到美國。戴納發現他選了一次付清而非版稅，對進口貨無計可施。於是他要求更多錢，並威脅要拒絕一切跟Jive的合作。

法律戰開始。律師團一開始挖掘我們的文件，就發現我跟戴納簽約時只有十七歲。按照賓州法律，未滿十八歲的人不能沒有父母或監護人在場就簽約。我是錄音前在錄音室大廳簽的約，所以從法律上來說，我們跟戴納的合約從來不存在。

就這樣，戴納・古德曼脫離了DJ爵士傑夫和新鮮王子的生意。

戴納氣壞了。起初他責怪Jive和羅素・席門斯。但由於他缺乏律師與錢去對付他們，他決定對次要目標實施報復：就是我。

社區的居民開始攔下我的車：「欸，老兄，戴納很生氣。你自己小心。」然後某天晚上，他停在我們家門口，車子停在街上，就坐在那兒。我嚇壞了，但老爹絕不畏縮。他不發一語，打開前門，走到戴納的車旁邊，俯身到打開的前座車窗。

「有什麼事嗎？」老爹說。

「那個小王八蛋在哪裡？」戴納不悅地回答。

「呃，如果你在找的小王八蛋是指威爾，他在家裡。你可以進來馬上宰了他。全家人也都在家，如果你敢碰威爾，你就得把我們殺光……但我們不會接受你他媽的任何威脅。」

老爹立刻轉身背對可以輕易射殺他的人，走回屋裡。我不確定這是來自他的軍事訓練或費城北區的街頭教養，但那天他教了我寶貴的一課：寧死也不要抱著恐懼生活。

我在客廳裡，從窗簾後偷窺，看著戴納打檔把車子開走。

第七章　冒險

如果本書是一部電影，我們現在來到了音樂響起的蒙太奇場面（O'Jays的〈For the Love of Money〉），一切都很順利。

我們的主角不會錯；他正在崛起。每一球都得分；每個親吻都燃燒著一千個太陽的熱情；他來不及跑銀行去兌現所有支票。高層有力人士嘴裡談論、耳中迴盪著他的名字——褲子上不再繡著他的名字，他的名號已經成爲他胸口鑲著正當來源鑽石的純金魚骨項鍊。

今年越來越清楚，他絕不會去上大學。

我們的出道專輯《Rock the House》——以第一首單曲〈Girls Ain't Nothing But Trouble〉爲主打，現在打進了Jive唱片的國際經銷系統——後來成爲金唱片（賣了五十幾萬張）而且登上告示板排行榜兩百大的第八十三名。雖然當時未必被認爲是驚天動地，灰姑娘已經抵達舞會了。

呃，我不想當一直在吧檯末端抱怨以前的音樂好多了那個老傢伙。碎唸這些小鬼是如何不懂眞正的饒舌。眞的有大腦科學的理論認爲你青少年時期聽的歌會潛藏在你的情緒記憶中，比你人生的其他階段有更高的懷舊力量。

但這裡卻不是那麼回事。我知道那是發生在別人腦袋裡的狀況。但這不是什麼刺激多巴胺的意見，被童話故事般青春期的懷舊記憶蒙蔽。不！我說的是客觀上正確的事實：八〇年代末期是嘻哈史上的黃金年代，沒得商量，定論，阿門。

請坐；容我申論。

從一九八六年底傑夫和我踏上巡迴巴士那一刻起，直到一九八八年夏天，我們表演了將近兩百場。我想要列舉我們曾經同台的一部分嘻哈大咖（試想像用我的「盡量不像混蛋」語氣唸出來）：

Run-DMC
LL Cool J
Whodini
Public Enemy
2 Live Crew
Salt-N-Pepa
Eric B and Rakim

N.W.A
EPMD
UTFO
J.J. Fad
Beastie Boys
The Geto Boys
Heavy D and the Boyz
Sir Mix-A-Lot
Kid 'n Play
MC Lyte
Queen Latifah
Grandmaster Flash
Ice-T
Mantronix and Just Ice
Eazy-E
Too Short
MC Hammer
Doug E. Fresh and Slick Rick

Big Daddy Kane
Biz Markie
Roxanne Shante
MC Shan and the whole Juice Crew
A Tribe Called Quest
Leaders of the New School
Naughty by Nature

我該繼續嗎，或者夠了？

這是我人生的黃金時期之一。一切都很新奇——我們在定義文化。我們是浪潮的一部分，帶著嘻哈橫掃全球的海嘯。每位藝人都很獨特——每場秀都有嘻哈首例的事情發生。我們在觀眾面前表演的地方有時候一半觀眾根本沒見過饒舌歌。他們很訝異。有種發現與冒險的醉人能量。

我人生的這個時期充滿初次遭遇與拓展心智的新體驗。在 Jive 負責我們的幹部是個名叫安卡莉的日本女性。起初，傑夫和我有點困惑她會怎麼指導我們的事業，然後她開口。她曾經在嘻哈最初爆發的中心紐約市待過。她餵傑夫和我世界嘻哈特色的全球大餐。我感覺到我的冒險精神在覺醒。我發現了旅行的關鍵重要性——帶來中肯的觀點。費城西區街頭上那些在我心中原是傷害性問題的事物，在內布拉斯加州奧瑪哈的騎術競技場上幾乎不存在。我暗自發誓我會吃當地人吃的任何東西。我吃過發黑的鱷魚、海蛞蝓、駱駝、沾巧克力的蟋蟀。（味道全都像雞肉。沒有啦——我只是很想這麼說。）我想要看遍做遍所有事。

在《Rock the House》中等但紮實的成功基礎上，Jive 唱片急著讓我們盡快錄製下一張專輯。在一九八七年秋天，排定了我們第一次離開美國——去 Jive 總部所在的倫敦六星期，在公司的錄音室錄音。

但是出發前兩週，JL 凌晨一點打電話給我，連鈴聲都令人心驚膽跳。

「傑夫出車禍了，」他說。

我茫然地回答，「發生什麼事了？他在哪？還好嗎？」

「我不曉得；我正要去醫院；我再回電給你。」

當時沒有簡訊，沒辦法聯絡汽車上的人，不能每分鐘追蹤你的親友在幹什麼。你只能確保大家別打市話進來，你一直檢查電話線通不通，然後等待。你等越久，腦海中想像的畫面越清晰煩人——直到你無比確信再也見不到他們了。

大約凌晨三點十五分，電話又響了。這次鈴聲比剛才更響亮，好像在對我說話。

我接聽。

「唷。」

「他還好，」JL說，「他右腿骨折了，從臀部到腳踝打了石膏。除此之外，他沒事。但是醫生說他不能搭飛機。我們必須延後大約八星期。」

我聽到背景中的傑夫大叫，「我才不鳥醫生說什麼。兩星期後，我會上飛機去倫敦。」

果然以他的堅決精神，兩星期後，我們住進了瑞士屋區的假日客棧。我和查理擠在一個小房間裡，JL、準備搖滾和傑夫帶著他的石膏住另一間。只有五個費城小夥子，英國陰鬱的白天和潮濕夜晚，但是私人錄音室用Jive的錢爲我們準備好了。

我們在倫敦待了一個多月，我卻無法告訴你關於那個城市的任何事情。我們沒走過海德公園或造訪西敏寺。我們沒看到白金漢宮或爬上倫敦塔。我們沒有坐在千年歷史的酒館裡吃炸魚薯條。我們當然也沒去看足球賽。

我們根本沒有調整時差。我們每天在下午四點醒來，六點前抵達錄音室，工作到大約早晨六點，吃點瑞士屋區的免費自助早餐，大約早上七點就寢。我們維持這個作息幾乎六星期。

那眞是無比幸福。

呃，只差某天晚上傑夫決定拆掉他的石膏。他的六週預約拆石膏日剛好在我們停留倫敦期間，他的腿開始發癢，但他不信任英國的健保醫生來拆。如果我和查理・麥克動手他會比較自在。

作爲通常法則，如果有人問我能否做到某事，答案總是可以，查理・麥克和我都眞心有這種逞強特徵。

「這是石膏，我是說，這只是石膏而已。我們把它拆了吧，」查理冷漠地說。

我也很有信心這項手術很簡單。只是石膏罷了。

我打給客房服務要一把牛排刀。我根本不知道英國旅館沒有牛排刀（這會讓切牛排過程對他們太容易了）。我毫不退縮地說，「呃，那你可以拿三十把奶油刀上來嗎？」

瑞士屋區的奶油刀頂端有小小的鋸齒刀鋒（暗示著那不是眞正的奶油刀）。我的計畫是，我給查理十五把刀，他從傑夫的腳踝開始切開，而我拿十五把刀從傑夫的臀部開始切開。根據我腦中推想的數學計算，等我們耗盡了「奶油刀」的鋸齒刀鋒，我們應該會在傑夫的膝蓋會合，然後快速擊掌慶功再割下象徵性的最後一刀。我隱約記得這種從兩端往中間會合的方法曾經成功運用在建造巴拿馬運河與美國的鐵路網。

切割開始。應該說缺乏切割。一把接一把奶油刀彎曲失效，查理汗濕的臉上表情從困惑轉變成挫折。

「唷，這些刀什麼鳥用也沒有，」他說。

我上次打石膏時才十二歲，當時是用灰泥做的。顯然後來石膏科學進步了，傑夫的石膏是用某種粗糙的新外星材質，我後來才知道那是玻璃纖維。

大約六把刀之後，我喊暫停。我頑強地提議傑夫進浴缸去。我們會把熱水開到他能忍受的極限，來試著把這東西弄軟。我安慰傑夫馬上就好。他同意了。

我和查理扶傑夫進浴缸，雙腿完全泡水，然後我們等待。很快地，傑夫臉上露出擔憂的表情。

「唷，兄弟，你們得把這玩意弄掉，它縮緊了，」傑夫說。

我記得心想，馬蓋先會怎麼辦？《百戰天龍》是八〇年代流行影集，主角馬蓋先會陷入各種困境，但總會想出一些天才對策。我嘗試召喚內心的馬蓋先時，聽到旅館房間的門打開——幾秒鐘後，JL 探頭進浴室。

這時候，傑夫在浴缸裡蠕動呻吟，同時查理・麥克跟我手拿兩把「奶油刀」跪著，另外二十八把散落在浴室的地面。JL 愣了一會兒，應該是在解讀他看到了什麼。

他不解地大叫，「你們在搞什麼鬼啊？」

「JL，JL！」傑夫尖叫，「你得把這玩意從我腿上弄走！」

「你為什麼在浴缸裡？」

JL 曾經在醫院工作過兩年。所以，雖然這也不是他的專長，至少他知道玻璃纖維石膏還在活人腿上時不能泡熱水。

「你們不能那樣把石膏弄濕。」

「你們，快把它拆掉，」傑夫哀號。

「別抱怨了，老兄，不可能那麼糟，」查理說。

「把他拉出該死的浴缸，」JL 喊道。

「你不用吼我們，JL，那沒有任何幫助！」查理反嗆。

我和查理依指示把傑夫弄出浴缸讓他躺在浴室地上。我們房間裡一直放了罐頭食品，因為瑞士屋的客房服務不怎麼樣。JL 立刻過去開了個燉牛肉罐頭。他拿著鋁蓋的鋸齒邊緣走到傑夫的石膏旁，原本查理和我一直試圖垂直上下切開石膏，JL 卻輕輕地水平切割石膏，宛如格蘭特將軍通過里奇蒙，不到九十秒，他完成了全長切開術，讓查理和我得以輕鬆地完全扳開。

傑夫自由了。

JL 生氣地把罐頭蓋丟進垃圾桶，走出去時抱怨說，「你們眞是笨得像豬。」

在醫療情境裡，我們或許是阿瓜與阿呆。但在錄音室裡，我們猛得很。那些錄音時間可能是我職涯中最純粹的創意體驗了。我們錄了好多歌，唱片公司也喜歡其中很多歌，他們決定嘗試饒舌界從來沒人做過的新招：DJ爵士傑夫與新鮮王子會發行嘻哈首見的雙專輯。

傑夫和我毫無概念這次專輯會怎樣，是不是粉絲想聽的東西，MTV頻道會不會喜歡，廣播電台會不會播，嘻哈大咖會不會批評。我們都沒想過這些事——我們只在乎我們受到創意過程的啓發與刺激。我們都很開心——我們是在我們新家庭中心的一群好朋友，我們站在一個蓬勃的全球藝術形式的尖端。

我們一帆風順，但事後看來，潛藏不滿的無形種子已經播下了。

有些人在高空可以茁壯，但其他人無法呼吸。人們爬山發現空氣太稀薄會怎麼辦？他們會盡快下山。昆西·瓊斯稱之為「高空症」。

在高中裡，準備搖滾和我向來是好朋友。我們會每天到處兜風找人鬥歌與創作。我們形影不離。但隨著DJ爵士傑夫和新鮮王子開始成形，人類口技變得越來越脫離我們團體內的核心藝術形式。唱片公司也對主打人類口技的歌沒興趣。結果是克雷特被擠到我們新家庭的邊緣。我告訴他別擔心——「我罩你，」我說。事後看來，變化太多太快了，這種體驗要求遠超過我們任何人具備的情緒成熟度。

令狀況更痛苦與複雜的是，查理・麥克和我變得交情深厚。我們不只同住旅館房間——也分享我們生活中所有層面。專輯裡甚至有首歌紀念我跟查理的交情：〈Charlie Mack (The First Out the Limo)〉。那首歌出自查理太過火的保全工作——他會跟禮車司機坐在前座，如果我或傑夫比他先下車他會生氣。他會大罵，「媽的，先讓我確認周圍安全你們再出來啦！」

專輯裡沒有關於準備搖滾的歌曲。

從一九八七到一九九〇年，我出門一定會帶著查理・麥克。傑夫和 JL 是寡言內向的居家型人，而查理和我是多嘴、吵鬧、注意力焦點的玩樂型人。我們總是在找可以做的事情。我們都愛玩；我們愛講話；我們愛旅行、賭博和飆車，女人都喜歡我們。查理不只符合也挑戰我的冒險精神。這傢伙從來不想睡覺。如果我們只在一個城市待十小時，他不認爲有任何理由在飯店房間多待一分鐘。很多日子他眞的把我拖下床，去明尼亞波里斯的佩斯里公園，或在芝加哥去聽社運人士演講，或要求我們在「大道」上合照，那是查理對巴黎香榭麗舍大道的稱呼。

「快來，老兄，」他會說，「你掛掉以後多的是時間可以睡。」

我們契合的另一部分是查理和我都很好勝，而且對自我感覺超級良好。我們會花一整天爭吵誰跑得比較快，誰開車比較厲害，誰能把橄欖球丟最遠，誰比較帥，誰比較風趣，誰比較聰明，還有最重要的，女生比較喜歡誰。

查理非常討厭有女人走過他身邊來跟我調情。他想不通如果有他在，女人爲什麼想要跟我浪費時間。最後他不爽地總結，「老兄，女生想要跟你在一起的唯一理由是你比較有名。」

我聽了回答，「才怪，查理，你搞反了：我有名，是因爲所有女生都想跟我在一起。」

我們是陰陽互補；我們塡補彼此生活經驗裡的空隙。我們看出對方的盲點並且放大對方的缺陷。

查理像老爹一樣，有敏銳的街頭本能——他習慣稱之爲「貧民雷達」。有壞事即將發生時查理就是會知道。我們在外頭某處，一切都很順利，突如其來，查理會向我耳語，「我們閃吧。」

我會說，「蛤？唷，我們才剛到。」

然後更強勢，「馬上起來。快。我說了，『我們閃。』」我記得心想查理・麥克眞是人類版的明明沒火災卻老是半夜十二點狂叫的超敏感煙霧偵測器。因爲是煙霧警報，不能置之不理，因爲有一天可能眞的是火災。但查理・麥克是不出錯、完美調校的煙霧偵測器。每次我們剛離開的派對傳出槍聲，我都正在停車場裡抱怨。

我們彌補彼此的弱點。查理了解街頭，而我瞭解比較廣泛的情緒模式。我讀書多，跟主流友善。查理的肢體外表很嚇人，但我懂得怎麼微笑，讓人感覺安全，讓我們心想事成。我們都有很多缺陷，但我們合力就像個很能幹的人。

我是查理進入他絕對不會受邀的場合的門票。而查理是修理敢說我壞話的人的鐵鎚。他讓我有膽用肢體捍衛自己。大約此時，說我「老套」和「軟弱」的批評聲浪剛開始升高。我沒咒罵；我唱自己的高中經驗；我用很多幽默感。壞話說我不是「眞正的MC」或——最糟糕的——我「不夠黑」，我的音樂不是「眞正的嘻哈」。

「直接打那個王八蛋的臉！」查理會說，「下次他就不敢說了。」

所以，有他罩著我，我開始這麼做：如果有人講屁話，我就一拳打他們的臉……（然後躲到查理背後）。

《他是DJ，我是饒舌歌手》在一九八八年三月二十九日發行。主打〈Brand New Funk〉與〈Parents Just Don't Understand〉，專輯最後爬到告示板兩百大的第四名，榮獲三白金（賣了三百多萬張）。

這張唱片最大的突破是一半是以DJ爲中心的絕技、傑夫肯定有在過程中操壞唱盤的「刮擦專輯」。另一半是饒舌歌手方面，我可以盡情發揮十九歲心智的超創意、詩意的戲謔。

然後發生了無法想像的事：第三十一屆葛萊美獎宣布會首次納入饒舌類型。而〈Parents Just Don't Understand〉與Salt-N-Pepa的〈Push It〉，LL Cool J的〈Going Back to Cali〉，酷摩迪的〈Wild Wild West〉與J.J. Fad的〈Supersonic〉一起被提名。

那是我第一次看到傑夫哭。我空前地興奮，但我不是「爲成就而哭」的人。當時我不夠成熟沒有問，但我一直想知道傑夫爲啥那麼激動。他想起了童年的癌症嗎？他母親和音樂家庭多年來一直渴望而他是第一個獲此榮譽的嗎？他害怕嗎？他發現沒有回頭路了——他的舊生活永遠喪失了——期待和標準已經變得太高了嗎？

最近剛加入伊斯蘭國度的查理．麥克說，「這是上帝的旨意。你們要服從天意。你們贏了！我跟你說，你們贏了。他們的唱片都無法打敗你們。上帝注定的事，沒有人能違逆。」

查理．麥克已經像這樣用韻文談論心靈好幾個月了。但以純粹查理．麥克的形式，一九八九年二月二十二日，巴比．麥佛林的〈Don't Worry, Be Happy〉贏得年度唱片；年度專輯是喬治．麥可的《Faith》；崔西．查普曼贏得最佳新人獎；最佳饒舌表演的得主是DJ爵士傑夫和新鮮王子的〈Parents Just Don't Understand〉，讓我們成爲第一組拿葛萊美獎的饒舌歌手。

我們最後因爲全美唱片藝術及科學學會（NARAS）、葛萊美委員會拒絕轉播饒舌類頒獎而杯葛實體典禮。我們覺得那是一記耳光——那年饒舌樂的銷量是業界最高；我們値得在場。羅素・席門斯和萊爾・柯恩策畫了爵士傑夫和新鮮王子、Salt-N-Pepa、Ice-T、全民公敵、Doug E. Fresh 和 Slick Rick、Stetsasonic 等等藝人的聯合杯葛。

雖然我們沒出席葛萊美獎，爵士傑夫和新鮮王子無所不在。人生永遠改變了——呃，幾乎啦。傑夫的媽媽爲傑夫和我在第一次獲得美國音樂獎之後準備了慶功宴。我們以返鄉英雄姿態出現在街區——大家走出屋外歡呼鼓掌跟我們握手。我們花了二十分鐘才走進傑夫媽媽的家。我們終於進門後她擁抱我們，滿臉驕傲與喜悅。然後她拿給傑夫五塊錢和購物清單。

「傑佛瑞，你去街角幫我買些麵包、烘焙蘇打，看看他們有沒有罐裝馬鈴薯。」

「可是媽……」傑夫開口。

「沒什麼可是，小子，去買我叫你買的東西。」

所以，DJ 爵士傑夫和新鮮王子必須走過親愛的粉絲群到魯尼雜貨店。

他們沒有罐裝馬鈴薯。

羅素・席門斯在策畫摧毀全球的所有嘻哈障礙，我和傑夫是他的攻門錘之一。我們是「乾淨的」團體，「可敬的」團體——對羅素來說，我們是對抗所有反對者的完美武器。我們是矛尖。我們發動 YO! MTV 饒舌，讓嘻哈打進日間電視。當四季飯店不允許饒舌藝人在巡迴時住宿，羅素說服他們允許 DJ 爵士傑夫和新鮮王子入住，爲未來嘻哈藝人使用連鎖飯店敲開大門。日間電台很怕讓饒舌歌手上直播，所以他們總是強迫饒舌歌手預錄訪談以確保我們沒說什麼瘋話。我和傑夫是第一波被允許在白天上電台直播的。

我們的秀越搞越大，觀眾越來越吵。某天晚上在底特律的喬路易體育場，我興奮過頭忘了〈Parents Just Don't Understand〉的歌詞。以前從來沒發生過。我的心沉到了肚子裡。很少比忘記一萬八千人花血汗錢特地來聽的歌詞更尷尬的事了。但是奇蹟發生：全體觀眾開始向我唱出歌詞。每個人都瞭若指掌。我伸出麥克風朝向觀眾，他們唱完了那首歌。我費盡全力才忍住沒有飆淚。成千上萬人向我唱出我的歌詞。我感覺被愛、被保護、被一群陌生人疼惜。

我們超火紅，而且勢如破竹。

二十歲時，我是世界聞名的饒舌歌手，葛萊美獎得主，也是新鮮的百萬富翁（故意雙關語）。

我會放下麥克風，但我下一章還需要它。

幾個月來，琪琪一直在存錢搬到能俯瞰大街的十六層樓公寓。那是一棟專門設計給老人居住的漂亮大樓。她在五十四街的房子對她已經變成負擔——太多樓梯，大致上對她未來的生活很不方便。我用我的第一筆錢把琪琪存錢想住的公寓送給她當作驚喜。她以爲我們只是去看看，但後來房仲員把鑰匙交給她。

「小可愛？」她驚叫一聲說，「你是怎麼做到的？」

「呃，琪琪，是這樣的，有種東西叫做饒舌樂⋯⋯」我雙手抱著她說。

梅蘭妮和我搬進了琪琪在五十四街的舊屋。我的童年老家現在是我們的新家。我向梅蘭妮保證過我會照顧她，現在果然，提供了她生平第一個安全的家。

我贏了。我所有的夢想都開花變成清晰的身歷聲音響與繽紛色彩。

我征服了人生。

第八章　痛苦

他皮膚太白，眼睛顏色也太淡。我討厭那種人。

我一向害怕那些看起來像克里斯多夫・威廉斯的傢伙。女人總是跟我擦肩而過去找Al B. Sure！或是El DeBarge。（譯注：以上皆為黑白混血藝人。）

我剛從為期兩週的西北太平洋岸巡迴回到家。西雅圖、波特蘭；還有中間一堆小城鎮。我習慣一下台就衝上車，直奔機場，盡快回到梅蘭妮身邊。我不想給我內心的獵犬留下任何空間在我人生中抓住方向盤酒醉駕駛。

我在她阿姨家跟梅蘭妮碰面；我讓車子從機場直奔此地放我下車。我們會從她阿姨家走到我們新家。為了懷舊，我們會經過奧佛布魯克高中，去逛糖碗便利商店買份冰水和柔軟的費城椒鹽捲餅，就像以前做過的無數次。

我向來喜歡梅蘭妮這麼想念我。即使週末的表演……當我週一早上回家，她表現得好像我離開了好幾個月。她懂得怎麼讓男人高興他在家。

西北行程之後我走進家裡，她和阿姨在廚房做菜，一如慣例那樣。旅行可能會寂寞到很煎熬——感覺幾乎像是心臟脫水。她阿姨戴著平常的深藍色頭巾，眼鏡架在鼻頭上以便看清楚鍋子裡。食物的氣味似乎軟化與抑制了我乾渴的靈魂。梅蘭妮穿著她兼作圍裙的繪畫罩衫。（我總認為那很詭異；顏料是化學物——那件罩衫不該出現在廚房。）

我看著梅蘭妮。除了一點之外全部如常。她的氣場很怪；有點不對勁。因為我的成長過程，我的中央神經系統幾乎是有個電極項圈。當我認知到有什麼不對勁，某人的外部行為跟他心裡想的不協調，我全身會感到我所形容的一股漸升的電流。我感到滋滋滋滋。然後我好像在發抖，但是我並不冷。

廚房裡很熱，但我會發涼。

我們坐下。我們吃晚餐。我們談到鄰居的狗。梅蘭妮的阿姨去過波特蘭。她不喜歡那個區域——太多雨了。梅蘭妮笑得太誇張。

滋滋滋滋。

晚餐後我們看《你整我，我整你》電影。我記得片中艾迪墨菲台詞的每一個字；他是我的偶像。梅蘭妮和我看了至少十遍，但今晚她一直笑得太用力。

滋滋滋滋。

她阿姨去睡覺。我們終於獨處了。梅蘭妮往我磨蹭；我在旅途中很想念她。我們接吻。但她的吻感覺不像愛情，倒像她認為如果要成功隱瞞她跟別人上過床最好要做的事。

滋滋滋滋。滋滋滋滋。滋滋滋滋。滋滋滋滋。

至今我仍不知道我怎麼發現的。或我怎麼那麼有信心坦承我運用直覺的方式。我拉開她攬著我脖子的手臂，推開，站起來大聲說，「妳以為我很蠢？」

「什麼？」梅蘭妮說，但不夠強勢。

「我知道妳在搞什麼鬼。別再用好像笨蛋的眼光看我。」桌面上的每個籌碼我全押了。我毫無保留，但她蓋牌。

「對不起，」她說，哭了起來。「只發生過一次。但我不愛他，我很抱歉。我愛你。我們只是朋友，然後……你不在！我不知道你在外面幹什麼。我好想你。我對天發誓，不會再犯了。」

蛤？我猜對了？但是不對。為什麼？

我過去被打昏過。我在奧佛布魯克高中第一天就被掛鎖打過頭部：有道藍色閃電，然後你陷入一個陌生的平行宇宙，你曾經相信過的一切都不確定了。重力，因果關係，愛情，南加州會不會下雨。

這不可能。我所有事都做對了。我贏了。我是最好的。我為我們布置了新家。我花了幾個月與貪婪揮霍的貧民獵犬的驕傲爭論對抗，讓女人遠離巡迴巴士與飯店房間。我沒摸沒吻也幾乎沒看別的女人一眼。我從機場直接回家。我們談過要生小孩和打造出比我們雙方童年更好的家。妳怎麼可能這樣對我？妳怎麼能這樣？

不過表面上，我冷靜得出奇，因爲這些想法都不算是眞正的感受。我想要生氣——我是說，被人欺騙時我應該要生氣，對吧？但我沒感覺。

梅蘭妮掩面在沙發上哭泣。

丹・艾克洛正在攻擊艾迪・墨菲。艾迪在求饒：「是杜克兄弟。是杜克兄弟幹的。」

我只是麻木地站著。有人欺騙你時，你必須做點什麼。但怎麼辦？我感覺不到任何情緒，但我不會當膽小鬼。這次不會。

被人欺騙時你怎麼辦？我知道我必須奪門而出。但我也知道我必須做些暴力的事強調我的離去。我掃瞄現場尋找可能性。我發現壁爐旁邊有個用來撥柴火的鑄鐵尖銳的東西。但我該用它幹什麼？我眞希望我有些情緒給我一點提示……

然而，我拿起它來。梅蘭妮阿姨家的正門有個鑲著一百片玻璃的漂亮木造中庭。我站了一會兒，看著梅蘭妮哭，完全不受我尚未決定但絕對必要的發怒影響。我冷靜地拿著鐵叉走向正門開始打破一塊接一塊的窗玻璃。

我猜我砸了大概十二片，或許十五片吧，然後我覺得已經盡了身爲二十歲綠帽仔足夠的表演義務。我把鐵叉砸到地上——嚇了我一大跳：它發出了比我想像中更大的聲音。幹——萬一梅蘭妮的阿姨聽到呢？我心想。我大概該走了。

梅蘭妮和我應該要一起走回家，但我改變決定獨自走去伍克雷斯特。

媽媽終於受夠了。我巡迴期間她把老爹掃地出門，這次是永遠。老爹搬進了他公司辦公室樓上的公寓。我知道媽媽會單獨在家。

那段路大約二十二分鐘。我不敢相信我剛打破了那些玻璃。我不知道是從內心哪來的力氣。因爲我認爲「應該」而非因爲我被情緒驅使而去砸東西，這對我很陌生。我覺得這種不協調很好笑。我突如其來開始傻笑，在腦中重播那一幕。我心想，威爾，你眞是大瘋子。這讓我繼續笑。整件事太歇斯底里了。

我抵達伍克雷斯特時，媽媽坐在門前台階上。顯然她跟梅蘭妮的阿姨談過了；她從不坐台階的。她眼中含淚；她在祈禱我沒事，但她也準備好面對風暴。她了解她兒子。

我看到她眼睛時，感覺她完全理解我的痛苦。那不再只是我的，是我們的痛苦。像炸藥爆炸摧毀擋住我痛苦之河的水壩，我癱坐在人行道上，距離載我離家的巴士停車位十呎。

媽媽跑下來，雙手擁抱我，同時我哭了。我的童年老家默默俯瞰著我的痛苦。我原以爲離開伍克雷斯特就表示永遠不必再有這種感覺了。

「她怎麼能這樣，媽咪？上帝爲什麼讓這事發生？」媽媽沒說話；她只抱著我。我是大人了；我的問題她無力解決。我感到她的眼淚滴在我後頸。

她扶我起來帶我回家。

傷心應該被視爲一種疾病——它會引發近似精神病的衰弱狀態。我遭受的痛苦強烈到我寧可被捅刀、毆打或不用麻醉藥拔牙。

我女朋友背著我偷腥，那在我破碎的心中證明了我是個窩囊廢——我推斷如果我夠好，她就不會偷腥。我讓另一個女人失望了。

我急需紓解。但是世上沒有傷心藥，於是我尋求購物與激烈性交的順勢療法解藥。購物：下個星期，我帶著十個朋友從費城飛到亞特蘭大，包下了Gucci門市。「無論你們想要什麼，我買單，」我說，把我的美國運通卡放在櫃台。

現在我有美國運通卡。它不像我的心，它堅若磐石。花錢如流水。我們剛啓用了「DJ爵士傑夫和新鮮王子饒舌熱線」。**1-900-909-JEFF**是史上第一支收費專線。高費率的電話號碼是連接粉絲的革命新方式（而且基本上是現代社群媒體的前身）。粉絲可以打我們的號碼，我們會留下長度幾分鐘、關於我們去過哪裡和我們在幹什麼的每日訊息。第一分鐘要兩塊錢，之後每一分鐘四十五分錢。在熱線支持度的最顛峰，我們每天會接到五千通電話。

你算算看。我的美國運通卡不只堅若磐石，還是無敵的。

激烈性交：直到人生的這個階段，除了梅蘭妮我只跟一個女人有性關係。但接下來幾個月裡，我完全變成貧民獵犬。我跟好多女人上床，那跟我的核心本質嚴重衝突，我對性高潮發展出一種心理反應：它會名符其實令我噁心，有時候甚至嘔吐。不過在每個案例中，我都向天許願這個漂亮陌生人會是「眞命天女」——會愛我，會治療我，會讓這些痛苦消失的女人。

但每次我都回到原點，作嘔又可憐。女人的眼神甚至更加深了我的痛苦。我在做我最討厭老爹的事情——傷害女人。

我很慘，所以我買了第一棟房子，面向梅莉恩公園的豪宅，在橫跨市區大道的復育社區。我在夢中看過——漂白的硬木地板，客廳有挑高天花板，主臥室裡有按摩浴缸（不在浴室——在臥室裡）。我爲房子買的第一樣東西——在床鋪、沙發、毛巾甚至銀器之前——是一張撞球檯。

我後來買了床。那是我第一次睡特大床。我和哈利在大半個童年裡都共擠一張床。我和查理・麥克在巡迴時也同房。我在梅莉恩路的第一夜發現我從未眞正獨睡過。我不喜歡。我的心在流血——我仍深愛著梅蘭妮・帕克。

我希望她回來。

當時我的心智仍然把表演與愛情掛勾。我自尊心的整個基礎都取決於我的女人是否快樂。我的自我形象必然綁定在女人的意見與對我的認可。我想既然我得不到我深深渴望的愛，一定是因爲身爲主角的我有所缺陷。如果我好好表演「男朋友」的角色，她就不會偷腥。

你大概想像得到，那讓我搭上了通往痛苦的子彈列車頭等艙。

梅蘭妮在「商場」的旋轉木馬專櫃工作，那是費城市中心的購物中心。我都計畫好了：盛大浪漫的原諒儀式。我會走進去，我們目光交會，我原諒她，她會撲到我懷中，飆出感激與悔恨的眼淚。然後我會說我要娶她，我的老婆不需要在破爛專櫃工作。我們會向她老闆豎中指，跳進我嶄新的賓士 300CE，我會帶她到新的梅莉恩路豪宅，在臥室而不是浴室有按摩浴缸的那棟。

在商場很難停車，所以查理・麥克載我們去。那樣他可以坐在車裡把它停在店門口，讓我能像羅密歐一樣走進店裡，抱起她，帶著她跨出門檻搭上等候的賓士車。

叭叭！查理按喇叭。

「唷，老兄，你知道我沒執照。所以，如果條子過來，我會閃人，」查理說。

這傢伙搞亂了我的整個布局。

「你怎麼不去考該死的執照呢？」我大叫。

「你知道我有槍枝罪名！我只是還沒拿到！去找梅蘭妮吧，老兄，趁條子出現之前趕快！」

我跑進店裡。那天很安靜；整個店大致沒人。梅蘭妮在櫃檯後面，折疊Jordache牛仔褲。她沒看到我——我有機會看她一會兒（我本來想多看一下，但是查理沒駕照）。在那短暫的時刻，我知道我不想失去她。我感覺看到她時內心的空虛被填滿。疼痛得到撫慰；飢渴被平息。

她抬頭，我們目光交會。一股短暫但無可否認的清晰。梅蘭妮絕對愛我。我也愛她。

滋滋滋滋。

幹。我該死的電擊項圈。我不知道怎麼回事，但我相信它。我讓我的注意力深入她內心。我走到她面前；我們擁抱。還是不對勁。

滋滋滋滋。

我放開她。我們微笑。我環顧店內。

他膚色很淡，眼睛也是。我討厭那種人。

滋滋滋滋。

我回去看梅蘭妮。她假裝加快摺衣服。

「我十五分鐘後午休，我們可以去吃點東西，」她說。

滋滋滋滋。

我回去看他。這時他不敢看我的眼睛。

我看到你了，混蛋東西。

我衝過店內。他想要逃——有罪。但在店裡沒地方躲。我抓到他了。梅蘭妮在尖叫。不知怎地，查理・麥克出現，把我們拉開。店裡一片狼藉；他的漂亮綠眼睛也是。查理拖著我，我拖著梅蘭妮。我們衝進逃亡車裡。

「黑鬼，我說過我有槍械官司。你在幹嘛？」我們逃離時查理大罵。

那是梅蘭妮在旋轉木馬上班的最後一天。她承諾不再跟那傢伙見面。我帶她到大道上的新豪宅。在臥室而不是浴室裡有按摩浴缸那棟。

我們發誓重修舊好。我沒說出的秘密誓言是，如果妳回來，我保證我會夠好。

JBM代表年輕黑人幫派（Junior Black Mafia）。他們在費城的格言是「潦下去，否則就趴下」。意思是，你不是支持他們就是反對他們；你不是他們的一員就是死定了。

如果你是費城市區出身、剛賺到第一個一百萬的二十幾歲饒舌歌手，唯一有能力跟你一起混的人就是其他饒舌歌手、職業運動員或毒販。

我選了毒販。

巴奇五呎一吋高，一吋還是灌水的。他曾經是金手套獎冠軍，也是JBM的高級幹部之一。他在場時，他從頭到尾主導每一句話。如果你不同意，他很樂意脫下價值三萬美元的首飾到街上跟你單挑。但如果你不敬，首飾不重要，因爲他扣扳機的手指從不戴戒指。

巴奇很愛笑。他欣賞我的幽默感。以現在的眼光，我看得出他是來梅莉恩路休息的，遠離壓力與街頭的殘酷稍作喘息。我是他的私人弄臣。他喜歡聽我開人玩笑——羞辱喜劇是他的最愛；碰巧，也是我的專長。

不過某天晚上我犯了錯，拿巴奇的身高開玩笑。

「唷，巴奇，你想要長高，或許下次開槍可以用個踏腳凳？」

根本沒人敢偷笑。巴奇保持冷靜，這是可怕的徵兆；全場鴉雀無聲。他走到我面前，下

老爹一九七一年在 ACRAC 公司辦公室。他可能沒在跟人講話——他只是知道他很帥。

媽媽和老爹，拍這張照片之後他們把我製造出來了。

費城西區伍克雷斯特的家，這
是我長大的地方。

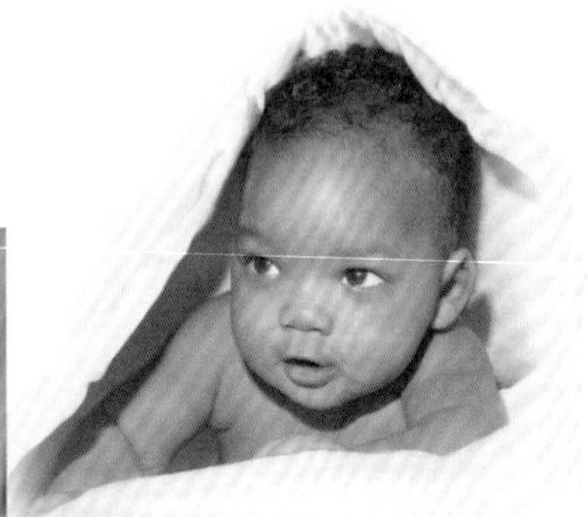

我的全名是威拉德・卡洛・史
密斯二世，生於一九六八年九
月二十五日。毯子裡的我全裸
喔。

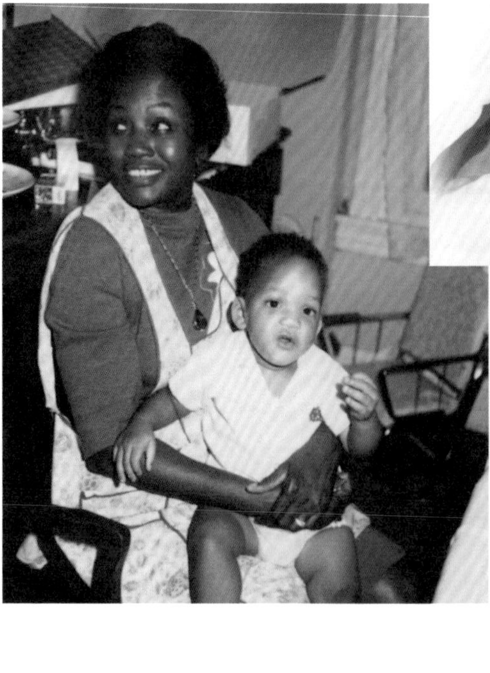

我和親愛的琪琪在她北五十四
街的家裡。

老爹總是在教導——他希望我們能夠用我們的雙手建造與創作。

媽媽和我的雙胞胎弟妹，哈利和艾倫。看看那頂爆炸頭。

跟潘、哈利和艾倫在伍克雷斯特家裡，早期的微笑練習。

ACRAC 公司卡車隊，堵住了費城西區現在的「老威爾史密斯路」。
（有白字的深藍廂型車就是保羅開過、被破壞入侵的那輛。）

一九七〇年代初期跟媽媽、老爹、潘、哈利與艾倫在伍克雷斯特。

在伍克雷斯特家的廚房裡。我是很膽小的孩子。

一九七六年我童年的公路壯遊。

大峽谷是我看過最偉大的東西。

奧佛布魯克高中綽號叫「山丘上的城堡」。占地有兩個
城市街區大，像個石砌要塞俯瞰整個社區。

穿藍上衣的 JL 和打赤膊的傑夫，在
傑夫老媽家的台階上。

一九八六年我們進行第一次大巡演時來自費城西區的工作人員。順時鐘方向從右上起：我，舞者奧瑪，口技專家準備搖滾，經理詹姆士・拉希特，DJ 爵士傑夫，還有保鑣查理・麥克・艾斯頓（如果你沒注意到，他用雙臂扛起我和傑夫）。

在嘻哈音樂的初期，「保鑣」的定義就是你最壯最高最不苟言笑的朋友。照片中的查理・麥克下班時間跟傑夫在一起。

一九八七年秋天跟 JL 在倫敦，我們最像死觀光客的一張。

DJ 爵士傑夫和新鮮王子的金唱片。左起：JL、傑夫、羅素・席門斯和萊爾・柯恩。羅素非常喜歡 DJ 爵士傑夫和新鮮王子。

巴奇・戴維斯五呎一吋高，一吋是灌水的。他在這張照片裡根本沒理由彎腰。

咪咪・布朗是費城史上最紅的 DJ 之一，她就是我們童年想像的誘人性感的聲音，見到她本人一點兒也沒有失望。

我和譚雅的舊照。我對這照片的一切都沒意見，除了我的褲管被捲起來…和我的站姿…和沒穿上衣…和晚上戴墨鏡…和我在看什麼？

我和昆西・瓊斯在《新鮮王子妙事多》第一季的客廳布景。

週五夜錄製《新鮮王子妙事多》跟你去過的任何夜店一樣熱鬧。站立左起：班尼・梅迪納，約瑟夫・馬塞爾，阿方索・里貝洛，詹姆士・艾佛瑞，泰勒・柯林斯，卡迪姆・哈迪遜（《另一個世界》主角），我，昆西・瓊斯，艾爾 B Sure ！。坐著左起：塔提安娜・阿里，珍娜・赫伯特與卡琳・帕森斯。

我和卡琳在《新鮮王子妙事多》片場。別恨玩家，恨這個遊戲。

雪莉・贊皮諾出身紐約，不是眞的紐約，是史克內塔迪（都快到加拿大了）。一九九二年在我們的婚禮上跟各自的父母。

一九九三年跟雪莉與特雷合照。他眼睛像媽媽，耳朵像爸爸。

欸，我在池裡發現這個小孩，他說
他叫特雷。我不會游泳，所以誰來
把他抱走好嗎。

看來我的裁縫師把製作潔達的衣
服剩下的所有布料都用上了。

每個堅強男人身邊都有好幾代的堅強女人。跟馮恩、嘉米、琪琪、媽媽與潔達合照。

「馬提馬——！」
「大威利——！」

這是《絕地戰警》裡讓我成爲電影明星的鏡頭，不過我犯了菜鳥錯誤：手指放在扳機上。

巴幾乎碰到我胸口。他就靜靜站著。我知道這表示我得彎腰讓他跟我談話。我像隻野生的銀背猩猩彎腰向領袖順服。

巴奇向我耳語，「因爲你是明星，不表示我不會給你好看。」

他的比喻邏輯不見然完美無瑕，但含意很清楚。我再也不開巴奇的玩笑了。

梅莉恩路這下成了派對中心。任何時間，都會有二三十個人在家裡，大聲放音樂，玩撞球，價値幾千美元的費城牛肉起司三明治在廚房裡亂丟。（我花在那裡的錢還不如直接買下奧佛布魯克披薩。）後院裡有拳擊賽，還有籃球場……設在客廳裡。

而且不斷拿任何東西賭博。不用說，這個環境無助於梅蘭妮的藝術靈感。

「威拉德，音樂可以關小聲一點嗎？」她會說。

「是我不好，寶貝，給我一個小時。我會教育這些笨蛋……」

我感覺我的原諒是個巨大的愛情表現，她能住這裡應該心存感激。事實是，我從未眞正原諒她。

週末才是眞正熱鬧的時候。

多達十五萬美元在週五晚上到週日早上之間換手並不罕見。我的兄弟 Bam 是最強撞球高手；他總是贏走我們檯面上的錢。但某個週六晚上，我的球技突然爆強；我百發百中。長距離邊緣球，連環球，瞄準八號球，完美的利用母球阻擋，一切都依照我的心意。巴奇不知不覺間落後（抱歉！）……我是說，不幸的結局，連輸三萬塊錢。他派一個小弟去領更多現金來。但是巴奇住在西南區——來回至少要四十五分鐘——所以他把汽車鑰匙丟在檯面上。全場爆出一陣「喔喔喔幹！」我心臟狂跳了一會兒，但我不示弱。我把我嶄新的海洋綠色賓士 300 車鑰匙丟在他的特製黑色 BMW 325i 敞篷車鑰匙旁。

「把球排好，」我說。

我開球時打進四球；高分球。全場像教堂一樣安靜。巴奇打量他的第一擊——簡單的兩顆角落球；還可以佔到好位置瞄準側邊的七號球。不過有點太激進，讓他失去了角落的位置；他必須打進後方的四號球。但是巴奇也不甘示弱。他打進了所有球，而我只能無助地旁觀，給我特製的球桿上粉，準備我可能永遠沒機會的下一擊。

巴奇瞄準八號球。邊線球，斜跨桌角。八號球以慢動作往角袋前進。八號球的重力準備要帶著我的車鑰匙一起墜入深淵。球逼近時大家醞釀歡呼：「喔喔喔喔喔……」

但是……沒進！八號球撞到袋角，搖晃了一下然後停在袋口。

全場譁然。

我有了續命的機會。但我必須認眞打。我還得打進三顆球才有機會打躲在角落的八號球——如果我失手，巴奇回來打，他一定不會失誤。

我的第一顆球是可怕的直球，檯子的全長距離。我不敢大意——我瞄準，打進球袋中央，還有兩顆。第二桿是側袋，但我的第三桿是角袋，意思是我必須把母球拉回一點距離（「拉桿」，意思是打球的下方讓它旋轉後退）。如果失敗，它可能直接滾進角袋失分，進而確保了巴奇獲勝。

我對撞球的概念是出桿不要想太久。瞄準，出桿。瞄準下一球，出桿。沒時間讓我的心智用懷疑或猶豫懲罰我。查理·麥克以前老是說，「害怕的錢賺不到錢。」那成爲我畢生的座右銘。但是那晚，是冰冷的心態讓我無敵。

就像那晚的其他時候，我百發百中。巴奇只能無助地旁觀，給他的球桿上粉，準備他永遠沒機會的下一擊。我稱霸球檯，打進了八號球，尊重地拿起兩串車鑰匙。

巴奇氣壞了，但他是喜怒不形於色的幫派份子。他衝出房子，讓門開著，後來發現他可能需要叫計程車。

我跟在後面跑出去。「唷，巴奇，」我說。

「現在不行，黑鬼，等我一下，」他用準備搭便車的男人能鼓起的全部幫派氣勢說。

「巴奇，拿去。」我遞出他的車鑰匙，「我不會拿走你的車。」

「什麼？」他困惑地說。

「你是我朋友。我不能留著你的車，」我說。

「你說眞的嗎？」他說，看我的眼神好像我是怪獸。

「巴奇，我不會邀你進我家然後拿走你的車。我是個混蛋，但沒那麼混蛋。」我把鑰匙塞進他手裡。

當時我沒認出來，但我後來看清楚了，這是巴奇被迫求生的環境裡不存在的人情表現。他感受到了，而且明顯變得激動。

「巴奇，你幹嘛這麼茫然？又沒那麼嚴重……」我說。

他打起精神，搖搖手裡的鑰匙說，「因爲我會拿走你的車。」

我轉身走回屋裡。巴奇打開他的車門鎖，向我大喊，「欸！如果有人找你麻煩，那就是跟我過不去。」

而且他是說眞的。

當時，我沒把我的渴望與普遍怪異的行爲掛勾到我心裡的受傷狀態。當我買一輛蘋果糖紅色 IROC-Z 跑車把輪框漆成搭配的紅色，我並未認知那是醫學反射動作。我也沒把購買裝了四顆十八吋喇叭佔據整個後半車廂的特製越野車連接到我的自卑、失落與遭背叛感。我只認爲我開著它去載人很好玩，我不必事先打電話——我只要把音量調到大約七成，他們會知道誰來了。

我的行爲怪異失序。我買了第一台機車：藍色鈴木 Katana 600 型。我根本不會騎，頭一週我就把它撞壞了。但我太過有錢不能騎損壞的機車，所以我買台新的，紅色的。

JL 撞壞了那台機車；損傷不太嚴重：只是側板有些刮傷。但接著不讓 JL 專美於前，哈利把它撞毀了。我猜這是個徵兆——或許機車不適合我——所以我買了一輛天藍色 T-top Corvette。

我把我所有汽機車排列在家門外邀請老爹過來，讓他看我混得有多好。老爹開著雙色調藍雪佛蘭工作廂型車停下。他總認爲汽車應該要實用。他下車時我驕傲地站在外面。我們擁抱。

「我上星期剛買了這輛 Corvette，」我說。

「這些全是你的車？」他問道，輕蔑地看著我的全新車隊。

「是啊，」我驕傲地說。我尊重地垂著雙手，但在心裡我已經擺出 B-boy 的姿勢。「小子，你爲什麼需要三輛車？」他說，「你只有一個屁股。」

那不完全是我希望的反應。但這個數學意見我充耳不聞，因爲一九八八年葛萊美獎最佳饒舌單曲頒給了 DJ 爵士傑夫和新鮮王子的〈Parents Just Don't Understand〉。

梅蘭妮和我不再做愛了。

有什麼東西壞掉了。我們最想要的莫過於把它修好，但我們才二十出頭歲。我們的浪漫夢想太過脆弱，無法撐過我們不成熟的殘酷。

我開始常去洛杉磯。那是我第一次發現城市的震動力。飛機一降落在洛杉磯機場，我內心某種東西就覺醒發作。我的什麼特質和洛杉磯的什麼特質結合成和諧的一體。市區的活力令我興奮。我睡眠變少；我總是神清氣爽；我的皮膚變好了；我吃得更健康；我想要健身。我受到啓發。從此我發現了環境的關鍵重要性。選擇居住的城市跟選擇你的人生伴侶同樣重要。

而且我剛認識譚雅・摩爾。她體現了定義洛城的陽光與可能性：是個典型的西岸騎士。非常優美，成熟，但在街頭很犀利。她知道哪些社區可以走進去，哪些要開車避過。她知道我那紅色的費城人棒球帽最好在機場摘下來，直到我回家的班機越過密西西比河之後再戴回來。

阿普・理查遜是加大洛杉磯分校的明星得分後衛，除了百萬富翁饒舌歌手，這大概是二十二歲黑人小孩最好的出路了。他在費城南區中央出生長大，在校園走路的架勢活像該死的市長。阿普在校園裡暢行無阻，當他的費城老鄉出現，他竭力款待。

阿普在跟譚雅的表妹姬雅交往，她基本上管理著阿普的生活。她處理他的飲食，他的新聞；他必須準備練球時她會清場。當時我覺得那樣的交往心態似乎很成熟。阿普是明星，但他眞的不會曉得他的球鞋在哪裡。他唯一的職責就是好好打籃球——姬雅負責其餘一切。看到他們在一起時我知道我想要那樣。他們是「阿普・理查遜進軍 NBA 生意」的夥伴。（結果他在職籃打了十年。）

我和查理・麥克來到 UCLA 對戰史丹佛的保利體育館。賽後我們去更衣室探望阿普。

「費城人進來了！」他大叫。

費城老兄在同鄉搬到別的城市時注意的第一件事就是他的漸層髮型有多難看。費城以此髮型聞名——我們發明的，而且我們方法正確。

「唷，老兄，你的理髮師太糟了，」我忍不住說。無論看起來怎樣我可能都會這麼說。如果你是費城人，有人在別的城市理髮，你必須說他看起來很遜。

「是啊，我們這裡還沒有搞懂方法，」阿普戲稱，摸摸他的側面頭髮。如果你是費城人，你也必須這麼回答。

他介紹我認識姬雅和她表姊譚雅。我垂涎譚雅的美貌肯定太明顯了，因為阿普抓了條毛巾作勢幫我擦口水。

「唷，老兄，你在流口水，我不希望你踩到自己的口水滑倒。」

我推開毛巾，有點尷尬但繼續微笑，發揮我的魅力。

「來啊，老兄，你繼續屁嘛。」我笑道，轉身向譚雅自我介紹。

「費城的水一定有加料，」譚雅說，「你們在那邊長得眞不錯。」

阿普插嘴。

「唷，譚雅，我跟妳說，這黑鬼會是下一個大人物。妳最好馬上把他關起來，因為他會從這裡跑到月球！」

我心想，把我關起來？該死，她眞的迷住我了。

JL是我的朋友裡唯一看過我哭的人。某天在開往紐約的火車上，我在告訴他梅蘭妮的故事時情緒崩潰，在他胸前啜泣。JL不是情緒化的人，我也沒有顧忌。（他後來告訴我在那一刻，他願意爲我奉獻人生。JL 說他知道必須保護我。）

有一天 JL 把我攔下來。

「欸，老兄，你最近經常跟人打架。怎麼了？」

曾經有兩個月期間我每週末都名符其實跟人打架。我不確定是因爲知道巴奇會罩我，還是因爲查理・麥克就站在我旁邊——或那是否是能滿足我憤怒心靈的唯一解藥——但我開始當面揍敢斜眼看我的任何人。我很生氣，因爲連葛萊美獎、幾百萬美元和糖果紅色的 IROC 跑車都無法稍微塡補我內心的破洞。

金錢、性愛和成功的問題是你沒有的時候，可以合理化你的悲慘——幹，要是我有錢、性愛和成功，感覺多爽啊！無論那有多麼謬誤，心理上還是能夠充當希望。但你一旦致富、出名、成功——你還是缺乏安全感又不快樂——可怕的想法開始蠢動：或許問題是我自己。

當然，我很快就拋棄了那種愚蠢想法。我只是需要更多錢，更多女人，更多葛萊美獎。

唱片公司準備好錄我們《他是 DJ》的後續專輯了。賣出三百萬張，史上第一座饒舌葛萊美獎，但這張新專輯即將粉碎那一切。

JL 希望我們在傑夫媽媽家裡做預錄。在我買車、衣服和房子的時候，傑夫把地下室改裝成了星艦奇航記等級的家庭錄音室。JL 認為在費城西南區錄下我們的點子，然後回倫敦去做最終錄製會是最具成本效益的方式。Jive 在那邊有錄音室，我們有優待費率。

但我和傑夫另有想法。傑夫聽說在巴哈馬群島有家出名錄音室——位於拿梭的 Compass Point Studios。他建議我們去那裡錄。畢竟，米克・傑格、葛蕾絲・瓊斯、大衛・鮑伊、莎黛，甚至鐵娘子樂團都在 Compass Point 錄音。既然我們現在是大咖了，有自己的多白金專輯，我們去多白金藝人錄音的地方錄似乎很合適。傑夫等不及要挖掘那家錄音室、察看他們的新科技。我也等不及要去拿梭剛蓋好的那兩家巨大賭場了。

我們都很興奮。JL 抗議，但他以一票對兩票被我們否決。在傑夫媽媽的地下室也沒得利用冗長發言來杯葛。下一個星期五，我們飛往巴哈馬群島……全部十個人。

我從未來過巴哈馬。

我們降落時氣溫華氏九十度，天氣晴朗。我們的行李和設備被海關扣住了，所以我們去海灘。喝蘭姆甜酒吃雞柳條直到日落，然後我們去賭場——賭到天亮。那就是我們新專輯在前一週左右的「錄音」進度。

我們安排了六週錄音時間，而且我們包場了，意思是，無論我們有無使用都要付錢。我們在錄音室第一段正式來——在巴哈馬的第九天——比較像是夜店狂歡：傑夫當 DJ 讓我們帶著女生、食物和酒到處閒坐。偶爾，我會起身去麥克風，傾向爲大家表演而非努力創新或創作新音樂。

第一段之後，JL 把傑夫和我拉到一旁警告我們每天要燒掉一萬美元，如果我們不開始錄，他要拔插頭。我和傑夫有點不爽。

「你不懂創意過程啦，」我說，「這個環境，這些人，我們做的所有事情都是我們的靈感。」

「是啊，J，」傑夫幫腔，「別打斷流程。」

「讓我們做我們的事，你做你的，」我說。

JL 很緩慢地點頭，彷彿在說，好吧，我懂了。

一個月，加上好幾十萬美元砸在我們的「過程」，錄音的紅燈一次也沒亮過——我們還沒完成任何一首歌。

我猜 JL 有正當理由那麼做。在當時，我不敢相信他會這樣。我絕不會這樣對他。但我猜他覺得那是個危急時刻，所以他用了同樣危急的方法。

那是個週五晚上。我們大約二十個人在錄音室裡發懶。我們的洛城小隊飛過來協助「創意過程」。我大概喝了五杯，而且從雞柳條改吃香辣雞、黑豆和米飯。我猜裡面很熱，因爲我脫掉了上衣。

你幾歲不重要——有些童年影像永遠會讓你脊骨發涼或腹中沉重。我正在 Compass Point Studio A 中央召見群臣時，房門開始打開。我先瞄到 JL 推開門，然後……

老爹出現。

全場愣住。認識的人就認識——其餘客人猜測。老爹冷靜地觀察現場。他的長子打赤膊。室內瀰漫蘭姆甜酒和香辣雞的臭味。巴哈馬比基尼女郎到處彈跳嬉鬧。我們是「在工作」。對老爹來說，這是墮落之城索多瑪與蛾摩拉。

他停頓一下。然後說：

「所有人給我出去，」他說，「我得跟威爾和傑夫談談。」

我們下午兩點三十八分降落在費城國際機場。我全程都在睡。我不記得起飛或降落的情形。我不確定這是不是實際的醫學症狀，但我相當確定我陷入了尷尬昏迷。詹姆士「JL」拉希特向我爸密告我。整個狀況慘不忍睹。

但兩星期之內，我們的第三張專輯《And in This Corner......》至少完成了。

在他像死神般現身在 Compass Point 的那場悲劇後，老爹對我們做了激進但仍然令人信服的行為評估。

「你們正在搞砸大多數人做夢都想不到的大好機會。你們有大企業資助你們的計畫，你們卻把女人跟鬼東西帶進錄音室裡？不要糟蹋別人的錢。你可以鬼扯，但是有時間壓力就不行。時間可不會等你胡鬧。」

雖然老爹在巴哈馬出手拯救了我們免於更迫切的災難，第一塊骨牌已經倒下了。沒有剩餘預算，我們迅速粗製濫造了能力所及的最佳歌曲。但對專輯沒有眞正的願景或持續性。我和傑夫失焦了，而且不協調。

《And in This Corner……》從一開始就注定完蛋。

第九章　毀滅

惡性循環開始了。

《And in This Corner……》在一九八九年萬聖節上市，遭到全面負評。爲了從混亂中焦急地嘗試挽救，我們衝到外面街上表演與推銷，盡我們所能爲專輯注入一些活力，但是它到醫院之前就掛了。

一九八九年冬天是場越來越討人厭的爛秀。

一開始是準備搖滾。他錄了一些歌，結果沒有一首被收納到專輯。他是史上最佳口技藝人之一，在我們的現場秀，他肯定得到過一些最大聲的喝采。但嘻哈在改變——口技藝人越來越遠離這個藝術形式。他感覺不受尊重又無人理會。

結果，我們的歧見變成分化，分化變成公開衝突，直到準備搖滾和我形同開戰。

克雷特開始在所有活動遲到：航班、彩排、會議。他整天睡覺然後整晚心情惡劣。整個巡迴期間，我們的爭執頻率與強度都升高。在他心中，他和傑夫才是主要賣點，是他們在罩我。

「我和傑夫是這裡唯一有天賦的人，你們其餘人只是搭我們便車，」在我們的無數衝突中有一次克雷特大叫。

某晚在堪薩斯市，一切來到盡頭。在表演中，我們會在大約中途點介紹準備搖滾。他會出來，我和他表演一段十五分鐘慣例然後他下台，我和傑夫爲表演收場。他有盛大入場儀式——我會唱饒舌，在我的歌詞結尾大喊，「準備搖滾C，來幫一下傑夫！」我誇張地指向側面，聚光燈打開，他會用嘴巴演一段直升機音效讓觀眾大吃一驚。他可以在麥克風前張開與闔上手，改變頻率製造直升機由左向右飛過的幻覺。

觀眾都很喜歡。

但是那晚，我大喊，我指著，聚光燈亮了，但準備搖滾沒出現。傑夫繼續打節拍，大約四小節之後，我又說：「準備搖滾C！來幫一下傑夫！」

克雷特還是沒出來。

傑夫沒有錯過節拍，立刻切入下一首歌，我們若無其事地繼續表演。

我寫這一章眞是難以置信的痛苦，因爲這些衝突和誤解其實有簡單對策，但我們不成熟，因此注定必須承受後果折磨才能學到人際關係最基本的教訓。現在我看很明顯，從我最好的朋友兼創意幫手變成越來越邊緣化的人，被攝影師要求離開畫面，對克雷特一定很難過。更糟的是，我們根本不曾坦誠討論過。

但是那晚，我們只是兩個小屁孩。收場之後，我生氣地到後台。

「媽的克雷特在哪裡？」我大喊。我衝進化妝室，他在，坐在我的椅子上，戴著墨鏡，冷靜地吃一包零食。

「老兄，你剛跑到哪裡去了？」

克雷特沒回答——只是坐著繼續吃。

「你爲什麼沒出場？」我吼道。

他繼續吃。過了幾秒，他嚥下去之後說，「我今晚就是感覺不想表演。」

我震驚又生氣；但我沒說什麼。

我們互瞪。每一秒我們的新現實都在惡化。在我心中，他在水泥凝固前有大約十秒鐘。

九，八，七，六。

嚼。嚼。瞪眼。

五，四，三。

嚼。瞪眼。

二。

「好吧，沒關係，」我說，轉身走了出去。

之後我再也不找準備搖滾了。

隔天晚上，傑夫和我改變節目。克雷特站在舞台側邊。表演進行到通常叫他出場的部分；我們跳過它接到下一首歌。在達拉斯也是，在休士頓也是，在聖安東尼奧也是。

我們不再交談。克雷特開始搭乘其他樂團的巴士，他跟我們同車時，也是留在床位上。

某天，接近巡迴尾聲，我們聽到他的床位發出怪聲。

喀啦—喀啦，啪。喀啦—喀啦，啪。

查理・麥克的床位在克雷特正上方。查理被聲音惹惱，探頭出來查看。他拉開克雷特床位的布幕。

「唷，老兄，你在搞什麼？」查理大叫，從他的床位跳下來。

克雷特正在擦拭一把烏茲半自動機槍。他沒有任何子彈，但他在練習裝子彈扣扳機。

喀啦—喀啦，啪。喀啦—喀啦，啪。

我的高中好友不見了——輕鬆的笑聲，在奧佛布魯克附近街角對戰的興奮，發現新聲音的喜悅。他的空位剩下的是個我再也不認得的人。

我這輩子，很少事情比看著我喜愛的人自我毀滅更痛苦了。老爹說過，「你可以阻止殺人，但是無法阻止自殺。」準備搖滾做他喜歡的事情收入還不錯。他在成千上萬人面前表演並且環遊世界。他有一群願意爲他死的朋友。但是，他有些盲點或傷口，不知何故，無法認知他眼前出現的機會的全貌。他努力打進了大河區的富饒部分卻又爬回沙漠裡。

整個職涯中，我看到這個模式反覆重演。我給別人幾百個工作機會，他們有很多人最終崩潰癱倒在各種可能性的壓力下。如同偉大的黑人詩人查理・麥克所說，「壓力會搞爆水管，老鄉。」

我們都必須跟毀滅的自然過程對抗。一切都不是永久的——你的身體會老化；你最好的朋友會畢業搬到別的城市；史黛西・布魯克斯家前面那棵你爬過的樹會在暴風雨中倒下。你父母會死。一切都會變；有起就有落。沒有任何人事物對宇宙間的熵免疫。

所以自我毀滅才是這麼可怕的罪行。現狀已經夠辛苦了。

我們回到費城之後，準備搖滾拿他的行李，我拿我的。沒有道別，沒有眼神接觸。我看著他沿著伍克雷斯特走掉；他一次也沒有回頭。

因爲我童年對老爹連續毀滅性的經驗，當我看出周圍的人身上有類似能量的時候向來很難容忍。怪的是，我總是能很清楚地認知到別人的負能量，但對我自己身上的相同能量毫無警覺。

第三張專輯裡第一首（也是唯一眞正的）單曲叫做〈I Think I Can Beat Mike Tyson〉。當時我經常用麥克的無敵來比喻解釋自然毀滅與自我毀滅的差別。

試想像你要與全盛時期的麥克・泰森打頭銜保衛戰。因爲害怕喪命，你雇用傳奇訓練師佛萊迪・羅區，你遵守完美飲食，完美訓練團隊，你盡力去做準備好面對鋼鐵麥克。你以無懈可擊的身心狀態踏入擂台，麥克十五秒內就把你打趴。你做了一切你能做的事，還是輸了。你就不是像麥克・泰森那麼棒的戰士。那是可以忍受的損失；那是我所謂的自然毀滅。

但如果你在訓練時打混，沒有正確飲食，讓你的兒子普奇訓練你——然後麥克十五秒內就把你打暈——這下你必須面對無法忍受的損失。你餘生都不知道如果你盡力了可能會發生什麼事。在你心底，你永遠會知道你不只輸給了麥克・泰森，還輸給了自己。戰鬥不是你對抗麥克——而是你和麥克對抗你自己。

那就是我對《And in This Corner……》的感受。音樂產業很反覆無常——有些唱片能賣；有些不行。有時候你認爲某首歌會大紅，沒人認同；然後你根本沒想到的歌賣到翻掉。那是自然之道，宇宙間無可避免的衰退與流動。但如果你消耗掉三十萬美元的蘭姆甜酒與雞柳條，你老爸必須搭飛機來把你拖回家，然後你在好朋友媽媽的地下室裡湊出一堆歌，你是在宣示一場不公平的戰鬥。那是兩個打一個：是你和宇宙對抗你自己。

輸給宇宙值得尊重。輸給自己就是悲劇了。

《And in This Corner……》輸得很慘。我們剛達成三百萬銷量——三白金成績——和史上第一座饒舌葛萊美獎。期待和投資都很高。我們卻墜機燒毀。

我們知道這張專輯是一次揮棒落空。但直到我們再次出去巡迴才有眞實感。觀眾變少。大家看到我們沒那麼興奮。他們不再向我唱出我的歌詞。我們的表演收入減少了大約七成。我們把它想成「促銷」來自我安慰。回想起來，我感覺得到逼近的大屠殺，但我想不出該怎麼辦或怎麼阻止。

我當然不認爲事情會變得那麼糟糕。

這時候，梅蘭妮和我住在充滿喜悅與希望可能性的浪漫舊生活與快速逼近無法逃離的厭惡、憤怒與毀滅的新生活之間那個可怕的非軍事區。困在那糟糕沉默的無愛狀態，兩人在一個屋簷下共存但很少共處一室。空氣中充滿了冷淡的話，尚未掉入尖酸刻薄但故意沒有親切。你知道已經注定但尚未結束的那個獨特的地獄。

我和查理在洛杉磯停留越來越久。

我降落那一秒鐘，譚雅會帶著租來的車、飯店鑰匙、晚餐訂位和我需要的任何東西在機場等我。洛杉磯女人總是顯得有條理又一本正經。她們總是很酷，總是在追逐某種夢想或機會。洛杉磯有種文化會培養力爭上游的心態。譚雅從不要求我任何事；這只是她表現的方式。她讓我賓至如歸。

我們認識將近一年，但我們連接吻都沒有。

我隱約察覺譚雅和洛杉磯即將在我的生存扮演某種重要角色。我猜我有點無意識地在尋找燈塔和救生艇，準備迎接海平線上黑暗的風暴。我腦中想起琪琪的話：記住，小可愛，善待往上爬途中經過的每個人，因爲你走下坡時可能還會遇到他們。

出名大概是物質世界能提供最好玩的東西了。出名，有點像福袋；但失去名聲就爛透了。

我看得到牆上的字跡——某些是我自己寫的。我在表演結束時看到觀眾沉默的臉孔。我發現曾經兩小時就有回覆的商務電話現在要花兩週或根本沒有回音。最令人心驚的是，我的美國運通卡沒有壞掉，但開始像混蛋一樣扭曲。在這所有不順遂中，我內心的小羅盤一直指向西方。

查理也感覺得到。

他主動扛起推動、挖掘與哄騙的責任——盡他所有力量發掘與宣示一個比較正面的未來。查理沒有恥感。他會介紹我給喊叫範圍內的任何人，甚至他不認識的人。

「小理查！小理查！」他在靈魂列車音樂獎會場大喊。

然後興奮地對我說，「威爾，那是小理查，他跟黛安娜・羅絲一起的……快點，過去拍照。」

「我操，查理，他們在講話耶！別去煩他們，」我尷尬萬分地說。

「你到底想要合照還是不想要？你必須被看見跟別人在一起。」然後他拖著我去找小理查和黛安娜・羅絲，基本上把我全部作品向他們背誦一遍。

「我知道你們聽過——他有葛萊美獎。大家，呃，都是葛萊美俱樂部會員！」

查理・麥克比大多數人類都大隻，肯定也比大多數人的保鑣大隻。所以，他一旦決定要做什麼——像是合照或搭訕——通常沒人會擋他的路。

洛城凸顯了我名聲的極限。我在嘻哈界是大咖，但在好萊塢，我啥都不是。在湖人隊比賽中，我啥都不是。在羅斯貝里大道上，我尤其小咖。當艾迪走進來，他會包場。這很貶抑，這很尷尬，而且令人洩氣。

我記得在洛城某天晚上，華府的打擊樂團EU（Experience Unlimited）在帕拉丁音樂廳表演。他們在八八年和八九年曾經爲我們暖場，我們和他們的主唱蜜糖熊（Sugar Bear）與全體團員培養出友誼。史派克・李剛把他們的歌〈Da Butt〉放進他的電影《School Daze》裡，現在EU是全國最紅的樂團。查理和我打算從在好萊塢當無名小卒的情緒折磨中休息一下，留一晚撤回音樂界。

我們前往帕拉丁，出現在後台入口。大批追星族和粉絲在懇求保鑣說他們的表親留了一張票，但是現場取票方式行不通——只是些會讓警衛回頭看看、然後不理他們的尋常鬼扯。

查理照例上前替我開口。

「嘿，兄弟，我旁邊這位是新鮮王子。」

「誰啊？」警衛越過查理看著我說。

我一向討厭這種時候，我必須站好努力顯得像個名人。因爲現在，每個人都盯著你看你夠不夠有有名、能不能通過「保鑣測試」。你置身險境。尤其你的專輯剛失敗的時候，機會十分渺茫。

「新鮮王子啊，老兄。新鮮王子。你知道的，爵士傑夫和新鮮王子，」查理說明。

保鑣用表示正在搜尋視覺名片簿的普世眼神看著我然後……不行，你不能進去。

「你們如果沒有票，請你們退後。」

就在此時，門打開，EU的蜜糖熊探出頭來看看周圍。我犯了菜鳥錯誤——我過度急切。但我看到熟悉臉孔，我在越來越深的卑微與平庸之海溺水時，他感覺像個圓形救生圈被丟給我。我來不及阻止自己，脫口而出，「嗨！蜜糖熊！」

蜜糖熊看著我。辨認的瞬間。我指著警衛彷彿在說：唷，老兄，叫這傢伙閃開讓我們進去。

蜜糖熊停頓，看著警衛，輕輕搖頭。他掃瞄人群看他真正在找的人是否在裡面。不在，於是他轉身回裡面去了。

我轉身優雅地跨出過氣名人的羞恥步伐。我心裡很生氣，但是以我習慣的情緒方式，外表上我完全冷靜。我不知道我要去哪裡，但我走過一個又一個街區。查理沒說話但是跟在我背後。我們默默走了幾哩路。

到底怎麼搞的？從我們結束巡迴後，傑夫就躲在他老媽的地下室。他對我們事業寒冬將至的反應是冬眠——他拒絕了去非洲表演和澳洲巡迴的機會。我很生氣他躲起來——他好像變成了膽小鬼。這觸動了我最暴力的扳機：我畢生都在奮鬥不要當膽小鬼。我相信我們必須正面迎戰眼前累積的障礙，但我少了他就做不到。我感覺他背叛了我。

JL在抱怨我和查理太常去洛杉磯了。

「你們是在浪費時間——你們必須回家以便我們回到錄音室，寫歌和錄音，」JL說。

梅蘭妮和我幾乎不講話了。我週四晚上身在好萊塢的空曠街道上，沒沒無聞地閒晃。

查理・麥克像個老派拳擊訓練師，旗下拳手剛在上一個回合被痛宰。如果我們沒在好萊塢大道上，他肯定會在我的短褲裡澆冷水。我受了重傷。但我知道我還能再戰。

我們來到了斑馬線，一隻紅手直接向我示意。停。停下。呼吸。思考。我的怒氣平息。

沉思變成了熱情，然後……做決定。

「那種事永遠永遠不會再發生，」我說，「我向你保證。」

查理沒有開口；只是點點頭。他知道我心裡發生了什麼深奧的事。無論如何他都接受。

燈號變綠，我們繼續走。

我沒有繳稅。

並不是我忘了，應該說是……我就是不繳稅。一九九〇年一月，山姆大叔決定我玩夠了，他要開始玩我。

我欠國稅局的稅大約是三百萬美元收入。我想大概是一百萬出頭吧，山姆大叔從壞脾氣變成煩躁，任何超過兩百三十萬美元的案子都會讓他很積極又惡劣。

所以，如同我在人生這個階段通常的解決問題方式，我丟給 JL 處理。

「等等，你們完全沒繳稅？」他說。他在電話上，但我聽得出他坐下來了。

直到現在，JL 都是我所認識最簡樸、最理智又對財務最負責任的人。他從不花錢在任何事情上。不買好車，不買首飾，不旅遊，臥室和浴室裡都沒有按摩浴缸。在傑夫和我瘋狂撒錢時，JL 從未搬離他的童年臥室。他是在他老媽的廚房接這通電話。

「完全沒有，」我說。

「呃，一毛也沒有？」

「是啊。沒有。我是說，對。沒有。」

「你們眞是笨得像豬，」JL 說，「你們知道這是大問題，對吧？」

我當時沒注意，但 JL 一直說「你們（y'all）」，意味著愚蠢的複數。我後來才發現傑夫也沒繳稅。雪上加霜的是，JL 一直延後向我們收取他的佣金，所以我們不只花光了自己所有錢，也花掉了的錢。

我們都破產了。

JL 雇了稅務律師（給我和傑夫——他有繳稅），安排會議，給他們看國稅局寄來的通知。

他也聯絡了一家 Gelfand, Rennert & Feldman 會計事務所，監督我們假設的未來收入。首先所有汽車都沒了。然後我的機車。音響系統買來的時候很昂貴——賣掉的價值卻趨近於零。然後做出煎熬的決定——國稅局、律師和會計師一致同意：我必須賣掉下梅莉恩的豪宅，包括撞球檯。

我曾經有名又富裕，扣掉富裕，然後扣掉有名。

我比破產還慘——我負債了。牆壁正在崩塌。我喜歡索多瑪與蛾摩拉遠超過喜歡耶利哥。（譯注：聖經約書亞書第六章記載，以色列人攻打時每天繞行此城一次，連續六天，第七天他們繞行這個城市七次。第七次時祭司吹角，人民呼喊，城牆就崩塌了，意味上帝的制裁。）

人失敗時會發生一件怪事：你的落魄不知怎地證明了你曾經意見不同的每個人都是對的，而你錯了。他們培養出自以爲是的態度，似乎從上帝終於懲罰你這一點得到殘酷的享受。大家很容易跟贏家有種精神分裂的關係——如果你低潮太久，你會成爲落水狗，而他們會覺得必須鼓勵你。但如果你夠倒楣得意了太久，你最好戴上鋼盔。

某天晚上，當我在打我在梅莉恩路家裡第一張撞球檯上的最後一局撞球途中，梅蘭妮走下樓梯。她看起來美極了，穿著寶藍色迷你裙和搭配的皮夾克。她穿了三吋高跟鞋——她從來不穿的。她戴著我買給她但她從來不戴的竹製大耳環。她的化妝很完美，今晚沒戴眼鏡；畫了眼線。她露的乳溝肯定不會在她阿姨家裡被允許。那她爲什麼認爲在我家就可以呢？

她大步走過我、查理、班、巴奇和另外兩個JBM成員面前。每個人都在看，但沒人出聲。JBM有個守則——他們向來尊重彼此的女人。

「妳要去哪裡？」我問道，同時打偏了側面一顆簡單的十一號球。

「出去，」梅蘭妮說。

我只想到，她現在這麼做是在搞什麼鬼？她眞的要在充滿費城最強硬幫派份子和殺手的現場挑戰我嗎？在國稅局扣押我所有東西的時候？穿著我買的衣服？害我錯失一顆簡單的十一號球？

滋滋滋滋。

「『出去』是哪裡？」我說，同時查理瞄準他的下一球，即將贏走我並沒有的一百塊錢。

「我不知道。」她聳肩，「就是出去。」

「我看妳不能出去，」我說，劃出界線努力保留顏面。「妳最好回樓上去。」

「隨便你，威拉德，」她說，同時走向門口。

「妳要是走出那道門，我保證場面會很難看。」

我們互瞪。每一秒我們的新現實都在惡化。在我心裡，她有大約十秒鐘在水泥凝固之前回樓上去。

九，八，七，六。

查理打進了側袋一顆球。

五，四，三。

眼線。乳溝。竹耳環。

二。

「晚點見，威拉德。」

梅蘭妮走了出去。

一小時後，我獨自在家。梅蘭妮和我已經不在無愛的非軍事區。充滿幸福的舊日終於變成了厭惡、憤怒和毀滅的日子。

梅蘭妮的計程車大約凌晨兩點停下來。我在門口等她。我收集了我買給她的所有東西——衣服、鞋子、提包。

所有會燒毀的東西。

我把所有東西泡過了打火機油。

我們目光交會。

我劃火柴。

轟！

寫作這章的時候，我再也沒見到或跟梅蘭妮交談。多年來我在許多場合探詢過但是沒有回應。她是我人生最低潮的受害者之一。對，我們很年輕。對，我們互相傷害，但她不該被我那樣對待，她不該遭受那種結局。

查理・麥克愛上了費城史上最紅的 DJ 之一咪咪・布朗。她是我們童年想像的誘人、性感的聲音，當面看到她並不令人失望。查理毫不放棄機會讓我上廣播。我不知不覺間一直上 WDAS FM 電台，咪咪的訪談節目。現在查理好像成了我的公關宣傳，而且在音樂產業有個聯絡人：咪咪・布朗。

這是我兩週內第三次跟咪咪進行訪談。她新開了個節目叫做饒舌摘要——我快沒東西可講了，但查理覺得我們不能放棄接觸我們需要的群眾。

「咪咪，歐買尬，歐買尬——我跟妳說！大家超愛聽你們聊天！你們讓大家的手機發亮了！我們得繼續做下去！」查理浪漫地滔滔不絕。

咪咪從早期就是DJ爵士傑夫和新鮮王子的支持與鼓吹者。她是最早播我們唱片的人，也是把嘻哈推上日間廣播的費城拓荒者之一。她很喜歡同鄉。咪咪的態度永遠一樣，無論我們紅不紅，大賣或滯銷——她希望她的播音室感覺像家。我們永遠受到歡迎。

那是三贏狀態——咪咪得到好訪談，我感到受尊重被欣賞，而查理也能大膽求愛。

播音室是個舒適的隔音小房間，兩側是玻璃。電台員工可以走過去看到裡面訪談出現的藝人是誰。咪咪和我向來是特別吸引人的賣點——我們經常互損爆笑，我們播放在當時很革新的嘻哈與R&B混音。我們跟玻璃後的員工互動時感覺像在現場秀。

某天下午，我開始現場唱饒舌，現在聽起來沒什麼，但我跟你保證這在當年會令人嚇掉下巴——這是費城廣播史上最早發生的例子之一。你必須理解，當年許多電台的宣傳標語是「啥音樂都有——除了饒舌！」

玻璃後的觀眾越來越多，開始瘋狂——某些是因爲他們發現自己目睹了新時代的誕生，某些可能因爲他們認爲他們目睹了咪咪・布朗的事業末路。我面向玻璃播歌表演，半途被卡掉時發現……我面對面注視著戴納・古德曼。他聽到我上電台決定現身。

如果你要找的混蛋是威爾，他在這裡沒錯。歡迎馬上過來宰了他。

戴納不帶情緒地瞪眼，跟身邊的人交頭接耳。那個老兄點頭走向電台門口。我繼續表演，目光盯著戴納。我設法向查理示意，但他看著咪咪。

門打開。男子走進隔間站在查理旁邊。查理的貧民雷達再度發功。查理幾乎不動聲色地拉出攻擊距離——他不再看著咪咪。我唱完；群眾鼓掌；咪咪和我坐下來繼續訪談。

「你必須感謝戴納‧古德曼，」男子大喊。

「唷，老兄，他們在做直播。冷靜點，」查理低聲說。

「你必須感謝戴納‧古德曼，」男子又喊，這次更大聲。

「老鄉，你想幹什麼我們可以去外面解決。但是在這裡請安靜，」查理更強勢地說。

老兄伸手放在查理胸口想推開他。

「叫你的朋友感謝戴納古——」

他還來不及說出古德曼，查理一記右直拳打中他下巴，他的頭像西瓜一樣爆開。彷彿查理的拳頭是從砲管發射出來的。那傢伙撞到擺放八軌錄音帶的鐵架，卡帶滿天飛散。他倒地昏迷。查理抓住我和咪咪，帶我們跑向後方停車場。

「查理，戴納在外面，」我喊道。

「繼續跑，繼續跑，」查理說。我們跑進停車場時電台警衛抓住咪咪。查理把我丟進車裡，我們火速離開。

我以前沒蹲過牢房。它太小了，而且裡面塞了太多人。老實說，我覺得我們不該受到那種待遇。

顯然，賓州有條奧秘的法律——「主人／奴隸條款」——規定如果某人在主人的直接影響下犯了什麼罪，那麼「主人」對服從者／奴隸的行爲也有法律責任。那傢伙的法律團隊主張因爲我跟查理的「主從」關係，我要爲他的行爲負責。雖然是他打破了對方的左眼窩對他的角膜造成不可逆的傷害，查理從未被逮捕過。對方的法律團隊顯然認爲我才是「深口袋」，邏輯推論我是比查理更好的索賠目標。

他們倒楣了。我名下一毛錢也沒有。但我坐在牢房裡，爲了不是我出的一拳面對加重傷害、犯罪共謀、普通傷害與危害他人安全等罪名，我終於了解了這個以前聽過很多次的名詞：谷底（Rock Bottom）。我名符其實躺在冰冷的石地板上。我擁有的一切、我建立的一切、我愛的女人都沒了。我破產了。但當我用胚胎姿勢躺著，努力思索「我怎麼會淪落到這裡？」的時候，我犯了可怕的錯誤，死抱著舉世共通陷入谷底時的希望格言：呃，我想最慘也就這樣了吧……

希望你們永遠沒人需要這個資訊，但如果你們能夠避免，別在星期五被捕。我在週一早上獲釋（週末沒有人可以放出來）。我直奔伍克雷斯特去看媽媽；我沒跟她說話；我確定她一定嚇壞了。

誇張的是，當我看到警車停在伍克雷斯特老家前，我完全沒想到他們是爲我而來。

我童年朋友之一，小雷吉，最近剛當上警察。他有每個人都希望警察具備的好心腸。雷吉是社區的紅人；我媽喜歡他，每個人都尊重他。

我進門時，媽媽和雷吉坐在廚房裡。她擁抱我……

滋滋滋滋。

該死，我的電擊項圈。雷吉跟我媽說了什麼啊？

我打了雷吉一下，我們擁抱，敘舊一會兒。他聽說了查理跟我週末入獄發生的事。

「我要你知道我會罩你，」雷吉說。

滋滋滋滋。

「嗯哼，當然了，雷吉，我瞭，」我回答。

「我要問你幾個問題，希望你跟我老實說……」

滋滋滋滋。

「你是否碰巧認識……？」

他列舉四個名字。四個都是JBM的人。這兩年來跟我一起賭博的人——而且我沒拿走他們的車。

我的心臟跳到喉嚨裡。我感覺必須把它吞回胸腔。

「我或許認識，怎麼了？」

「威拉德，你到底認不認識他們？」媽媽脫口而出，戳穿我的鬼扯。

我點頭。

「聽好，」雷吉說，「我是來幫忙的。你知道他們幹什麼的，對吧？他們在做什麼？」

「威爾，你的音樂做得不錯。那些傢伙是壞人。他們正被FBI監視。調查局即將一網打盡。聽說他們有那些人進出你家、你開他們的車、跟他們旅行的照片。你知道跟他們有金錢往來是違法的嗎？」

我無法呼吸。

「看來眞的不妙，」雷吉說，「你得離他們遠一點。馬上。聯邦調查局要大軍壓境，把饒舌明星送進監獄只是錦上添花而已。」

媽媽的臉色凝重，但裡面的火山正在翻攪沸騰。這正是我這笨蛋應該上大學的理由。

「你沒涉及他們做的事，對吧？你不說實話我就幫不了你——你是清白的吧？」雷吉說。

「是啊，是啊，絕對是。我們只是打撞球開趴而已，」我說。

「好吧，但是你得低調一陣子。或許離開費城。事情要爆了。」

我打給譚雅問我可不可以去跟她住一陣子。她很高興。

問題是，我沒錢買機票。我的美國運通卡終於廢了——名符其實。我判斷我必須冒險。

我打給巴奇。

我們在高地附近的費蒙特公園碰面。我停車在他的黑色 325i 後面，跳到他的乘客座。我喜歡他的車——他有能裝十二片 CD 的 Alpine CD 播放器；我買的時候，只買得起六片裝的。

我全盤托出——聯邦調查局在調查，我要搬去 LA，他最好也離開。他有點傻笑，仰頭靠在頭枕上，好像早知道他搭上了注定毀滅的失控雲霄飛車。他閉上眼睛；我們默默坐著。

當時大約晚上六點。兩小時後有飛洛杉磯的班機。

我討厭我必須打擾他向他要錢。

「欸，巴奇，我需要擋點錢才能去洛杉磯，」我低聲說。

「你去洛杉磯要幹嘛？」巴奇問，仍然閉著眼。

「我還不確定。我只是喜歡那裏。那邊有個我喜歡的馬子。我們的專輯掛了，所以……我可能會嘗試演戲。」

「你絕對可以去當演員，」他微笑說，似乎在回想我最搞笑的時刻。「你肯定是我認識最笨的黑鬼。」這時他大笑起來。

「你需要多少？」巴奇問。

「不多。我必須到那邊，租個公寓，還要有一點行動能力。」

「好吧，我這兒有一萬。你需要更多的話我們可以去拿。」

「不用，這就夠了。」

巴奇在駕駛座地板墊下有個秘密置物箱。他拿出一萬塊，伸手到後座從褐色紙袋裡搖出一條奶油蛋糕，把現金裝進去交給我，但是我要拿時他不放手。

他直視我的眼睛。

「你知道你不比我高明，對吧？」他問道。

「當然，巴奇，我知道，」我有點困惑地說。

「我很像你。我們是一樣的。」他沉默片刻，接著說，「我能做到你做的所有事。我只是搞砸了。我們只是出生在不同的地方。」

「是啊，這倒沒錯。」我說。

巴奇放開錢。

「老兄，好好幹，」他說。

「毫無疑問，巴奇。我很快就會還錢給你。」

他又乾笑，彷彿不知怎地知道他再也不需要了。

「等我安頓好，你來洛杉磯吧。」

巴奇又發出同樣知情的乾笑。

「好啊，老兄，我會去。」

他捶我一下。

我趕上了我的班機。

三天後，巴奇死了。

第十章　煉金術

譚雅為我們在 Marina del Rey 租了個公寓。她有特殊門路，月租只要一千三百美元。我不太在乎。

巴奇的褐色紙袋裡還剩七千七百塊錢。他在家門外頭部中槍。那是埋伏。雷吉解釋這是典型的作法——調查局收網時，每個人都會內鬥。

我好幾個星期足不出戶。部分是害怕，部分是疲倦——我嚇壞了。我整個人生崩潰了。

我猜我的憂鬱和虛弱狀態引發了譚雅崇高的憐憫：我們從未認眞談過，但我們都知道她現在是我的女人了。而且她扛起了讓我重新打起精神的苦差事。我們隨時都在一起。譚雅照顧、安慰與關心我；她陪我哭，幫我哀悼。我們會一聊好幾小時；我見過她母親和外婆。她不會做菜，但她會點很好吃的外送。

我們戀愛了。我可以永遠跟她躲在那公寓裡。

但後來，過了幾星期，彷彿宇宙中什麼計時器響了——頻率超出我的聽力範圍，但在她的範圍裡——這個階段結束了。譚雅像個跨越德州北部的酒醉卡車司機一樣換檔。

「好吧，」她說，「夠了。該回到正常生活了。」

「什麼?」我說，現實的冷水淹沒了我們的Marina del Rey愛巢。「你必須做點事情，」她說，「你休息了一下——那很好。你需要。但那個錢袋快要空了。你要怎麼辦?」

「我要怎麼辦是什麼意思?」我激動起來說。

「『你要怎麼辦?』是哪裡很難懂?」譚雅同等激動地回答，「你得出門。」

「出門幹什麼?去哪裡?」我叫道。

「我哪知道!」她反嗆，「但無論那是什麼，你在這廚房裡都找不到!去……我不曉得……回去找阿森尼歐吧。」

阿森尼歐・霍爾秀是當時全美最大的脫口秀。每個有點名氣的人都會上節目。他就像名人的巴拿馬運河——所有通往公開成功的道路都經過阿森尼歐霍爾秀。查理幾個月來一直想拖我去上。

「我們得去有事情發生的地方，」他說。

我和傑夫的葛萊美獎風光期間阿森尼歐和我算是半路交上朋友。我們上過那個節目，阿森尼歐挺喜歡我的。

「去找阿森尼歐幹嘛?」我大叫。

「阿森尼歐喜歡你！就去上節目搏感情吧。認識一些人。」

「你聽起來發瘋了，」我說，「那，你要我去阿森尼歐・霍爾秀像個呆子站在那邊，我才可能認識一些人？」

「對，沒錯——讓你能夠認識一些人！」

「我不想跟你去。那太蠢了，而且我沒心情搞這種事。」

我大約下午四點半抵達阿森尼歐・霍爾秀。五點就是播映時間。之前的半小時是交際應酬時間。查理・麥克在他自己的世界裡。

「唷，老兄，今晚艾迪會來！我要去找他，」查理說。

艾迪・墨菲那晚來上節目。他知道我是誰——他一直叫我「年輕王子」。阿森尼歐是神奇時刻的避雷針。很多人主張比爾・柯林頓在這節目吹薩克斯風鞏固了他競選總統的勝算。麥可・傑克遜、瑪麗亞・凱莉、邁爾斯・戴維斯、瑪丹娜——魔術強生甚至在宣布感染 HIV 之後就上了阿森尼歐的節目。

當我站在後台，感覺到可能性的電流在脈動與消退——就像一座每棵樹上都有成熟果實的茂密森林。節目是閃點，是通道，是阿森尼歐知情而刻意栽培的機會的太空花園。如果譚雅這麼說，我就不會那麼討人厭了。

有好幾個月查理和我幾乎天天去。他的慣例是他會跟有名陌生人搭訕，硬把他們拖過來認識我。我認識了一堆人——政客、演員、音樂人、運動員、企業高幹。

班尼・梅迪納是華納唱片公司的發掘與培訓主管。我不知道他是誰，但顯然查理認爲他夠重要值得搭訕結識。班尼在摩城唱片的貝瑞・高迪手下工作。目前他在華納公司負責監督一些最大咖的嘻哈藝人，包括昆恩・拉蒂法、De La Soul和Big Daddy Kane。他大約五呎七吋高，體型粗壯，褐色皮膚，捲髮，愛穿華服——你看得出來他自認很時髦。他懂得怎麼炒氣氛。他是毫不辯解、直言無諱，推動事情的人。班尼在該微笑的時候——就是大多數時間——可以微笑，但如果有人阻礙他藝人的活動或願望，他也可能很粗魯。

「欸，威爾——這是班尼・梅迪納。班尼，這是新鮮王子——不過你應該知道了，」查理・麥克說。

班尼聽過我的所有音樂。我們聊了一下嘻哈和科技對音樂產業的衝擊，還有隨選視訊的未來，然後他突然問到，「你會演戲嗎？」

演戲？你是說，表演一些行爲去引發周圍人們的喜悅和熱情？你是說扭曲我的自我認知當作隱藏自我的方式？你是說深深相信不存在、從未存在也不可能存在的故事？你是說扮演身邊每個人希望我扮演的角色，而非眞正的自己嗎？

通則上，如果有人問我能否做到某件事，答案向來是肯定的。

「會啊，絕對的，當然，我肯定能演戲，是，長官，」我說，用字太囉嗦了。「會。」

「我想也是，」班尼說，「我從你的音樂影片看得出來。我可能有事情要跟你談。我們保持聯絡吧。」

我沒有想太多。在費城，我們總是丑化這種人。「像好萊塢」好像是你會發生最糟糕的事——那是不誠懇的意思。在洛杉磯這種時刻隨時都有。我做別的事就把它忘了。但是，那段簡短的三分鐘「好萊塢閒聊」結果成爲我生平最重要的對話之一。

班尼・梅迪納就是現實版的新鮮王子。

班尼是孤兒，在洛杉磯東區的遠親家裡長大。然後青少年時期，他被住在比佛利山的朋友的有錢猶太家族收養。班尼是非裔拉丁裔混血，不知不覺間進了比佛利山高中。他是個好孩子，但是兩個世界之間的鴻溝造成了不斷的文化衝突，成爲易燃的緊張……與幽默來源。

我在阿森尼歐・霍爾秀認識他時，班尼・梅迪納正在計畫進軍電視圈。

宇宙不講邏輯，講的是魔法。

我們身爲人類所體驗到的痛苦與精神煩惱的主要層面之一，就是我們的心智向不講邏輯的宇宙尋求，甚至經常要求，邏輯與秩序。我們的心智渴望萬事都合理，但邏輯的規則不適用於可能性的法則。宇宙是靠魔法的法則運作的。

「好萊塢閒聊」過後幾星期我去了底特律。JL 安排了兩場表演來幫我們逃出我們集體的財務深坑。喬路易體育場一向很瘋狂——我們很愛在那裡表演。我們回到了共擠一個飯店房間的狀態。怪的是，大家重新一起待在這麼擁擠的房間裡感覺很撫慰。傑夫戴著耳機在作曲；奧瑪在看電視；查理在剪腳指甲。我討厭他做這件事；我感覺好像走在《梅爾吉勃遜之英雄本色》裡，需要手拿一面蘇格蘭盾牌然後把我的臉塗成藍色。

沒有人知道這將是我們最後一次一起巡迴。

JL 衝進房間裡。

「唷，快起來。昆西・瓊斯要跟你講話！」

「昆西・瓊斯？找我？幹嘛？我做了什麼？」我還因爲上一章的事情在震驚中。

「你認識一個叫班尼・梅迪納的人嗎？」JL 問道。

「是啊，華納公司的。老兄。」

「呃，他跟昆西在合作，」JL低聲說，把話筒往我臉上塞，差點撞掉我的門牙。

「我早說過了，」查理說。

「哈囉，瓊斯先生，你好嗎？」我用會讓媽媽、老爹和琪琪驕傲的語氣和措辭說，「我很好，先生，謝謝。底特律。對，喬路易。我們明晚要表演。」

「唷，老兄，他說啥？我們聽不到！」查理・麥克停止砲擊說。

「噓！」JL噓他。

「唷，別噓我，J，我是大人了。」

「你可以閉上你的大嘴嗎？」傑夫插嘴。

「嗯哼，當然，」我說，「什麼時候？喔，哇，好吧……嗯，呃，好，當然。我明天晚上才表演。謝謝。謝謝，先生。好的。到時候見。」

我慢慢放下話筒，所有人望著我，好像我剛做完驗孕似的。

「昆西・瓊斯要我去他的生日派對，」我向自己也向整組人說。

「要表演嗎？」奧瑪問。

「不是。他和班尼・梅迪納有個電視節目的主意想要提案。」

「你什麼時候要去？」JL問。

「今晚。」

昆西・瓊斯的派對跟靈魂列車音樂大獎典禮在同一晚。他以終生成就獲得傳承獎，生日派對是在他貝沙灣的豪宅舉辦的。JL 下午三點找上在底特律的我，我的飛機在日落時降落在洛杉磯。

一切感覺超魔幻，有點暈眩。我獨自搭飛機，這很罕見也不舒服，目前因爲 405 號公路塞車，我有點時間沉思，我幹嘛非開車去昆西・瓊斯家？

從機場到昆西家大約三十分鐘車程。我停車時，有泊車小弟在。昆西・瓊斯連自家都有泊車小弟——他的車道上有二十個紅外套的僕役。看起來活像英軍打過來了。就像蘇艾倫・尤恩該死的早餐騎馬。

我抵達時派對正熱鬧著。每個人都在，從史蒂芬・史匹柏到特文・坎貝爾；我停車時史提夫汪達和萊諾李奇也來了。我快受不了了；我知道這不是我該待的地方。就在脆弱的自尊心說服我快走之前，我看到了熟面孔班尼・梅迪納——我在另一個平庸與卑微之海溺水時的救生圈。

「嘿老弟，」班尼叫我，「你來了！」

我想要說，是啊老兄，去你的，我不玩了。但是我說，「唷，老兄，別脫外套——相信我，你一定會弄丟。」

班尼穿著一件畢卡索風格圖案的凡賽斯外套。他大笑，拉拉衣領說，「如果今晚順利，這件送給你。我們去找昆西吧。」

我覺得這太快了。我不能至少先喝杯酒嗎？或吃個有起司或鮭魚之類的小點心？該死。你只急著從車道帶我去見昆西‧瓊斯？我需要伸展筋骨；你一定會叫我示範演技。

派對的中心在昆西的巨大客廳——兩層樓挑高天花板，兩百個好萊塢最重量級人物和A級企業家。昆西正在接見賓客，像個身穿左側繡了鋼琴鍵的名牌外套的魔法師。班尼和我進去，班尼還來不及介紹我，昆西和我目光交會。

「嗨！」昆西大叫，「各位，新鮮王子來了！」

如果眞的有人在乎我會很尷尬。但是不重要，因爲最重要的人在乎。昆西就是那樣——他喜歡跟人相處。每個人對他來說都是獨特藝術品。他不玩名流的最愛；他眞心認爲每個人都有有趣的地方。

昆西蹦跳著走過客廳，張開雙臂，一把抱住班尼和我。

「歡迎，歡迎，」昆西說。

「謝謝，瓊斯先生。這房子太棒了！」我馬上回答。

「喔，你喜歡這個？這就是貝沙灣！班尼想要把節目背景設定在比佛利山。我一直跟他說，老兄，去他的比佛利山！貝沙灣會讓比佛利山看起來像國民住宅！班尼跟你說明過節目的事沒有？」

「呃，一點點。我是說，呃，他告訴我他在瓦茲長大。跟著一個有錢家族搬來……」

「你是哪裡人？」昆西說。

「費城，」我以費城人用來確保你懂我們的城市比你優越的必要踐樣和驕傲說。

「啊，天啊，我愛費城！」他湊近小聲說，「有些在費城發生的事我們絕口不提。」然後他大笑點頭，暗示他年少輕狂不可告人的歲月。

「搞定，就這樣，太好了：你的角色出身費城。費城來的威爾！然後來到貝沙灣！」這時他恢復正常聲量。昆西顯然有點醉了；我心想這是他家，他的生日，又得了終生成就獎，如果他想要喝醉大嗓門，管他的，昆西，就喝醉大嗓門吧！

「布蘭登！布蘭登！」昆西大聲叫遠處一個四十幾歲的白人。那人顯得很低調，服裝保守，但他講話時每個人都注意聽。呃，直到昆西打斷他，叫他名字，嚇了他和所有人一跳。昆西招手叫他過來。

「布蘭登！現在是費城到白沙灣了！」

布蘭登・塔提柯夫是NBC電視台總裁，台內最有權力的決策者。他決定哪些節目可以得到資助和播映。他帶著副手華倫・里特菲德（後來里特菲德繼任掌管電視台）走過來。

「快來認識新鮮王子！」昆西說。我們握手。他們用我當時不懂的眼光看著我，但我現在懂了——那是在你背後已經討論了幾十個小時之後的企業主管會有的眼神。他們還沒確定要不要押注在你身上。

「OK，好了，大家聽我說好嗎？」昆西大喊，「我們要辦個試鏡。把客廳的家具都搬出去！」

我左顧右盼，心想，喔，哇——在派對上試鏡，太酷了！昆西果然是老大！不知道是誰要試鏡？

「拿一份莫里斯・戴伊的劇本給威爾，我們在研究的那個，」昆西說。我緩慢而痛苦地想起，威爾就是我。我爸傳給我的名字。既然我爸不在這兒，也沒有別人在動……。

現實感恢復。昆西・瓊斯要求我在這些過去與現在的娛樂圈大咖，更別提還有國家廣播公司總裁的面前進行重要試鏡，他們有《天才老爹》、《歡樂酒店》、《黃金女郎》、《洛城法網》和《歡樂單身派對》。我膝蓋發軟。沙發被搬走，有人拿了劇本給我。

我抓著昆西的手臂，可能比尊重的程度用力了些。「昆西，不行，等等，不行，我現在沒辦法，」我向他耳語。

昆西毫不退縮，醉茫茫又開心地看著我。

「你們繼續布置！」他向全場下令，「我要去書房跟威爾聊一下。」

昆西・瓊斯了解魔法。

他把宇宙當成神奇可能性的無限遊戲場。他隨時看得出身邊每個人事物的奇蹟潛力。他的超能力是學會了如何向宇宙呈現自己是根避雷針，把自己放在完美位置捕捉與引導無所不在、永遠重複的神奇雷擊，那些在我們周圍的靈光一閃。

昆西・瓊斯是個直覺、藝術性的風暴追逐者。他能察覺不可能之事準備發生的微弱閃爍。他自己準備了幾十年，研究音樂，舉辦幾千場表演，向大師學習，結交最有成就的藝人和藝術家。昆西說過，「事情總是不可能，直到它們改變！」他學會如何調整環境讓能量流入；他自認為「導電體」，無論電學上或音樂定義上（譯注：原文「conductor」一字同時有導電體與音樂指揮家的意思）。他的主要工作是讓我們所有人別錯失奇蹟，別阻礙（對他）清楚呈現的微小的魔法機會。

琪琪也有類似的觀念——她會說，「別阻擋你的天賦。」雖然這些可能性不斷充足地在我們周圍流動，我們可能錯過，或者更糟，阻擋或趕走它。

琪琪以前很愛講拉薩路之死的聖經故事。拉薩路是耶穌的好朋友，所以他病逝之後，拉薩路的姊妹瑪莎和瑪麗傷心欲絕。她們曾經傳話給耶穌，求他趕快過來。耶穌必須從約旦河對岸在炎熱天氣中走兩天。他已經累壞了——他整週都在工作，在光明節期間傳教。他抵達伯達尼時，拉薩路已經死掉埋葬四天了。耶穌走近墳墓，看到大石頭仍依照當時的喪葬傳統放在墓穴入口。

耶穌哭泣，內心不安地說——我改用現代話解釋……

「那，讓我搞清楚。你們叫我走了他媽的兩哩路——恕我爆粗口——到熱死人的伯達尼，滿街都是法利賽人和撒都該人像蟑螂一樣等待機會攻擊我，爲了行使神蹟讓你們的家長復活，讓你們的家庭恢復完整，你們卻懶得把墓前的岩石移開？如果我要讓這小子復活，你們這些懶惰的傢伙至少可以把該死的石頭搬開吧！」

這是昆西完全理解的觀念。魔法要求知覺（信心——你必須相信魔法）；準備（搬開岩石——我們必須認清與消除內心有毒的抗拒與障礙）；然後，屈服（不要擋路，相信魔法會發揮作用）。昆西幫大家搬開他們發揮天賦之路上的岩石。宇宙想要你創造奇蹟！搬開該死的岩石！昆西在搬家具，但他想幫大家做的——我、布蘭登、班尼，甚至他自己——是搬走我們路上的岩石。

昆西的書房是深色紅木裝潢。幾張高背皮革扶手椅；我不知道地毯是否來自波斯，但是看起來很貴。其餘細節我記不太清楚，因爲我差點被活像瑞士屋旅館浴室裡到處散落的奶油刀那樣的一大堆葛萊美獎、東尼獎、艾美獎和奧斯卡獎座發出的光芒閃瞎。一幅歐普拉的《紫色姊妹花》裱框海報掛在我左肩上方；麥克·傑克遜的《戰慄》銷售告示牌在我右肩上——48000000張。（我可以直接寫「百萬」這個字，但我希望你們感受一下後面有多少個零。）我感覺到麥可踮腳尖擺出經典的「比利珍」姿勢看著我，彷彿在說，那你打算怎麼辦，威爾？

我坐下。昆西站在我面前。他做過這種事。這是他的工作。他靠搬開岩石謀生的。

「說說看，費城小子，」他說，「你需要什麼？」

「昆西，我，我……還沒準備好試鏡，」我結巴說，「我不知道，你打來的時候，你知道的，我們以前做過什麼。」

「只是一兩段而已。我外面有人會幫你提詞。你只要做自己、開心一點就好。」

「昆西，我無法在派對途中試鏡。我必須準備，我只需要一點時間，研究一下。」

「OK，我聽到了——你需要多少時間？」昆西問。

「我是說，只要，呃，給我一星期，我會找個表演教練，我可以研究，讓我做得到，而不只是讀稿。」

昆西考慮我的話。

「OK，所以你需要一星期？」

「對，一星期，一星期很好！」

「好吧，你知道一星期後會發生什麼事嗎？」昆西問。但我來不及回答，他又說，「布蘭登・塔提柯夫會有某個節目發生緊急事故，他必須飛去堪薩斯州開除某個人。然後他必須重新安排下一週的行程。」

「喔，好，好！兩星期會更好，」我說，錯失了昆西的隱晦重點。

「對，兩星期。然後華倫・里特菲德的小孩在小學會有他忘了在行程中的事情，他不能錯過，因爲他若不出現他老婆會踹爆他的屁股。所以，他又必須重排往後兩週的行程。」

「是喔，」我說，慢慢開始懂他的意思，「所以，一個月……？」

昆西湊近，眼神像水晶般清澈，突然變銳利，完全清醒。

「但是現在，必須同意這齣戲的每個人都坐在外面客廳裡等你。你即將做出會影響你後半輩子的決定。」

我聽懂了。我看著麥可，再看看歐普拉。他們回看著我。孩子，我們懂，這很困難。

「你要怎麼辦，費城小子？」

「管他的，」我說，「給我十分鐘。」

我不太記得那次試鏡——有點像模糊拼貼的笑話、笑聲、關鍵句和即興發揮——昆西，接著布蘭登、班尼——神奇的二十分鐘累積了全場的喝采。掌聲好像心臟電擊器，刺激我的知覺回到當下，重新建立我的精神時間軸。

昆西站起來，積極地指著布蘭登・塔提柯夫。

「你喜歡嗎？」昆西大喊。

「是，是，我喜歡，老Q，」布蘭登平靜地說，還沒掀開底牌。

「別跟我鬼扯！你知道我在說什麼！你喜歡嗎？」

布蘭登很清楚昆西在說什麼。

「是，昆西，我喜歡，」布蘭登堅定又自信地說。

「好！」昆西大叫拍手，轉身指著另一個人，原來他是布蘭登・塔提柯夫的法律總顧問，被「戰略性」邀來昆西的派對。

「你！」他向那個正在咬一片迷你披薩的人說，「你是布蘭登的律師。你聽到他剛說的。馬上給我擬一份協議備忘錄！」

我心想，哇靠，昆西・瓊斯真夠力。那根本不是他的律師耶！他叫其他人的律師去幹活，在星期三晚上九點的派對上！

律師看著布蘭登；布蘭登嘗試插嘴。

「昆西，聽我說——」

「別想用分析麻痺我！」昆西叫道，「給我協議備忘錄，馬上！」

布蘭登讓步向他的法律顧問點頭，他上前，走出去到NBC禮車上，接下來兩小時他待在車上草擬文件。

接著，昆西帶著同樣積極的食指／魔杖轉身，不過這次指著我。

「你有律師嗎？」

「呃，沒有，沒有，派對上沒有……，」我結巴地說。

昆西又轉身，進入全魔法指揮家模式，魔杖指著新的被害人。「幫我接通肯・赫茲！那是費城小子的新律師！」

（旁注說明，肯・赫茲當時在雪松西奈醫院的產房裡，他的次女剛出生。但如果你是年輕律師，有全新的家庭，晚上十點接到昆西・瓊斯的電話，醫院離昆西家只有二十分鐘路程，你會在十八分鐘後趕到。那晚我認識了肯・赫茲；他代表我跟 NBC 談判，之後每筆交易都靠他。至今他仍然是我的律師。他把女兒命名柯麗。）

我剛提到昆西喝醉了，對吧？他沒理由那麼大聲地說那些話——客廳並沒有那麼大。我們都能聽得很清楚。但是，或許他知道他不是講給我們聽——他在向岩石後面的洞穴喊話，同時祈求與歡迎宇宙的魔法。我猜他想要夠大聲確保奇蹟不會走錯房子。

「別想用分析麻痺我！」昆西一再喊這句。接下來兩小時他吟誦這句咒語將近五十次。那是對每個問題的答案，是對每次語塞的反應，是每個法律難題的對策。直到兩小時後，昆西・瓊斯，布蘭登・塔提柯夫，班尼・梅迪納——還有威爾・史密斯——談妥一份電視劇試播集的拍攝協議，劇名暫定爲《新鮮王子妙事多》。

呃，這個故事都在講我的生活如何失敗，搞得天翻地覆。我想要花點時間，就坐在這兒——告訴你們我如何變成貝沙灣這個城鎮的王子。

六星期前，我還在Marina del Rey蜷縮成球狀，失落、沮喪又驚恐。就這樣，宇宙給了我一個新家庭：詹姆士・艾佛瑞。珍娜・赫伯—惠騰。阿方索・里貝洛。塔提安娜・阿里。卡琳・帕森斯。約瑟夫・馬塞爾。

詹姆士・艾佛瑞：菲爾叔叔。六呎四吋高，三百二十磅重。莎翁劇演員。新父親模範。要求對我的職業最高程度的投入。「你在這裡不是饒舌歌手——你是演員。所以要像個演員。」接下來六年我花了大半時間尋求他的認可。

珍娜・赫伯—惠騰：第一代薇嬸嬸。三重身分——歌手、舞者、女演員。所有等級的精英。演過百老匯的《貓》。全劇的良心。奮鬥不懈以維持有尊嚴地描繪《新鮮王子妙事多》的所有黑人。事後看來，她離開後那齣戲出了些問題。

阿方索・里貝洛：卡爾頓・班克斯。九歲就開始演戲。人稱「踢踏舞小子」。演過百老匯；電視；電影。永不退縮的盟友，益友——無論如何他都挺我。給我最好的忠告（「欸，老兄，我聽到製作人討論你的角色名字。聽我的勸：用你的本名威爾・史密斯就好。因爲你下半輩子大家都會這麼稱呼你。」——卡爾頓）。

塔提安娜・阿里：艾許莉・班克斯。才十一歲但還是比我有經驗。歌手，舞者，女演員：

演過《芝麻街》，《尋找明星》，艾迪・墨菲的《野馬秀》，跟山繆・傑克遜一起表演。青少年時期都在片場度過，後來自學進入哈佛大學。是我認識最有紀律的人之一。

卡琳・帕森斯：希拉蕊・班克斯。除我以外經驗最少的。打敗一堆好萊塢大演員贏得這個角色。夠聰明，在我試圖解釋我們不算是表親所以我們交往沒問題時敢跟我說「死都不要」。（「我發誓不會搞亂妳的工作關係。」她沒這麼好騙——幹得好，KP。）

約瑟夫・馬塞爾：喬佛瑞・巴特勒。皇家莎士比亞劇團出身；待過環球劇場：演過《奧泰羅》，《李爾王》，《仲夏夜之夢》；在奧古斯特・威爾遜的《海洋寶石號》演過奴隸Solly Two Kings。新鮮王子的製作團隊在他和另一名演員之間猶豫不決。我當新鮮王子第一次施展影響力就是「我要約瑟夫・馬塞爾。」

用好萊塢的說法，《新鮮王子妙事多》的概念、選角、撰寫、交易安排、場景設計、拍攝、剪接和播映都堪稱奇蹟。拍戲通常沒這麼快。一切都進行順利。昆西的派對在一九九〇年三月十四日；寫劇本，試鏡，最終選角和交易安排在四月底就完成。組團隊，場景設計，服裝等等的都完成，我們五月中就拍攝試播劇。節目在七月底剪接測試；我們八月開始宣傳，九月十日就開播了。

沒有被分析痲痺。

我喜歡。

我找到了我的專長。演戲的世界釋放了我內心所有藝術衝動。那是外在畫布第一次感覺夠大，裝得下我想像力的全貌。我的音樂表達總是感覺狹窄又受限於我的技巧與天賦極限。做音樂感覺像住在一個大社區，而演戲感覺像在無限宇宙中被釋放。作爲演員，我可以成爲任何人去任何地方做任何事：世界冠軍拳手，戰鬥機飛行員，網球教練，銀河捍衛者，警察，律師，商人，醫師，情人，傳教士，精靈——我甚至可以當一條魚。演戲包容了我的一切——敘事者、藝人、喜劇演員、音樂家、老師。

別搞錯了：我眞的喜歡做音樂；但我很愛演戲。

媽媽是個超級愛書人。她有空的每個時刻都用來看書，從艾德格・愛倫坡、阿嘉莎・克莉絲蒂、東尼・莫里遜、史蒂芬・金、瑪雅・安格羅、夏洛克・福爾摩斯到薛尼・鮑迪的自傳什麼都看。她經常說某本書「對她的靈魂說話」或「她欲罷不能」。閱讀滲透了她，改變她觀看與生活的方式，但我從未有過那種體驗。我直到二十幾歲才眞正能從頭到尾讀完一本書。

巴西作家保羅・科爾賀的小說《牧羊少年奇幻之旅》（The Alchemist）是我跟文學的初次戀愛。那本書對我的靈魂說話，我看得欲罷不能。它滲透我，改變了我觀看與生活的方式。《牧羊少年奇幻之旅》描述一個名叫聖地牙哥的安達魯西亞牧羊少年的旅程。他不斷夢到有個隱藏寶藏埋在埃及的吉薩金字塔裡面。夢境深深吸引他，讓他賣掉了整個羊群，放棄西班牙南部的生活，出發追隨心裡的低語跑到埃及，追求保羅・科爾賀所形容的「個人傳說」，他的神靈召喚，在我看來則是他的命運、他的宇宙法則。

但聖地牙哥的旅程可不輕鬆。我在途中每一步歡呼、畏懼和嘲笑，看他在危險的道路上被愛、被恨、受幫助、受阻撓。我感覺我就是聖地牙哥，我的隱藏寶藏埋在好萊塢招牌下的某處。《牧羊少年奇幻之旅》可能是我讀過最具影響力的書了。它強化了我的夢想家精神，證實了我的苦難。如果聖地牙哥能夠吃苦、倖存並得到他的寶藏，我也能。

煉金術士是個心靈上的化學家，變化的大師。煉金術士的技藝就是他們能做到不可能的事：他們能把鉛變成黃金。這個概念在我腦中爆發——把人生給你的任何東西變成黃金的能力。

琪琪可以把最後半杯威爾許的葡萄汁混合杜爾的最後一口鳳梨汁，加入一些Kool-Aid糖粉，切點檸檬和她剛吃剩的半顆橘子，全部攪在一起加上Canada Dry薑汁汽水——冷凍

——然後遞給你一支你生平吃過最棒的冰棒。這還是你查看冰箱五次，每次都跟她說裡面沒東西之後。

昆西・瓊斯是個煉金術士，他讓我的心智活了起來；我從未認識像他那樣的人。我也想當個煉金術士。我希望能夠把人生給我的一切東西轉變成黃金。

宇宙給了我第二次機會，我對天發誓我不會需要第三次。

第十一章　調適

JL拒絕來洛杉磯。

整個「電視玩意」對他太強人所難了——一切發生得太快，球飛出左外野超出了他的專長領域。我去了昆西・瓊斯的生日派對，隔天我就有了電視節目？沒有計畫，沒有策略，我們都還在努力從DJ爵士傑夫和新鮮王子的財務與創意崩潰的災難中復原。這下子，我卻要JL收拾行李搬到洛杉磯，因爲昆西・瓊斯是個……煉金術士？

譚雅和我在伯班克租了戶新公寓，步行就能到NBC電視台。我的焦點顯然全放在電視上。讓這集試播劇紅起來。

「老兄。你必須進錄音室做你擅長的事，」JL懇求。

「J，我跟你說，我們的未來就在這裡！我們的爛音樂已經掛掉了。」

「呃，才不是……但無論你需要我幹嘛，我可以在費城做。」

「J，你不懂——你必須人在這裡。這不是那種預定會議和固定架構。大家會在生日派對或該死的餐館做決定。」

JL就像地球上其他人一樣了解我。他總把我當成（至今有時候仍然）需要壓抑的衝動藝術家。他自認是理智的最後把關者，以免威爾把大家從懸崖邊推下去。JL無法忍受他認爲會危害我們復原的不確定性和風暴式變化。

奧瑪立刻搬家；查理每星期都露面。

（有個新鮮王子妙事多的小知識：在節目開場的工作人員字幕中，我捲入「一場小打鬥，嚇到我媽」，跟我「小打鬥」把我轉來轉去、催促我前往加州那個傢伙？那就是查理・麥克。）

我想如果我能說服傑夫來洛杉磯，JL就會發現我們所有人都來了。所以，我根本沒告訴傑夫，就去找NBC的製作人提議節目裡給他一個角色來演。我告訴他們他是我的音樂搭檔，在嘻哈界比我還紅——我們的粉絲如果看到傑夫上節目會瘋狂。

他們顯然對再加一個毫無演戲經驗的費城人來演黃金檔情境喜劇有點擔心。但這成爲我第二次的新鮮王子影響力。他們不情願地同意在六集裡面——就是第一季的四分之一「測試」他。

我興奮地打給傑夫告知這個消息。

「唉，老兄，多謝，」他說，「但我不太想演電視——那是你。我只想做音樂。」

我目瞪口呆。

「傑夫。你可以在洛杉磯做音樂——他們這裡也有錄音室，跟我們的烈酒店和教堂一樣多。

而且，他們每集給你一萬美元。這太好賺了，老兄。」

一陣沉默。

「傑夫？」

「我沒什麼感覺，老兄……洛杉磯不適合我。我是費城人。」

我想要大叫，你在胡說些什麼？你破產了。你回去住你媽的地下室。你沒得選擇。

但我只說，「好吧。我晚點再打給你。」

改變可能很可怕，但通常是無可避免的。其實，不長久是你唯一能確定的事。如果你不願意或無法轉向適應人生隨時在波動的潮流，你不會喜歡待在這裡。有時候，人們嘗試打出他們希望自己有的牌，而不是打出手上的牌。所以適應與臨機應變的能力堪稱是人類最重要的能力。

有個佛教寓言引導我度過許多危險的轉變：有個人站在波濤洶湧的河岸上。這時是雨季——如果他無法到對岸，他就完蛋了。他迅速造了一個木筏用來安全地渡河。他開心輕鬆地鼓舞自己，抬起木筏，走向森林。

但當他在嘗試穿過茂密樹林時，木筏撞擊到樹木、糾纏到藤蔓，令他無法前進。他只有一個生存機會：他必須丟下木筏——昨天救他一命的同樣載具，今天如果不放手就變成會害死他。

木筏代表我們不再適用的過時觀念和思考的舊方式。例如，你從小培養用來對抗惡霸和侵害者的憤怒侵略性人格，如果你現在不願意放棄，就會毀掉所有人際關係。我們人生中某些東西可能在特定時期很有用又絕對必要。但我們遲早必須把它拋開，否則就會死。

簡單說，如果我們不適應，我們就會滅絕。我看出 JL 和傑夫打算留在費城的決定對他們來說就是死刑。但我也知道我不會允許。

《新鮮王子妙事多》從一開始就很困難。

這種規模的節目通常會在九個月前開始進行。因爲片斷的、幾乎不可能的拍攝時間表，整個劇組的人必須隨時做決定。JL 不在時，班尼・梅迪納的管理能力升級了。他成爲「威爾・史密斯」所有事情的聯絡人。班尼知道自己該幹什麼，也懂怎麼辦事情。但我在沒有 JL 和傑夫的洛杉磯還是很難過。

我必須把他們弄過來，所以我在最後一刻孤注一擲：我告訴 JL 如果他願意每個月來洛杉磯待一週，我會再錄一張專輯。當時，我不認爲音樂是我未來的重大成分，但我沒跟他說；

我只是需要他來。

接著，我必須說服傑夫。

「欸，老兄，演三集就好。如果你討厭，只需要撐三集。如果你喜歡，你可以在這裡找房子，我們回去找製作人幫你多喬幾集。我們還可以錄音！最壞的狀況呢？你演電視劇賺到六萬塊，至少至少呢？這裡馬子比較多。」

我不太確定這個說法哪裡打動了傑夫，但我不在乎——他要來了。

（新鮮王子小知識時間：傑夫後來成為劇中最受喜愛的角色之一，而且他很喜歡。他的招牌搞笑橋段是被菲爾叔叔丟出屋外。拍攝試播劇期間，沒人知道這招會保留下來，所以我們只拍了一次傑夫飛出屋外。貝沙灣豪宅的內景與外觀在兩個不同的地點，我們在外觀場地只有一天時間拍攝。所以我們必須反覆用傑夫被丟出去那個鏡頭。因此，如果你看到傑夫穿著褐白色鋸齒圖案上衣進來，就知道這一幕他會被丟出去。）

《新鮮王子妙事多》在一九九〇年九月十日首播，立刻獲得成功，成為當季收視率最高的處女秀。意思是肯定還會拍下一季。

機會在加溫，但即使這樣，JL 還是懷疑。即使一年後每週有幾千萬名觀眾，JL 仍保留他在費城老家的臥室。我猜以他的立場，短短一年前他還看到我燒掉三百萬美元，一毛稅金也沒繳，爲了雞柳條和蘭姆甜酒搞砸了DJ爵士傑夫和新鮮王子，然後輕率地移居洛杉磯當電視明星。

這麼說起來，我猜他還願意接我電話眞是神奇。但雖然他還在抗拒，這點無法否認：節目紅了，打鐵趁熱，該動手了。

我對我有幸享有的新生活飢渴、專注又興奮。但我個人與事業的慘敗給了我一個嚴厲的普世教訓：沒有永恆不變的事。一切都有興衰——無論夏天多熱，冬天難以避免。我暗自發誓我不會再被突襲了。好過的時候，我會栽培「下一件事」的種子。如果我夠聰明，順應產業的動態，我就能夠在舊事情結束之前無懈可擊地計算下一件事的收穫。如同我的音樂事業曾經火紅，然後冰冷，我知道電視早晚會有同樣的情況。我即將大紅——但我知道總有一天我會冷掉。我自問：電視之後，我下一件事是什麼？答案只有一個：電影。

但我也有個更深更有問題的結論：愛情與人際關係也適用於世事多變的普世法則。我發誓之後絕對都要先看好我的下一個情人。我曾經心碎，我確信會再發生。我知道會有幸福、如沐春風的邂逅；炎夏的旋風；憂鬱的秋天；然後冰冷寒冬般的死亡。我決定我對抗這殘酷的普世確定性的唯一情感防禦，就是比毀滅循環搶先一步。在我心中，我知道我必須像泰山那樣：在放掉舊藤蔓的同時抓到下一根藤蔓。如果我能抓住新東西，同時放掉垂死的東西，我就能避免與逃脫冬天最嚴苛的要素，無限期維持幸福春天的活力。

電視情境喜劇是唯一毫無爭議，世上最棒的工作。

情境喜劇工作的一週是五天拍一集。週一是讀稿——演員，製作人，編劇圍坐一桌大聲讀劇本。每個人會提意見，編劇會連夜改稿。週二和週三是玩耍時間：台上演員努力把活力帶入台詞中。這個部分讓情境喜劇成爲最棒工作。我們收錢歡笑，互虧，玩樂，創作，辯論，成長，而且互相喜愛。每天結束時，我們會爲編劇演一遍，讓他們看我們想出了什麼。週二和週三晚上他們會調整、改良劇本。

週四是技術性演練。燈光，音效，攝影，所有人弄清楚他們要怎麼呈現表演場面。然後……週五：現場錄影，攝影棚內有觀眾。

週五晚上的《新鮮王子妙事多》現場就像置身全城最紅的夜店——每個有名的人都來看我們錄影。現役頂尖喜劇演員，最迷人的好萊塢小明星，職業運動員，音樂家——宛如當紅人物的名單。

然後還有我們獨特的競爭優勢：每個演員都能唱歌跳舞。所以，換景空檔，阿方索會表演麥可・傑克遜；喬・馬塞爾會唱一些曖昧搞笑的英國劇主題曲；詹姆士・艾佛瑞會示範所有老派舞步；珍娜・赫伯—惠騰是艾文・艾利（Alvin Ailey，知名編舞家）訓練出來的舞者，也是演員兼歌手；連只有十一歲的塔提安娜也能參與。然後，彷彿那還不夠讓棚內觀眾歇斯底里，我們丟出核彈：DJ爵士傑夫和新鮮王子每週五晚上會現場表演。我們的換景時刻跟我們鏡頭前的表演同樣經典。

這眞是天堂。新家庭，新家，新生活。

訊息顯示，我需要從威爾・史密斯的生意分一杯羹。

JL從一個以抽頭、暴力勒索和強收「保護費」惡名昭彰的洛杉磯黑道分子那收到這個訊息。JL決定不回應。我們對暴力和惡意恫嚇並不陌生。如果我們需要，我們在費城有人手隨時準備好過來「處理事情」。

但洛杉磯不同。有種厚顏無恥和滲透性讓我們總是有種不確定的感覺。在費城，你可以輕易分辨危險區域然後避開——你知道如果垃圾沒人收，如果有車停在人行道上，同一個街區裡有廢棄建築和住宅，你在那個社區就得小心。當然，還有那些公營住宅（譯注：projects，貧民公宅，通常充滿毒販）——你懂的。但在洛杉磯，「最糟」社區也會有綠草和棕櫚樹。光天化日下劫車很常見——你在任何地方都可能中招。我們搞不清哪裡可以開車去或該穿什麼……一切都混亂到危險。我們在費城沒人帶槍；但在洛杉磯人人攜帶。

現在有五則簡訊傳給 JL。我需要從威爾・史密斯的生意分一杯羹。你最好是回覆。我們聽說了這傢伙的故事——他會拿走別人的錢，逼他們簽約授權出版，整個業界都有暴力人士。我們在洛杉磯是菜鳥，我們不想惹麻煩。但如果麻煩找上門，我們不會躲。

JL 決定接電話。

「我是詹姆士・拉希特。有何貴幹？」

「你眞難聯絡，」對方說，「我在想我要加入威爾・史密斯的生意。」

「OK，」JL 回答，停頓一下衡量他的下一步。「我想我們可以安排。」

「好，好……」對方說。

「但是我有合夥人，」JL 插嘴，「我無法做最終決定。你必須去找他談。」

「OK，我們安排碰面。」

「當然，立刻。我的合夥人在聯邦調查局上班，」JL 平淡地說，「我會安排拜訪。你跟他達成的任何協議，我都接受。」

我們再也沒聽到他的消息。

威脅是一回事；暴力又是另一回事。

但如果你在暴力的環境長大，你的心智會調適去認知四周的威脅。你推斷你無法承受被突襲，一次也不行。你開始同等地回應認知到的威脅與實際上的暴力，即使那是很不同的東西。有句老諺語說：我寧可被十二個陪審團員審判，也不想被六個人抬棺。

當時是星期三。我們正在片場掙扎，設法把某一幕拍好。我們感覺得到——劇本不算是逼真或好笑。所以我自告奮勇開始修改。當製作人下來看到我做的那些「片面」調整，他們立刻打給 NBCP（電視台的製作部門）高層，長官要求我們停止拍攝馬上到辦公室去。

班尼．梅迪納、JL、我和傑夫．波拉克（班尼．梅迪納的電視圈搭檔）前往主管辦公室裡這場「緊急會議」。有兩張相對的沙發，中間一張木頭咖啡桌，一端有張巨大雕花玻璃的辦公桌。

主管倚著他的辦公桌站著，面對兩張沙發。他的姿勢暗示他說了算而且他在生氣。我們走進去在「校長」面前就座。JL 和班尼坐一張沙發，我和傑夫．波拉克坐另一張面對他們。

沒有客套話，沒打招呼，也沒聽我們的說法。

「所以，你是大人物了，蛤？」主管問我。

我不太懂這個問題，所以我沒回答。他開始繞行兩張沙發外圍。感覺好像電影《萬惡城市》裡衛斯理・史奈普想要某人解釋卡特是怎麼被滲透的那一幕。

「所以，你可以片面任意修改電視台情境喜劇的任何台詞，蛤？」

這一刻，他站在我背後。我跟JL眼神接觸。這傢伙要揍我了嗎？

JL看著我好像在說，我會盯著他——如果他亂來，我會罩你。

「幾億美元，多方合資，一大狗票該死的業界老鳥……而你可以決定台詞怎麼改？」

這時候，他繞到另一張沙發後面，在JL背後。我用J看我的同樣眼神回看他。如果他亂來，我會罩你。

這時主管繞回我背後。我們之中唯一的白人傑夫・波拉克開始解釋。「我不確定你是否了解整體的速度與情況的複雜度……」

「呃，等等，傑夫，我必須知道的我都知道……」主管說。這時他在我右肩上方，開始拉高聲量。

「我看過這種屁事發生上千次了。你可能跟來這裡一樣快被消失……」

JL前面的咖啡桌上，有個五磅重的玻璃雪景球。JL偷偷地拿走它放在他大腿上。我們眼神接觸。這次他的表情變了。

隨便你想怎樣，老鄉。

我跳起來轉身，繞過沙發，跟主管面對面。

「婊子，你想要怎樣？」我冷笑說。

JL 跳起來，開始揮舞雪景球。

「等等，你們，等等，」班尼‧梅迪納懇求。

「退後，傑夫，」JL 說。因爲傑夫是跟我們來的，他很困惑 JL 對他的語氣和強度，尤其是他只不過站起來而已。但 JL 手裡有五磅的雪景球，所以傑夫聽話迅速坐下。

「你他媽的在跟誰說話？」我向主管低吼。回想起來，我有發現他的眼神完全投降而且不清楚是怎麼回事。他顯然一輩子從未被罵過婊子，也不想捲進任何衝突。

「你他媽的在跟誰放屁？」我完全入戲了。我看得出他想要回應，但他還困在努力理解江湖黑話：婊子，你想要怎樣？

「威爾，呃，顯然我們走錯路了，過來，」他親切地說，左手這時扶著他的下背部。

「你說對了！你站在那兒繼續罵啊王八蛋。坐下再跟我說話。」

「可是，威爾，」他更加親切地說，「我背部剛動過大手術，醫師說我最好站著講……」

「你要跟我講話就給我坐下，」我低吼。

「可是，威爾，醫師……」

「給。我。坐。下！」

他戰戰兢兢地走到他的大玻璃桌邊，優雅地伸手支撐著身子。他皺眉，痛苦地坐到辦公桌邊緣。

班尼看不下去了。「OK，我們沒事了。你們，走吧，」他說，「JL，把雪景球放下。」

傑夫走到主管面前示意 JL 和我先出去。我們照做。我們出來時，聽到傑夫低聲說，「我們很抱歉。」

「剛才在搞什麼東西？」

傑夫・波拉克在停車場上用最大肺活量尖叫。剛才是我唯一一次聽到傑夫拉大嗓門。

「那老兄看起來好像要揍我了，」我自我辯護說。

我以前聽過這個形容，人會「扯自己頭髮」，但這是我在現實生活中唯一看到的一次。傑夫真的抓著兩把自己的頭髮在拉扯，彷彿想把它從頭皮拔下來。

「六十四歲背部有病痛的電視主管會『揍你』？」

我和 JL 面面相覷。在那辦公室裡，我們很確定；但等你在停車場聽到，感覺在法庭上可能站不住腳。

「呃，他為什麼站起來，繞著我們走，好像要幹什麼的樣子？」我最後努力捍衛我的認知說。

「他。還。能。幹。什。麼？他剛動過侵入性腰椎減壓的大手術！」

「好吧，各位，我們休息一下，」班尼同情地說，「我得打給昆西。」

喔，糟了，昆西。

我立刻衝過去企圖先打給昆西。

「昆西正在講電話，威爾，我可以請他回電嗎？」

幹，不行，叫他掛斷NBC的電話先聽聽我的說法。

「當然，那樣很好，謝謝，」我說。

經過生平最糟糕的三十分鐘之後，他回電給我。

「我想我搞砸了，」我脫口而出。

「沒關係——大家經常罵來罵去，」昆西說，「就是絕對不要向任何人出手。我跟他們談過，沒問題。片場發生了什麼事？」

「我改了劇本裡的一些台詞，因為他們想叫我說一些蠢話。他們想指點我費城人會怎麼說話。我覺得，那台詞不真實……」

「喔，所以是創意上的分歧……，」昆西說。

「我猜這是他們在洛杉磯的說法，」我說。

「你手上有劇本嗎？」昆西問。

「有啊，我現在就有。」

「OK。封面上寫什麼？」

「嗯，」我困惑地說，「新鮮王子妙事多？」

「對。那誰是新鮮王子？」昆西大喊。

「我，」我說。

「沒錯！沒有人比你更清楚你該說什麼。如果他們能做到你做的事，就不會雇用你了。你就說你想說的話，用你想用的方式。如果有人有意見，叫他們打電話給我。」

我才剛滿二十一歲，昆西・瓊斯卻鼓勵我在電視節目說我想說的話。他站在我這邊而不是製作人、編劇、主管、廣告商和其他人那邊。

他賭在我身上。

「是，先生，」我說。

JL 和我很震驚我們徹底誤解了雪景球狀況。我們來自暴力的家庭、暴力的社區和暴力的音樂界。認爲高階主管可能使用暴力也不是不合理。我們感到擔憂，又脆弱。JL 和我原本百分百確定那個主管會揍我的。

當你用過去的眼光看現在，你的視野會變得多麼扭曲眞的很神奇。學習怎麼放下雪景球，對我們是很困難的心理復健。

依照我和 JL 的協議，我和傑夫繼續創作我們的第四張專輯，後來叫做《Homebase》。但傑夫和我在拍電視劇，所以我們基本上是兼職在做音樂。我們習慣了無限制的創意時間；在過去，我們會空出幾個月構思、撰寫和錄音（還要吃雞柳條）。但現在因爲特定與有限的時間框架，我們必須對錄音時間的每一刻像雷射般專注、像剃刀般敏銳。引用老爹的話，「我們有時間壓力的時候就不會亂搞。」結果是，跟《And in This Corner......》相反，我們用一半的時間與四分之一的預算爲《Homebase》寫了兩倍的歌曲。而且歌曲比較好聽。

我們上電視成功的另一個副產品是我們擺脫了唱片必須暢銷的壓力。如果專輯失敗，我們也沒事——我們的房租（和我們的欠稅）都用電視劇的錢支付。我們能夠再度享受樂趣——只是我和傑夫做自己，回到讓我們好聽的本質。我們回到了我們的故鄉。

那也是我們第一次開放創意過程給新製作人和其他創意聲音。我去芝加哥工作，跟名叫呼拉和手指的兩個 Jive 唱片的年輕製作人完成專輯裡我的聲音部分。傑夫在紐約做最終混音，而我訂了晚上六點的航班從奧海爾飛回洛杉磯。我、呼拉和手指前一晚瘋狂玩樂，慶祝專輯完成。我在夜店整夜喊叫聲音都啞了。去奧海爾機場途中，我停在錄音室拿了兩張已排序的專輯 CD 以便在飛機上聽。呼拉給了我 CD，我塞進背包裡，走向門口。

手指在我背後大聲說。「嘿，老兄，我們還做了另一首歌。傑夫說他喜歡。他叫我們交給你，看你是否想要補充什麼東西。」

我累壞了，我聲音沙啞，我準備好回洛杉磯的家了，況且，專輯完成了。手指遞出一張 CD，上面用馬克筆寫著「無題」字樣。光看到「無題」這個字就令人生氣。光想到必須寫一整首新歌就令我胃痛。我受夠了。

「欸，手指，」我說，「我感謝你，老兄，你們幹得很好。但是我累趴了；我是說，聽聽我的聲音。即使我想要也生不出東西了。你們可能得請出耶穌來交給我 CD 才能讓我再多寫一首歌。」

他們大笑，但我基於禮貌還是收下了 CD。

我在起飛前一小時抵達芝加哥奧海爾機場，聽到廣播往洛杉磯的 1024 班機被延後了九十分鐘。

該死——爲什麼老是這樣？你越想回家，該死的航班就誤點越久。

我找了個安靜角落，戴上耳機，決定聽聽〈無題〉。歌曲開頭是手指的聲音加上一段瘋狂鼓聲跟漸強的群眾歡呼。

請，下鼓聲

啊啊啊，好耶！

然後一個猥褻的女聲：

夏日，夏日，夏日時光

該坐下來好好放鬆

「歐。買。尬。」

我在機場貴賓室一定看起來像瘋子；我露出一首歌很好聽時音樂人會有的表情。好像聞到了什麼噁心氣味。我點頭點到腦袋差點從肩膀上掉下來。

我趕緊從背包裡拿出我的歌詞簿，接下來兩小時簡直是神靈啓示。與其說我「寫」出了〈Summertime〉，不如說我把它「導引」了出來。我的心智深深墜入了費城幸福的夏日時光。我感覺自己漂過我的童年夏季回憶，我的手只是搭便車，努力跟上。〈Summertime〉是我從頭寫到尾連一個字也沒修改過的唯一歌曲。出現在最終版本的歌詞，就是我腦中想到的原貌。那是個純粹的意識流。我後來才學到這個跟我那晚在奧海爾的經驗深度共鳴的詞彙：心理圖像，又稱自動寫作，是讓人不需有意識地寫作就能產生文字的理論性心理能力。（懷疑者稱之爲自我欺騙；我稱之爲「另一座葛萊美」和「我的第一張榜首單曲」。）

「1024班機現在開始登機……」

「幹。」

我知道這首歌很狂。如果我今天不錄，就不會收在專輯裡了。我腦中聽到昆西在說，費城小子，你要怎麼辦？

「管他的。」

我離開機場，回車上，開回錄音室。

我的聲音毀了。我向來聞名的音調與語氣是高亢，快節奏，宛如包裹在微笑中。但是那晚在錄音室每當我尋找那種能量，我的聲音會沙啞刺耳。呼拉和手指一直跟我說，「別擔心

——用你能做到的聲音就好。放鬆用比較低沉的聲音。讓我聽聽拉金的聲音……」

那正是我需要的指引。拉金（Rakim）是當時我最喜愛的饒舌歌手。所以，我冷靜下來，決定打出我手上的牌，而非我希望我有的。

我在〈Summertime〉的聲音表現震撼了嘻哈界。專輯在一九九一年五月二十日發行，一個月後就衝上熱門R&B／嘻哈榜首與告示板百大暢銷榜第四名。音樂影片在費城老家錄製，有我和傑夫的眞實家人與朋友。

《Homebase》在兩個月後成爲白金唱片。贏得了美國音樂獎，也搶下了我們的第二座葛萊美獎。（有個爵士傑夫與新鮮王子小知識，〈Parents Just Don't Understand〉第一次得獎時我們杯葛，〈Summertime〉被提名的對手是大咖Naughty by Nature的暢銷曲〈O.P.P.〉，我挺確定我們會輸，所以我沒出席。這下爵士傑夫和新鮮王子有了兩座葛萊美獎，而我還是沒參加過頒獎典禮。）

同時，我的另一個事業……

我執迷地研究我的台詞。在《新鮮王子》的初期，我很害怕失敗，所以我會背下整個劇本——不只我的詞，還有別人的。那是唯一抑制我焦慮的辦法。如果我失敗，我很確定一定是別人犯的錯。

我或許有點做過頭了。我準備周全到會無意識地在鏡頭前默念所有演員正在說的台詞。

幸好，你看電視的時候會發生有趣的事——你的眼睛聚焦在講話的人。這是一種所謂的「不注意的盲目」。史密森學會雜誌的丹尼爾・西門斯是這麼形容的：「這種形式的隱形不仰賴視力的限制，而是心智的限制。我們有意識地只看視覺世界的一小部分，當我們的注意力集中在一件事，就無法注意周圍其他意料之外的事物——包括我們可能想看的那些。」

這個現象的完美例子是第一季第五集〈Homeboy, Sweet Homeboy〉。唐奇鐸飾演我的費城朋友 Ice Tray。如果你仔細看，會發現我在對嘴唐的台詞。但即使我站在前方中央像白癡一樣動嘴，在家裡的你也不會注意到，因爲你的注意力集中在講話的演員：不注意的盲目。

儘管把那集調出來看我一路犯傻到底。

卡琳被推舉出來告訴我這件尷尬的事。我當然否認，然後在看到鐵證的時候大吃一驚（至今還是）。直到今天，我都無法忍受看到那一集。

這麼多世界級受過舞台訓練的演技大師，卻有個笨蛋饒舌歌手當面對嘴他們的台詞。這齣戲還是以他命名的呢。

我花了兩個星期才改掉這個猴子似的習慣。我在劇中差點咬破我的下唇。但我忍住了。

我這輩子很少想要討好詹姆士・艾佛瑞以外的任何人。詹姆士演戲的資歷比我的年齡還久，而且是我的模範，戲劇事業的巔峰。我很渴望他認定我是個好演員。

但我做什麼都無法討好詹姆士・艾佛瑞。

他在劇中扮演我的準父親，在現實生活也慢慢擔任這個角色。他要求很高，總是督促我作爲演員要「精通自己的工具」。

「你閉著眼睛都能夠搞笑，」他說，「你有那種天賦，很好看。但你這裡面還有更深的天賦，」他強調地戳戳我的胸口說，「你根本還無法想像。如果你不去找就永遠不會發現。天賦和技能是有差別的。天賦來自上帝——你天生就有。技能來自血汗、練習與投入。別只是掠過這個機會。要磨練你的技能。」

我職涯最驕傲的時刻之一是在新鮮王子最出名的一集〈爸爸有全新的藉口〉裡面。劇中，威爾的生父、班・維林飾演的老路，回到他的生活中再度跟他相處。威爾很高興父親回來，但是菲爾叔叔抱持懷疑。這導致威爾和菲爾叔叔之間有芥蒂。

威爾的父親是個大型卡車司機，邀威爾在夏天跟他一起旅行。威爾很興奮，決定不顧菲爾叔叔的疑慮。劇中高潮發生在威爾的父親又想出一個藉口取消了父子旅行並再度消失後，留下傷心的威爾和努力安慰他的菲爾叔叔。

這是整個系列裡對我的角色要求最高的一場戲。是我跟詹姆士・艾佛瑞單獨對戲。演技高手會很高興有機會跟別的高手正面對決。但我不是高手——我是個在巨人陰影下驚嚇的小男孩。演員有這種戲份時，你知道他們會花好幾週準備；其他人也都知道。期待會讓你失眠，食不下嚥，記憶渙散，神經緊張。在片場，感情戲有職業拳賽般的能量——演職員會在座位上向前傾看你是否做得到。但現場觀眾不清楚，你會想要震撼與驚嚇他們。

那是星期五晚上；觀眾就位，錄影進度順利。然後到了最後一幕。

我日夜研究過。我覺得準備好了。但在第一次，我僵住了。我腦中一片空白，漏了我的第二句台詞。我很焦慮又太用力，講話太快，有些結巴。導演趕緊喊卡以免破壞給觀眾的驚喜。但我生氣了。

「幹！」我用最大肺活量怒吼。「幹！」我脖子上的血管鼓起，緊握著拳頭。

「欸！」詹姆士喊，讓我回過神來。

「靜下心來，」他小聲說。然後用他的食指和中指指著自己的眼睛，用共通的手勢示意「專心看我」。

他湊近我耳邊。

「用我練習。看著我的眼睛跟我說話。」

我落入他的注視中，不知怎地接上了他的電力，我們維持互看，直到他覺得我加油夠了。詹姆士沒有等導演；他在舞台上喊開始。

下一次就是實際出現在劇中的：

菲爾叔叔：很遺憾。我，你知道的，如果有什麼我能幫忙的——

威爾：你知道嗎，你什麼也沒辦法做，菲爾叔叔。唉，我已經不是五歲小孩了，你知道嗎？我不會每晚熬夜問我媽，「爹地什麼時候回來？」你知道嗎？誰需要他？欸，他沒教過我第一次投籃。但我學會了，不是嗎？我也挺擅長的，不是嗎，菲爾叔叔？我不靠他就經歷了第一次約會。對吧？我學會了開車。我學會了刮鬍子。我不靠他學會了打架。我已經過了四次沒有他的生日。他連一張卡片都沒寄過！（向沒人的門口大喊）叫他去死吧！以前我不需要他，現在也不需要他。

菲爾叔叔：威爾……

威爾：不對，菲爾叔叔你知道嗎？我會不靠他念完大學。我會不靠他找個好工作。我會討個漂亮老婆。我會生一堆小孩。我會當個比他更好的爸爸。我也很確定不需要他，因爲他沒什麼該死的東西好教我怎麼愛我的小孩。

頓一拍之後，威爾哭了起來說，「天啊，他為什麼不要我？」
菲爾叔叔疼惜地抱著威爾。鏡頭慢慢橫移到威爾買來當禮物的一座父子雕像。在擁抱中，
詹姆士．艾佛瑞向我耳語。
「嗯，這才叫他媽的演戲。」

第十二章　慾望

他想要什麼?

作爲演員，關於你準備描繪的角色，這是你需要問的最重要的一個問題。他的「想要」／戲劇式追求是行爲的第一根支柱。某人想要的東西是進入他們人格的重要眞相的門戶。如果你想要了解某人爲何做某事，只需要回答這個問題，他想要什麼?演員的首要焦點是發掘在角色腦中交纏、有時候相互衝突的「想要的體系」，以便創造他們的心理驅動力。演戲就像爲你自己從零開始建立一個新人格。

（你一旦對角色的核心動機有了基礎了解，演戲眞正的樂趣就從第二個問題開始：他爲什麼想要那個?但是稍後再談吧。）

慾望與障礙之間的戰爭是戲劇敘事的核心與靈魂（有時候障礙是永恆的——那是最好玩的部分）。在影劇圈有句簡單格言描述一個角色的偉大旅程：某人很想要某東西，努力爭取，克服一切困難。（另一個版本是，某人掉進了坑裡，努力想爬出來。）如果你回想你喜歡過的任何電影，你支持過的任何角色，那都是因爲他們想要你能認同的東西，而且他們奮鬥，冒著巨大危險去得到它。

適用電影的也適用於人生：告訴我你想要什麼，我就能說出你是怎樣的人。

「老兄，我們在幹嘛？」某天 JL 突然問我。

「什麼意思？」

「我是說，這一切。有太多人，有太多事發生——我無法這樣運作。如果你要我幫你，我必須知道我在幫你做什麼。」

「事情很順利啊，J。我想你只是沒看到。」

「不對，」JL 堅稱，「我看到了。我看到事情零零落落，缺乏焦點，我也看到我們即將重蹈上次的覆轍。我會在這邊收拾善後。我必須知道目標是什麼。」

我不太理解他的問題。在我心中，他只是害怕。我知道他不太適應無條理。他是極簡主義者，幾乎是禁慾——他衣服很少，他的臥室總是保持完美狀態，他生活中的一切東西都有定位和用處。當東西沒有以他能理解的方式排列整齊，他會覺得被分割、被干擾，最終會想要逃離。所以我試著給他一個安心簡單的答案。

「目標就是不要破產，J，」我說，「要能夠開心、能夠夠旅行和過我們想要的生活。別再讓國稅局拿走我們的東西。」

「所以，嚴格來說，有五個目標。那就是我的問題：夢想是什麼？我們想要建立什麼？你要什麼？」他明確地追問。

以前我從未公開說過。我在腦中演練過幾次，但我從未說出口。

媽媽曾經攤開大約五十張我和弟弟妹妹的家庭照片，貫穿我們的童年。她沾沾自喜地站著俯瞰照片問我是否有發現什麼。我像個偵探搜尋照片想要發現能夠破案的線索。過了幾分鐘，我放棄。

「我什麼也沒發現，媽，」我說。

「看看你的弟弟妹妹。注意他們在某些照片裡看著畫面外的側邊，或他們表情扭曲，或躲在某人後面。再看看你自己。你完全都是直視鏡頭的照片。」

我一向對鏡頭很敏感。我喜歡表演。我喜歡攝影機，更重要的，它也喜歡我。我在記憶初始就有個秘密夢想。我做這個夢的時候不太自在。我不配有這麼大的夢想。但在我最沉靜的時刻，當我獨處時，有個永恆的渴望，像總是連結到好萊塢招牌的情感指南針。

我想要做艾迪・墨菲的工作。我想要讓大家感受到我第一次看《星際大戰》的感受。

我想要當《星際大戰》裡的艾迪・墨菲。

所以，生平第一次，我大聲告訴 JL。

「我想當世界上最大咖的電影明星。」

JL 是那種很少有明顯反應的人。他的標準表情是撲克臉。無論你說，JL，你媽在電話線上，或 JL，爐子剛爆炸，整棟房子失火了，或我想要當世界上最大咖的電影明星，他的臉色永遠不變。他從不顯露他在想什麼，所以你總是得湊近尋找微小暗示。

我拼命湊近。

「嗯，那是個目標，」JL 說。

史蒂芬・柯維在《與成功有約：高效能人士的七個習慣》書中說，人類的問題只有兩個：（一）了解你想要什麼，但不懂怎麼得到；和（二）不了解你想要什麼。

任務清楚是成功的強力基石。了解你想要什麼會爲你的人生帶來方向——每個字，每個行爲，每個關聯，都可以精確選擇與控制，以促成你想要的結果。你吃什麼，何時睡覺，去哪裡，跟誰講話，允許他們向你說什麼，交什麼朋友，都可能捕獲與接近你最狂野的夢想。（然而，慾望是個雙面刃。但是稍後再說——當時我並不知道。）

JL 有目標時，他教育與轉變自己心智的能力遠超過我認識的任何人。他接下來幾個月都在閱讀好萊塢的每份劇本。舊的，新的，爛的，好的，已經上映的成功電影，從未發行的失敗電影，好片爛片與中等的片。他很可能讀了一百份劇本，我們會討論每一份的優缺點。

我們有我們的目標，我們問的第一個問題是怎樣讓人成爲電影明星（而不只是個演員）？

電影明星通常飾演體現人性光明面又討人喜歡的角色：勇氣、機智、成功排除障礙。我喜歡在電影裡當個比我在現實人生中更好的人。我可以保護別人，我可以殺壞人，我可以飛，所有女人都喜歡我——她們必須，因爲劇本裡有寫。我想出一個辦法描述怎樣塑造一個偉大的電影明星角色：我稱之爲電影明星界的三F：你必須能打鬥，你必須好笑，你還必須擅長性愛。

在三F底下是我們最深層的人性渴望：打鬥等於安全和肉體生存。好笑等於喜悅，幸福，免於所有負面性的自由。擅長性愛等於愛情的保證。

貫徹這三項特質，大牌電影明星就能拍出世界最紅的電影。電影明星能吸引人來看。

下個明顯的問題是大牌電影明星的關鍵要素是什麼？JL列舉史上十大賣座電影名單，看我們能否分析出一個模式。結果很清楚：史上十大電影全都有特效。其中九部有特效和動物。其中八部有特效、動物和浪漫劇情。

（我們最終發現十大電影全部跟愛情有關，但我們當時沒發現。）

我們知道我們在找什麼。現在，我們只要去找到，然後說服擁有的人教我們。

問題是世界上最大咖的電影明星也是塑造與推銷起來最昂貴的人，意思是他們是超高風險的商品。他們對於涉及的每個人不是創造事業就是摧毀事業。我年輕、沒名氣、沒經驗又是黑人，想要說服片廠把一億五千萬製作預算和一億五千萬推銷預算賭在我的魅力、帥臉和卑微上。

譚雅以前會抽大麻。（直到今天，我都沒抽過。）我認爲老爹酗酒讓我更能適應周圍所有濫用物質的人。我試著隨便她去，但現在我有清楚的新任務，我看不出我的女友抽大麻會有任何幫助。我準備好成家了；我準備好展開人生了。我跟她說必須戒掉。

我的要求並未被欣然接受。

「你眞是個老古板，」譚雅說，「只是大麻而已。我又不是在浴室地板上吸古柯鹼。」

「毒品就是毒品，」我說，好像很深奧似的。

「不，才不是，」她憤怒地說，「這沒那麼嚴重。」

「喔，這非常嚴重，」我說，「我聞得到妳的鼻毛裡有大麻。」

「我們談個協議，」我說，「妳戒掉三十天。向我證明妳沒有上癮。到時我們再說。」

她想了一下。我察覺她做得到，但我的堅決態度似乎觸動了她內心深處的抗拒。她愛我，她想要討好我，但是休想叫她讓我控制她。

我至今還看得到她站在那兒：雙手抱胸。頭歪向側面，知道她即將做出一個重大決定。然後，她冷靜地說，「不要。」

當你知道自己要什麼，也會釐清你不要什麼。連痛苦的決定，雖然不容易，也會變簡單。

「好吧，」我說。

你是否看過國家地理頻道關於阿拉斯加鮭魚遷徙的紀錄片？飢餓的棕熊站在河裡，等待鮭魚跳出水面直接進入牠們的嘴裡？

那就是阿方索・里貝洛和我以前站在《新鮮王子妙事多》選角辦公室外面的樣子。

好萊塢每個黑人女演員都曾經朝聖走過那些可怕的走廊。一九九〇年某天，我和阿方索坐著在吃午餐。阿方索正在爲某個哲學話題生氣。他很熱情又有主見，總是覺得只要他說話夠大聲，用右手手刀劈左手掌夠用力，就能讓他所說的一切正確無誤。

然後她在旁邊走過。我差點被我的羅斯可炸雞和鬆餅噎死。

「那是誰啊？」我在他不斷劈掌的空檔低聲問阿方索。「她不是洛杉磯來的。」（東岸人認得出東岸人。）

她在生氣。顯然選角經紀人剛說她不夠高，無法飾演我在劇中的女朋友。她討厭好萊塢這一點——不知怎地她的身高（或缺乏身高）對藝術的重要性超過了她的多才多藝。

我無視這些，大膽冒險。

「怎麼了，矮冬瓜？」我說，選錯了形容詞。

「隨便啦，黑鬼，滾，」她說，揮揮手示意我讓開。然後，她走掉了。

那是我第一次看到潔達・平克特。那是一見鍾情。

阿方索發現潔達在稱作《不同的世界》的情境喜劇找到了一個角色，是八點半檔的《天才老爹》衍生劇。他認識該劇的一位編劇，查明了潔達何時錄影。太好了——我們在週五錄影，但《不同的世界》在週四錄影，所以我和阿方索可以在下班後過去看。

這個時候，《新鮮王子妙事多》已漸入佳境，我和阿方索成了好萊塢街頭的紅人。計畫是，他和我前往《不同的世界》錄影現場，我們坐在觀眾裡面。給我機會適當發揮新鮮王子的影響力。我們出現時觀眾當然會歡呼；潔達會在她的戲份裡聽到這些聲音，她會查看觀眾，發現是因爲我的緣故。（還有阿方索。）

所以，我拿出二十四K金的魚骨金項鍊，「新鮮王子」字樣在我胸前跳動，「T」

「F」和「P」字母發出VVS1等級透明度的光芒，到處是圓形切割碎鑽，超級無敵，準備嚇死人。

一切像時鐘精準進行。我和阿方索走進去，全場歡呼。我沒看到潔達，但她知道我在場。我請觀眾安靜。

「大家別這樣，他們在錄影呢，」我大器地低聲說，同時跟阿方索坐到我們右邊角落的前排座位。潔達的戲份大約到錄影中間點才會出現，但是她在，散發出東岸人的光芒。她好辣——她的口音，她的儀態，她的髮型，她的態度。她感覺像同鄉。

換景空檔，阿方索看到他的編劇朋友奧蘭多・瓊斯正在跟前排中央焦糖膚色的迷人女子講話。她顯然也不是洛杉磯人——我看得出她對這一切排場不太自在。我走過去，向奧蘭多說「最近還好吧」，並且向那女子自我介紹。

她名叫雪莉・贊皮諾；她是紐約人。不是真正的紐約——是史克內塔迪（靠近賽拉古斯，都快到加拿大了。）

「呃，這樣吧，」我說，「我們剛認識，所以我放過妳這一次。但是下次有人問妳是哪裡人，妳禁止說『紐約』，妳很清楚自己是史克內塔迪人。」

如果她在喝水，她一定會當場噴出來。她開始笑得無法克制，彷彿我剛說出了她的某個秘密心裡話。鈴聲響起，告知觀眾安靜就座以便繼續錄影，但她還沒恢復正常。她必須安靜。但我肯定不會允許。我湊近她耳邊。

「那是誤導，也是完全曲解事實。如果妳告訴別人妳是紐約人，他們會想到布朗克斯，布魯克林——我是說，媽的搞不好還有史泰登島。他們會認爲妳很酷。然後他們發現妳是史克內塔迪來的？」

這時候，她差點笑到噎死，求我別再說了。但是這不可能。

「我只是說，妳不該到處說謊騙大家。該死的史克內塔迪不是紐約。妳坐在這兒代表的是……加拿大。妳該穿上楓葉毛衣到處送糖漿。」

幸好，錄影結束後，她可以自由大笑了。她的妝糊掉了，眼睛發紅，喘不過氣來，她說出每個講笑話的喜劇演員都渴望聽到的一句話——終極的喜劇讚美：

「你眞是大笨蛋。」

那晚我沒見到潔達。節目結束前雪莉和我一起離開。我們一路笑著吃完晚餐，笑著度過整個秋天，三個月後，我們結婚了。

威拉德．卡洛．史密斯三世生於一九九二年十一月十一日。從出生我們就叫他「特雷」

（Trey），因爲他是第三代的威拉德・史密斯（譯注：在骰子、骨牌等遊戲裡，trey有「三點」的意思）。

From the first time the doctor placed you in my arms
I knew I'd meet death before I'd let you meet harm
Although questions arose in my mind, would I be man enough?
Against wrong, choose right and be standin' up
From the hospital that first night
Took a hour just to get the car seat in right
People drivin' all fast, got me kinda upset
Got you home safe, placed you in your bassinette
That night I don't think one wink I slept
As I slipped out my bed, to your crib I crept
Touched your head gently, felt my heart melt
'Cause I knew I loved you more than life itself

Then to my knees, and I begged the Lord please
Let me be a good daddy, all he needs
Love, knowledge, discipline, too
I pledge my life to you

Will Smith, "Just The Two of Us"

那是特雷出生與我初爲人父的公開描述。

但是第一晚比我的詩意歌詞暗示的情感混亂多了。雪莉睡著了，我們在隔壁臥室裡給特雷準備了一個小搖籃。我無法忍住不看他。我嚇壞了。

我這輩子一直想要這樣。如今我在這裡，有兒子，妻子，我的家庭。輪到我了。我身體在發抖，深恐對這個小小生命的責任重大。我跪下，無法克制地啜泣，向上帝禱告：「拜託，幫我做正確的事。請幫我當個好爹地。」

我的心智旋轉傾斜像個無人機飛過我的童年。我講了太多老爹的壞話——現在我成了父親。我夠聰明能夠策畫讓我兒子砌牆嗎？我能養家活口保持萬事不缺嗎？我夠強壯能擊退來殺我兒子的人嗎？

那是淩晨三點。我跪著。我只是個小男孩。我從來沒這麼需要過我爸。然後，有東西作響，在內心深處從未發出聲音的地方。是個決定，鋼鐵般的信念。我擦掉眼淚，站起來，輕柔地摸摸特雷的頭。我知道了。只有兩個可能性：（一）我成爲這地球上最好的父親，或（二）我先死掉。

我生病的次數名符其實一隻手就數得完——我從不生病。那是個週五晚上，《新鮮王子》的錄影夜。我嘔吐了一整天，幾乎無法動彈；我相當確定是食物中毒。預錄與排練期間我待在化妝室裡，以便保留體力在現場觀眾面前演出一次大爆發。

雪莉也來到片場照顧我。她無法理解我們爲何不能改天再錄。「如果我這麼做妳以後怎麼會尊敬我？」我在作嘔的空檔說。生病、受傷或在艱難狀況時工作對我已經是個榮譽勳章。我想要在競爭對手會退縮的地方領先。我希望我老婆知道我天下無敵。女人（和歐洲人）總是搖頭或負面形容這種特徵。但在原始層面上，眞的很難不尊敬戰士。

週五晚上成爲我們的重大電視活動。JL會邀請贊助商、企業主管、我們想要討好的任何商場人士。我們的方法是邀他們全家來。如果某人的老婆小孩玩得開心，他們比較可能想跟你做生意，沒有比週五晚上來到新鮮王子妙事多片場更開心的事了。這天晚上是大日子，但我快死了。我沒有娛樂大家的力氣。

雪莉出手接管。我從未看過她這樣子。她把會議從我的化妝室搬到舞台上的空間。她訂更多餐點要求其他演員分攤一部分閒聊的責任。她不只是爲了丈夫做——她眞的喜歡。她在夫婦檔之間穿梭，一家接一家，參與他們覺得有趣的任何話題。她帶孩子們參觀舞台；她跟妻子們交換電話號碼確保每個人都玩得高興。她搞定了，所以我可以出現個十分鐘，確認交易，然後去錄影。

雪莉是完美的女主人，完全是我腦中理想老婆的樣子。就像姬雅和阿普・理查遜，雪莉和我是「威爾成爲世界最大咖電影明星」生意裡的團隊。

我們在托盧卡湖區買了個房子，故意在離新鮮王子目前的拍攝地NBC伯班克公司僅九分鐘的地段。這麼接近能給我在家裡和職場最多的時間。這是主要的後勤。我家距離整個費城小隊總部的美景公寓也只有七分鐘，十五分鐘就可以過山進入好萊塢，所以對我即將進軍影壇是個完美準備位置。

某個週六下午，我正在研讀週一讀稿會的台詞，雪莉在廚房裡做飯，那只是她創意精神的一個方面。

我喜歡她的藝術天賦。她上過流行設計學院（Fashion Institute of Technology，真的在紐約市）。她可以自己做衣服，她會畫圖；這是第一次我看到有人把自己的作品掛在家裡。我認爲那很棒。她也是個武術家——她父親是跆拳道九段的大師兼教練，若有必要雪莉可以保護她自己。

雪莉有很強的母性本能——她父親是義大利人，她祖母贊皮諾是個主婦專家。雪莉的義大利親屬擁有史克內塔迪的 L&M 連鎖超市，所以他們永遠有大量食物，家族的核心就是吃飯時間。雪莉的父母分居後，她母親重返職場，所以廚房變成雪莉負責。雪莉喜歡做菜餵飽人——她是我認識唯一能像琪琪那樣把剩料做成美味大餐的人。我們每週都有《新鮮王子》新集數的觀劇派對。雪莉本能地負責爲每個人做菜，讓家裡溫暖舒適。家裡隨時至少有五個費城老鄉，顯眼地在廚房附近打混，準備大啖雪莉丟到他們籠子裡的美味佳餚。

雪莉對幸福人生的願景是喜悅和諧地培育——照顧別人；持家。她很樂意當媽媽和妻子過簡單生活。我想要征服。我對愛的定義是保護與供應，確保家人的健康與財務未來。我的信念是：「如果你必須在高架橋下的帳篷裡吃飯，東西就沒那麼好吃了。」

奧馬正在車庫裡設置一座小型機動錄音室時電話響了。

「喑，威爾，是JL，」奧瑪喊道。

我跑過去接聽。

「欸，我只是確認你在家。我有事得立刻跟你談。」

「幹嘛，發生什麼事了？」我急忙說。

「怎麼啦，J？」

「我必須當面跟你說。我馬上過去。」

掛斷。

我一向討厭別人這樣子。別用十萬火急的口氣打電話給我，讓我接電話，又不告訴我怎麼回事。我們都通話了——就說啊！幸好，地利之便讓我只需要等九分鐘——兩分鐘讓他上車，七分鐘讓他從美景公寓開過來。（我們這邊也省時間，因爲我會在大門口等他。）

九分鐘後，JL停車。他似乎……沒事，所以不是醫療問題。他看來很焦慮，但不害怕；有點笑意，但又哀傷。這顯然是可以在電話上直說的事情。

「怎麼啦，J？」我們交換標準的費城式半捶半擁抱招呼。JL偏好抓著別人的手把手臂橫在胸前，感覺像擁抱但同時維持他個人空間的版本。

他直接說了。

「好吧，呃——有家片廠想要你共同主演一部叫做《一個布袋八顆頭》的幫派電影。他們準備付你一千萬美元。」

「我操！」我雙手抱頭大叫。

我想跟 JL 擊掌，他牛調子地回應。

他抓著我的手說，「我是來勸你不要接的。」

「等等……蛤？」

「我認爲你最好別接那個角色。不太對勁。」

我仍握著他的手，想要把他的手臂從肩窩拉出來，然後把他打死。但我只冷靜地說，「我聽起來很對勁啊，J。」

「才不是——角色不對。我看了五次劇本。我一直想要把它矯正。沒辦法。我想要直接回絕不告訴你……唉，到頭來，該由你決定。我這幾年都跟在你身邊，所以……無論你決定怎麼做我都會挺你，但我勸你不要。如果你眞的想當世界最大咖的電影明星，不要接這部電影。」

「J。那是一大筆錢啊，兄弟。」

「湯姆‧克魯斯不會接這個角色，」JL說。

我們回絕了《一個布袋八顆頭》。

JL身為我的經紀人，賺十五%佣金。他勸我回絕那部片之後，自己也錯失了一百五十萬美元。（我有提過他還住在母親家裡的童年臥室嗎？）他跟我一起承擔風險，因為他相信那個願景——他相信我。

大約一個月後，JL興奮地打給我。這次他表現得像個可敬的人類……在電話裡告訴我怎麼回事。

「我弄到了，」他興奮地說。（JL從不興奮的。）

我被邀約飾演約翰‧瓜爾角逐普立茲獎的舞台劇改編電影《六度分離》的配角。

「這才是我們要演的戲，」JL說，「觀眾還沒有把你當成正經的演員。我們要可以打破刻板印象的角色。我們必須讓大家忘記他們在看一個饒舌歌手。我們必須讓他們看到一個電影明星。

「此外，你會受領銜保護，周圍都是資深卡司：史托卡德‧錢寧，唐納‧蘇莎蘭和伊恩．麥卡倫爵士。血統純到不行。我希望大家看到你跟那個程度的演員在一起。我們必須震撼這些人、吸引他們的注意。你的角色每句台詞都很棒——是我看過的最佳劇本之一。其實，電影重點是你的人格。這才是塑造明星的材料。」

「該死，J，你這次眞興奮啊！」

「我跟你說，就賭這一把了，」他用拳頭打手掌說。

「一言爲定！多少錢？」

「呃，這次不一樣……」

「我知道，J，可是片酬多少？」我說。

我以三十萬美元接演了《六度分離》。

JL 盡了他的責任。他找到了由世界級藝人推動的精美題材。現在看我了。我的軍事教養發揮作用——我有了任務：我必須打破這個角色。我立刻跟 JL 飛去倫敦見習史托卡德．錢寧在西區舞台表演此劇的最後檔期。拍攝行事曆一確定，雪莉、特雷和我就遷居紐約。

《六度分離》劇情是關於一對住在紐約上東區的有錢白人夫婦。他們是又老又寂寞的空巢族，子女都剛搬出去。他們把時間用來收集與交易知名藝術品。然後某天晚上，有個年輕黑人出現在他們家門外。他在街上遭搶，被捅刀受傷。他自稱是他們讀哈佛的小孩的朋友，也是悉尼・波提耶的兒子。老夫婦讓他進來，但隨著劇情進展，保羅（我的角色）原來是個江湖騙子。但老夫婦雖然受害，史托卡德・錢寧飾演的露易莎・凱崔吉和保羅開始怪異地互相愛慕。

這角色和我的個性天差地別，他的人生經歷對我很陌生，我覺得必須採取方法表演（method acting，我完全不懂的東西）。我逐字背誦整個劇本的台詞。我發誓我上場時不會搞錯任何一句。

幾個月的準備期間，我會連續花四五天沉浸在角色中。一次一刻都沒有脫離。我會去珠寶店或麵包店嘗試分辨保羅喜歡和討厭什麼東西。我想在現實生活和眞實狀況中練習，不只像保羅那樣思考，也學習自動地感受到他的感受。

很好玩……起初啦。但後來慢慢不知不覺間，我失去了自己的好惡，我失去了自己講話的聲調和韻律——我失去了威爾・史密斯。雪莉開始說這種話，「你爲什麼那樣看我？」和「別那樣講話。」我毫不知情——我想不通她的意思。在我腦中，我在保羅和自己之間來回切換，但威爾・史密斯悄悄溜走了。雪莉突然跟陌生人一起生活。

我們通常認爲我們的個性是固定不變的。我們認爲我們的好惡，我們的信仰，我們的國籍，我們的政治屬性和宗教信念，我們的儀態，我們的性癖好等等跟我們一樣是固定的。但現實是，我們自認的本質大多數是學習來的習慣和模式，完全可調整，演員太冒險深入我們的意識邊緣的危險就是有時候我們會失去標示我們回家路線的麵包屑。我們發現我們在電影扮演的角色跟我們在人生的角色沒什麼不同。威爾・史密斯不比保羅「眞實」——他們都是被發明、練習、表演和強化出來，被朋友、親人和外界精煉的角色。你認爲的「自我」是個脆弱的架構。

雪莉和我正在我們的婚姻初期、有新生兒的前幾個月，對雪莉來說，我能想像這種體驗至少可說是令人不安。她嫁給名叫「威爾・史密斯」的人，現在她卻跟名叫「保羅・波堤耶」的人一起生活。雪上加霜的是，拍攝期間我愛上了史托卡德・錢寧。不是以「威爾」而是以「保羅」的身分。我無法把他關掉。

電影殺青後，雪莉、特雷和我搬回洛杉磯。我們的婚姻出師不利。我不知不覺間很渴望看到史托卡德、跟她說話。我只見到她一次，我什麼也沒說，但她是老鳥，我察覺她知道發生了什麼事。她可能說到「雪莉」和「特雷」有五十次吧。

幸好，該回歸新鮮王子的工作了。

「你在搞什麼鬼？」阿方索脫口而出。

「什麼意思，阿方索？」我說。

「那樣！我是說，那樣。你爲什麼那樣講話？」

「怎樣講話？」保羅說。

「就是那樣！」卡琳幫腔。

「w發音在h前面。又不是hwat，威爾，」阿方索洩氣地說。

我失去了新鮮王子。我記不住他怎麼走路、講話或偏愛哪款喬丹球鞋。這在第四季開頭整整持續了十集。我失去了幽默感，時機感，氣勢，領袖魅力，還有臨機應變即興發揮的能力。

演員群和工作人員都嚇壞了。這是阿方索眞正開始發光的一季。編劇在前幾集必須把重心從我的角色寫到卡爾頓身上。阿方索上前扛起搞笑責任。沒人知道怎麼回事；沒人把我在新鮮王子片場的表現聯想到我在《六度分離》中深入方法表演的危險心理世界而遭到思慮不周的摧殘。

我無法靠講笑話來挽救我的人生。可怕的部分是我看不出其他人的看法。但如果夠多人告訴你你喝醉了，那你或許該坐下。所以，我立刻雇用五六個費城來的朋友參與編劇，加入員工，在片場包圍我，讓我重新學習怎麼扮演「威爾」的角色。

眞的有效。大約在季中，有東西啓動了。我跟卡琳在錄一場戲，我的角色想要說服她跟她的老師約會，但他左邊鼻孔旁邊有顆大痣。對希拉蕊來說，這是無法接受的。我的角色求她給他一個機會，在拯救事業的喜劇靈感的瞬間，我即興說，「別這樣，希拉蕊，妳把一顆痣當成一座山了。」

觀眾爆笑；我回魂了。方法表演從此一去不回。

我並非想要爲我們的婚姻解體推卸任何責任，但我堅信我們結婚的初期，受到我消失成爲《六度分離》中保羅角色的傷害，造成了我和雪莉之間永遠無法復原的脫節。

一九九三年底，《六度分離》上映獲得廣泛好評。史托卡德・錢寧的表演被提名角逐奧斯卡獎，影評對我意外飾演保羅也寫了不錯的評論。JL 是對的——我的名字開始成爲一個正經演員在好萊塢被討論。

達成目標需要嚴格的組織和絕不動搖的紀律。我開始更注重結構跟秩序，但雪莉是藝術家：她憑感覺而非食譜做菜；她更加彈性、直覺而缺乏結構。這把我搞瘋了。六點十七分不是六點整。

那是個週五晚上，錄影夜。我的理髮師發生了車禍——他沒事，但無法過來幫我理髮上節目。電視台情境喜劇錄影前五小時，來自費城的年輕人即將被迫沒有漂亮髮型上電視。絕對不行。

我打電話緊急徵求理髮師。有個叫史萊斯的傢伙據說是費城漸層標準的藍帶高手。我打給他。

「唷，史萊斯，你好嗎？」

「怎麼啦，威爾？」

「我這兒有個問題。我需要你，同胞。」

當時，我的漸層髮型是傳奇。幫我理髮錄製《新鮮王子妙事多》不只是個挑戰，也是年輕理髮師打進好萊塢的踏板。

「該死，威爾，我很想去，老兄，」史萊斯說，「但我得去聖地牙哥做一個客戶。客戶付我現金。我的小孩週末要過來……」

「聖地牙哥？老兄，往返都要兩小時耶。你過來賺本地的現金就好了。」

「喔，相信我，我也寧可在本地賺……如果我沒那麼需要就不會開車去聖地牙哥。我有小孩，我得給老婆一筆錢——」

「他付你多少？其實，無論多少，我出兩倍——過來這邊賺吧。」

史萊斯那個聖地牙哥的案子值五百美元；我答應他直接來攝影棚有一千美元。我身上沒現金，所以我打給雪莉。

「寶貝，妳身上有多少錢？」

「大概兩千吧，幹嘛？」雪莉說。

「很好，大約一小時後我會派一個叫史萊斯的人去，所以，給他一千塊。」

「OK，」雪莉說。

「太好了，我愛妳，晚點見。」

史萊斯來到片場，把我剪得完美無缺——他名不虛傳——我給他家裡地址然後去錄影。

下一週，我的理髮師還沒準備好回來工作，所以我打給史萊斯。

「還好吧，我是威爾。」

「嗯，」他冷淡地說。

「我又需要你了，老兄。我需要你的好手藝。」

「是喔，」他說，「我看不必了。」我聽得出不太對勁。

「爲什麼，老兄，什麼問題？」

「你這招太爛了。」

「我做什麼了？」我困惑地說。

「眞是狗屁倒灶。太爛了。」

掛斷。

我努力回想我們上次的互動。就我所知，一切都很順利。所以，我不解地打給雪莉。

「嘿，寶貝，上星期跟史萊斯發生什麼事了嗎？」

「嗯，糟糕，」她想起來之後說，「我沒有我以爲的那麼多現金。」

「呃，妳給他多少？」我說。

「四百——我身上只有一千。」

「我叫妳給他一千塊的，」我大叫。

當時因爲欠稅問題，我們沒有信用卡——我們全用現金度日。那是週五晚上；當時還沒有遍地自動提款機，要到週一早上九點我們才能領出更多現金。

「我只有那麼多，」她怒嗆。

「他週末有該死的小孩要來。我答應他要付一千塊的。我讓他推掉了另一件工作。」

「呃，我這裡也有個嬰兒必須在週末吃飯。我不會把現金全部給他。你要我怎麼辦？」

「我要妳照妳答應的去做。所以，妳沒付錢給他，也沒通知我，什麼也沒說？妳毀了我的承諾！」

「威爾，我不是你的打雜小妹……」

「沒有人說妳是打雜小妹。」

「別太誇張了。他不會餓死的。」

那一刻是我人生極少數怒氣滿點的時候。大致上，我是個謹慎說話的人。但這次不是。

「妳知道嗎——或許改天妳會有點用處，」我說，猛力掛斷電話。

如果上帝讓我從這輩子收回一句話，把它抹消，就當我沒說過，對方也沒聽過，那就是這句了。

我們的婚姻有東西壞掉了——我們永遠補不回的東西。（雪莉後來透露那是她成年之後感情最受傷的一次。）

雪莉和我此後迅速惡化。我們什麼事都爭吵——沒有瑣碎到不值得吵的事：我記得批評過她洗平底鍋的方式……雪莉和我會好幾天不交談。我們甚至發明一個「遊戲」在別人上門的時候「玩」，叫做「你知道我討厭你什麼嗎……？」「贏家」就是能讓我們的客人「笑」最久的一方。

我不知不覺間又陷入了愛情的惡性循環。那是兇惡的急流，把我們的夢想拖入深淵。雪莉帶著特雷回史克內塔迪娘家去冷靜一下。我們的婚姻變得讓她越來越難以忍受。她再過幾星期就會決定要怎麼辦。

烤馬鈴薯是位於影視城的一家小夜店。我的兩個密友，提莎・坎貝爾和杜安・馬丁，邀我去加入他們。他們出奇地堅持要我現身。

我不算是會「泡夜店」的人，但他們向我保證我會慶幸有去。晚上八點過後，我走進門，走到他們的桌邊：有杜安、提莎和潔達・平克特。就這樣，我成了夜店咖。

杜安總是在談生意，仲介什麼接管之類的，在經營樂隊的同時收購他們表演的場地。提莎是媒人；她知道雪莉和我感情不睦，她想要確認我除了潔達以外不會考慮別的對象，以防萬一。

他們忘了通知潔達或我有這場安排見面。

這一年來我在城裡看過潔達幾次——沒什麼印象深刻的事——輕鬆的好萊塢式招呼。她對我仍然美得驚人。仍然很酷。仍然充滿甜美的東岸人活力。但有點不一樣。更深層一點，在我認知深度底下的深奧東西。或許是我現在變老了；我當父親了；或許我比較開放，也可能是傷心人惺惺相惜……但我對她感覺不同了。她才二十二歲，但她的眼睛感覺像目睹了幾百年。它們似乎了解遠超過她年紀的秘密與掙扎。

我們什麼都聊——她能配合我，提升，說明任何議題和主題，從吐派克（Tupac）到種族隔離政策，從大學籃球到象頭神與東方神秘主義。我們好像在隱密地方獨處，滿意地擁抱我們問題的樂趣，不受追求答案的束縛。在一起就是答案。

幾小時轉眼就過去。我察覺我們能量結合的潛在力量。我們歡笑、沉思和辯論時，我心中彷彿建構出城市與帝國。她的體型很嬌小，但她的精神好堅強。她有自信、穩固、絕不動搖——好像撐起大金字塔的十噸基石。

潔達後來向我透露她聽到一個聲音清楚、沒有感性、只有務實地說：這個人就是妳丈夫。目前，她拒絕這個預言。我已婚，那就沒戲唱。我們輕柔地從我們的私密內心逗留處返回到我們的堅硬金屬座位上。我們拖拖拉拉地道別；我們都不太想離開。我送她上車，目送她駕車離去。我那晚離開時暈眩、爛醉，困在興奮與現實之間。我遇到了夠強壯能扛起我夢想重量的女王。但是無法得到。

幾天後，雪莉從史克內塔迪休完假回家，我們約好在我們最愛的棕櫚餐廳碰面。他們有全市最好吃的龍蝦——而且很大隻。我們總是點一隻，剛好全家分享。

我猜我希望這段分開的時間和交纏在我們最愛的餐點上的刀叉能夠重新點燃與連結我們受傷的心。我當然對融化奶油與那些愚蠢的塑膠圍兜的療癒力有信心。

我先到場。雪莉把特雷留在她母親家直接從機場過來。她走進來；她美麗如昔。我們擁抱然後就座。我先點好菜了；她喜歡我這麼做。我們聊到特雷和史克內塔迪和她父親的新道場。他和特雷過得很愉快——他幫他弄了自己的小件道服。

一切都完美愉快，但我突然開始覺得頭重腳輕。我嘴裡有個詭異、乾澀的金屬味道。我試著深呼吸撐過去。我心想，喔糟了，我要昏倒了嗎？「你還好吧？」雪莉表情擔憂地問。

一波強烈的暈眩，呼吸困難，大顆汗珠出現在我額頭上……

「是啊，我沒事，」我謊稱，「我去一下洗手間。」

我衝進廁所把自己鎖在小隔間裡。我坐下設法調整呼吸——到底出什麼事了？我突然哭了起來。接下來二十分鐘，我整理情緒，在啜泣和歇斯底里大笑之間來回拉扯。我是精神崩潰了嗎？

慢慢地，我的情緒現實恢復清晰立體的透徹性。

我很確信潔達・平克特是我的夢中情人。但我在上帝面前承諾照顧雪莉了。我絕無可能食言。我的眼淚在抱怨現實的嚴苛。我的笑聲在詛咒現實的荒謬。

但是不久，我的歇斯底里消退。我擦掉眼淚走出小隔間，完全準備好跟雪莉・史密斯共度餘生。

第十三章　奉獻

收到離婚文件感受真的很差。就像公開發言宣布你是個不值得愛的人渣。而且無論你們的關係有多糟，等你辦理時還是會很驚訝。我是說，你知道不會好看，但是他媽的……你做夢也想不到有那麼惡劣。

離婚之神可是毫不留情：因為洛杉磯郵政系統的意外命中，我在二月十四日收到文件。該死的情人節。

雪莉受夠了。我不敢相信這是真的。我人生的低潮原本是我父母分居，但這件事感覺更糟。我在重蹈覆轍。我被突襲了。我陷入否認模式。我很生氣。而且我讓我兒子背負了當初讓我考慮自殺的相同重擔。

雪莉說我不愛她了，我愛的是她的概念——我認為妻子應該有的樣子。

「換任何人來都可以，」她說過。

雪莉曾經自稱是我的「佔位妻子」。應該要符合「威爾・史密斯完美人生中的妻子」欄位的女人。

雪莉和我最近剛在恩西諾買了棟正在翻修的房子。雪莉已經帶著特雷搬過去了。我感覺她毀了我的生活，毀了我的家庭。我暗自發過誓我絕不會讓這種事發生。結果呢，還不到三十歲，我的家庭已經毀了。

我感覺我快死掉了。

我打電話給昆西。

「嗨，費城小子，最近怎麼樣？」他說。

「雪莉訴請離婚了。」

「幹，」他說，「你還好嗎？」

「我受傷了，老兄。律師等等的屁事。我根本不想離婚——」

「我經歷過，老弟，」昆西插嘴，「容我給你一點忠告。」

我凝神暫停。我從來沒有比那一刻更需要好意見了。

「給那女人你的一半財產然後繼續過日子，」昆西說。

蛤？

「我所有離婚都發生在一天之內。只要有人表現得好像他們不想跟我在一起，他們可以拿走一半東西然後走人……我跟你說一件你現在不會相信的事。」

他壓低音量，好像墨菲斯想要確認我能受得了紅藥丸。

「反正每年該死的聖誕節你們還是會在一起，」他說，「當你跟別人生了小孩，你就被綁住了。」

昆西離過三次婚。

「老弟，我有個前妻就住在對街。我另一個前妻在一個街區之外，我在三棟不同房子裡有小孩。我們仍然是家人！他們以爲離婚就能夠離開你。不會的。你會一直出現在告示板廣告片之類的……給那女人一半，跟她說聖誕夜再見，然後繼續過日子。反正那些錢你明年就賺回來了。簽該死的支票然後繼續前進吧。」

這不算是我希望聽到的。我希望他告訴我怎麼挽救。怎麼讓她遵守承諾。我以爲只有兩個選項：你完成任務，或是死掉。放棄的第三選項是哪來的？

《戰慄》的一半可是很多錢。

如果我認爲離婚是選項，我根本不會結婚。

如果有可能放棄，大家都會選這個——這是最輕鬆的。誰不會選別在早上五點跑步，偏要在早上五點跑步？如果放棄是個選項，你絕不會完成任何辛苦的事。不完美的心智能被迫達成任務的唯一辦法是消除其他全部選項。對我來說，所有成功人類互動的核心就是我們看著對方，我們知道自己即將嘗試困難／不可能的事。我們看著彼此的眼睛，我們握手，我們都發誓寧死也不放棄。

那就是我以爲我們所做的。這對我是個很簡單的概念。結婚誓言是「至死不分離」——上帝會同意我。發誓不是對你的伴侶——是對你自己最軟弱的部分。如果有放棄的選項，你怎麼可能不放棄？

你說你寧死也會做到的理由是因爲死亡是你違約會發生的事。你的心智想要保護你遠離困難的事，遠離痛苦。問題是，你的所有夢想都要經歷過痛苦和困難。所以，想要尋求樂趣、舒適和輕鬆方式的心智，必然輕忽地毒化它的夢想——你的心智成爲夢想的阻礙，內在的敵人。

如果很容易，每個人都會這麼做。

我們發誓的理由是因爲我們知道自己即將走過地獄。你做容易的事不必發誓。沒人會說，「我發誓要把這焦糖烤布蕾吃光光——我對天發誓我盤子裡不會留下任何碎屑！我發誓明天早上不跑步了，我要睡覺！」如果很容易，我們不必發誓。誓言都很極端的原因——「無論健康或患病，我們至死不分離」——是因爲人生很極端。沒別的東西能讓我們留下。那是奉獻的重點。我不反對離婚，也不反對在戰鬥中投降，但必須是在戰鬥過後——不是你還在穿盔甲時，不是第一個害怕的時刻，不是第一件傷亡。以我的經驗，大多數人太快離婚，在他們學到不會在下一段關係重蹈覆轍的教訓之前。

我還是不太確定當時我在想什麼。或許是痛苦；或許是精神錯亂。或許我根本沒在想。或許我不必去想，因爲我很清楚。我能隔著霧色看到北極星。

二月十九日，我收到離婚文件僅五天後，我打給潔達。我好幾個月沒見到她也沒她的消息。電話似乎響了很久很久。

喀啦。

「喂？」

「還好嗎，潔達。我是威爾。」

「嗨！」她說。她的聲音似乎仍迴盪著我們在烤馬鈴薯那晚的魔力。「你好嗎？」

「我很好。現在跟妳講話更好。」

事後看來，我可能該多給她一些脈絡或警告。

「欸，妳有在跟誰交往嗎？」我說。

潔達遲疑——部分是驚訝，部分是困惑。

「呃，沒有。幹嘛？」

「酷，妳現在跟我交往了，好嗎？」

「呃……OK……好，」潔達說，察覺到有大事發生，但知道現在不適合發問。

「好，我在工作，晚點再打給妳。OK？」

「OK。」

當時我不知道的是潔達在巴爾的摩。她對好萊塢失望又幻滅到她離開業界搬回家了。她在馬里蘭州買了個漂亮、二十世紀初的五英畝農場，已經開始翻修。她決定要自己建立簡單平靜的生活。

接到我的電話後，她直接到機場飛到洛杉磯。潔達一直沒機會在她的馬里蘭州農舍過夜。

我從不眞正相信「過去的人生」那一套。我常聽別人說，「我們一定以前認識。」我總認爲那很老套。但是跟潔達在一起的前兩個月把我從不信者轉變成不可知論者。

我們很自然地配對，我們加起來的能量以倍數增強的方式感覺像老朋友而非新情侶。我們有無聲的語言，我們專注的一切都有好結果。

我跟雪莉離婚還沒完成，所以潔達和我決定我們的戀情保密會比較愼重。（我們都變得挺有名，而且感覺社會觀感不會好。）幸福但意料之外的後果是我們隨時都在一起，只有我們。前三四個月的浪漫旋風狂野到我們身體能承受的極限。我們旅行去海外秘密度假地——墨西哥的卡波，加勒比海私人島嶼，亞斯本，夏威夷毛伊島的偏遠東部——我們發現了私密的航空方式。我們用假名入住（我會告訴你叫什麼，但我們至今還在用）。我們每天喝酒，每天做愛好幾次，連續四個月。我開始猜想是不是一場比賽。無論如何，就我所知，只有兩個可能性：（一）我會在性方面滿足這女人，或是（二）我會死在過程中。

但我們結合的核心與靈魂，從當時到現在都是密集、啓發性的對話。即使撰寫這段文字時，如果潔達和我開始對話，就是至少兩小時的壯舉。我們連續談話五六個小時也不罕見。我們思考與詳究宇宙奧秘的樂趣，透過彼此經驗的借鏡，是毫無拘束的狂喜。即使陷入意見分歧，世上我們最珍惜或喜愛的莫過於成長，與透過熱情對話互相學習的機會。

鈴鈴鈴鈴鈴鈴。

「哈囉？」

「嗨，小可愛。」

「嗨，琪琪！你好嗎？」我說。

「喔，我很好。你有什麼事情要跟我說嗎？」琪琪誘導證人詢問。我不曉得她想做什麼。這不像我們的正常互動。顯然她心裡有盤算。

「呃，我想沒有，」我謹慎地說，同時回想我可能做過的壞事。「有嗎？」

「呃，有人說你交了已經認識很久的新女朋友。」

該死。是我妹妹艾倫……

「呃，沒有，有，但是……」

「我們現在要隱瞞秘密了？」她問道，融化了我所有防禦。

「呃，不是，琪琪，我只是——」

「嗯，有人說她是女演員。」

「琪琪，有人就是艾倫。艾倫是唯一會把我所有事告訴妳的人。」

我妹艾倫愛管閒事；她向來如此。每場派對，每個八卦，每個謠言——她就是社區裡有事發生時會有獨家消息的人。如果她去警察局上班，第一週就會降低犯罪率四十%。她隨時知道所有人的所有事。艾倫也碰巧是潔達・平克特的大粉絲；艾倫像是《酷條子》影集裡的蜜桃。她不敢相信我向家人隱瞞潔達的事，所以出賣我。

「我沒有隱瞞，琪琪……」

「好吧，你可以寄一張機票來，我會去見她。明天。」

「OK，好，琪琪。我愛妳。明天見。」

「我也愛你。」

喀啦。

接下來的故事是潔達和我之間二十幾年來爭吵的主幹。激烈到我考慮在本書中根本不提這件事。但我決定讓你們，親愛的讀者，永遠解決我們的紛爭。所以，請靜下心來。你被選爲這個故事的最高法院。法官大人，給你的是一個簡單問題：「這個惡作劇好不好笑？」

隔天早上琪琪提早抵達晴朗的洛杉磯直接殺到我家。我剛在洛杉磯西北方約一小時車程的郊區西湖村買了個新房子。我們一起吃早餐；她喜歡這房子。我看得出她只是想確認我沒事。

那天潔達在工作，所以她打算下班之後衝回她家，盥洗打扮，再來我家見琪琪。潔達聽說過本書中寫到的關於琪琪的所有故事，她很興奮終於可以認識我外婆了。

琪琪不是大影迷，也不清楚潔達・平克特是誰。所以我決定讓琪琪看一部潔達最有名的作品。

下午三點，潔達從影視城的家裡打電話給我，那裡距離我家剛好要四十五分鐘時間，從出門到進門。

「欸，寶貝，妳要出門了嗎？」我說。

「呃，大概十五分鐘後，」潔達說。

「OK，我等妳來。我愛妳。」

《傑森戀曲》（Jason's Lyric）是潔達正在上映的電影。劇情是潔達飾演的Lyric與亞倫・佩恩飾演的傑森之間的美麗愛情故事。開場六十三分鐘之後，潔達有個很美的愛情場景後來成爲美國黑人電影最知名的指標之一。所以潔達說她十五分鐘後要出門，花四十五分鐘開車到我家，我就播了《傑森戀曲》，琪琪開始觀賞。

十五加四十五分鐘，我相信喜劇之神會保佑交通、停車，或許在車道上擁抱親吻。喜劇場景已經布置好了。

天啊，喜劇之神還眞賣力。在難以置信的喜劇巧合的時刻，潔達剛好就在第六十三分鐘半走進我家客廳；琪琪正鼓起她的全部勇氣，看著螢幕上Lyric和傑森（潔達和亞倫）在戶外草地上光屁股滾來滾去——連襪子都沒穿。

潔達愣住。她看著琪琪，再看螢幕。回來看琪琪。無比驚恐。然後看我。又回到螢幕上。看琪琪。看我。

「琪琪，來見見我的新女朋友，潔達，」我說，內心充滿我難以忍受的喜悅。

琪琪靠到沙發上，雙手抱胸說，「我年輕的時候，大家不必脫衣服也能拍電影。」

潔達臉上擠出不安的微笑，尷尬地擁抱琪琪。

「威爾，」潔達冷靜地說，「我可以私下跟你說件事嗎？」

「我們馬上回來，琪琪，」我說。

潔達和我躲進臥室。

「你。幹。嘛。這。樣。整。我？」她低聲怒罵。

「什麼？」

「寶貝，我向妳保證這很搞笑。」

「寶貝，這是個玩笑，沒事。我們會結婚，我們會有小孩，這只是個故事。我們會講上很多年。這是妳認識我外婆的情況。這是她認識妳的方式！請相信我，很好笑的……」

「他媽的不好笑。」

「好吧，今天不算，但是……」

「永遠不好笑！你玩得太過分了。」

「人生重點就是回憶，」我說，「妳現在生氣，但那會過去，我跟妳說，這很天才。對我們太完美了。總有一天，妳會笑個不停。」

琪琪終究喜歡上了潔達；她們的關係很美好。多年來的喜悅與家庭歡笑——她們的情感很珍貴：隨著每次互動變深變廣。我強烈相信我安排的初次見面打下了她們深厚連結的基礎。

不過直到現在這一刻，潔達對那次會面從來沒有笑過——即使最微小的笑意，一次也沒有。所以，庭上的各位女士先生，我謙卑地請您摸著良心，如果我錯了，我會接受法庭的譴責。但我感覺為了名譽必須——幾乎誇張地——提出這個問題做個了結，以及潔達與我之間的最終判決：我這一招好不好笑？

潔達是跟吐派克・夏庫爾（Tupac Shakur，已故嘻哈歌手）一起長大的。他們是好朋友；他們在巴爾的摩藝術學校一起上高中。兩個年輕夢想家，在受虐與輕忽的重壓下一路奮鬥成為「吐派克」和「潔達」。雖然他們從不親暱，他們的交情也是傳奇——他們定義為「至死方休」。

在我們交往的初期，我的心思飽受他們關係的折磨。他可是派克！而我只是我。

他有迷人的無畏熱情，軍人的士氣，願意為他認為正確的事情奮戰至死。派克就像哈利

——他觸動了我是膽小鬼的自我認知。我討厭我不是他在世界上的地位，我嫉妒到不行：我希望潔達也那樣看我。

所以潔達和我互相認定後，我們交往的需求讓她比較沒時間陪派克，我不成熟的心智認爲這是某種扭曲的勝利。潔達是典範，巔峰，女王中的女王。如果她選我而不是吐派克，我就不可能是個膽小鬼。我很少這麼有成就感的。

我曾在多次場合跟吐派克共處一室，但我從未跟他說話。潔達喜愛派克的樣子讓我無法跟他當朋友。我太不成熟了。

「威爾，馬丁・勞倫斯在電話上。」

我不認識馬丁；我不曉得他怎麼知道我的電話號碼。不過我非常強烈感受到我心中燃燒的嫉妒。他是個喜劇天才。馬丁是人民的冠軍——他是自己的福斯電視節目的主角，馬丁。在黑人社群裡，我向來渴望像他那樣廣受喜愛和尊敬。

我們是當時電視圈最大咖的兩個黑人演員。《新鮮王子妙事多》收視率較高，但馬丁的喜劇街頭親和力無可爭議——他是電視上最搞笑的人。我每天研究他；他的肢體儀態，他的變音技巧，他的場景架構——在我心中，我知道他天生比我搞笑，我討厭這樣。

「馬提馬——！」

「大威利——！」

我不確定你是否能夠從初次通電話的六秒鐘起就眞正永遠愛上某人。但不知何故，我們光聽到對方叫自己的綽號就笑個不停。將近三十年來，我們互打招呼的方式都一樣，每次都會笑。

「馬提馬——！」

「大威利——！」

他邀我去他的比佛利山豪宅吃晚飯。馬丁也是在東岸出生長大，就在華府郊外——我一走進去就感覺回到家了。他的姊妹很像我姊妹；他的兄弟很像我兄弟；他的朋友身上有傑夫、JL、奧瑪和查理・麥克的特徵。我們從一開始就互相理解。

「我有個我很愛的劇本，」馬丁說，「是唐・辛普森和傑瑞・布魯克海默製作的。名叫《絕地戰警》（Bad Boys）。我本來想聯絡艾迪合演的，但是我妹說，『絕對不行，你得找威爾。』我考慮過了。看看我們各自做到的成就——你能想像我們合作的話會怎樣嗎？」

「一言爲定，」我說，「可能很瘋狂。劇情講什麼？」

「是說邁阿密的兩個條子必須改變人生角色去破一個謀殺案。其中一個已婚有小孩，是居家男人。另一個是有錢花花公子。你可以看看劇本決定想演哪個角色。台詞和場景還沒完全確定，但如果我們一起加入，我們可以嚇死人。」

「我會立刻看。但即使不是這部片，我們鐵定可以一起合作。」

「別跟我扯好萊塢鬼話，大威利——我們要不要拍這部片？」我們都笑了。

「喔，所以我沒機會先看過，蛤？」我說。

「台詞都不對勁。我們得潦下去修改。聽我的——兩個最大咖黑人電視演員一起拍部好萊塢巨片。大家會瘋掉。來吧，大威利，別錯過了！」

唐・辛普森和傑瑞・布魯克海默原本想要強・洛維茲和戴納・卡維來演絕地戰警。（對，我知道，那會變成很不同的電影。）但好萊塢變化多，原案做不到，馬丁拿到了劇本。沒人對我有百分之百信心——片廠沒有，製片人沒有；其實，除了馬丁誰都沒有。他甚至堅持到跟大家說沒有我他就不幹。我起步時把他當成競爭對手，後來他是我在好萊塢所認識最棒的朋友和盟友。

不確定感被平息，協議敲定，我們不知不覺間已經在餐桌邊讀絕地戰警劇本。導演是初次執導；他從來沒有導過院線長片。不過他導過一支 Meat Loaf 的得獎音樂影片。他以五萬美元預算成功拍出墜機場面——不用特效。他直接摔一架飛機然後拍攝。在流行音樂片耶。他的大膽視覺、戲劇天才和財務魔法讓麥可・貝成爲無異議的選擇。

桌邊讀稿開始。每個人都感覺到創意可能性的爆發潛力，但是劇本裡沒有火花。對戴納・卡維和強・洛維茲可能完美的台詞，對馬丁和我來說卻沉悶、勉強又不眞實。讀稿結束，唐・辛普森鄭重地捲起劇本，走到垃圾桶邊，灌籃式丟進去，向演員、工作人員、片廠代表和導演宣布：「呃，這本該死的狗屁我們一個字也不用。」

說完，他走了出去。

你可能以爲大咖好萊塢製片人在開拍前三週把劇本丟進垃圾桶，對兩個年輕演員和菜鳥導演來說會令人不安。

但實情正好相反。麥可習慣了拍音樂片；他很習慣困難的事。他從來沒有夠多錢，從來沒有夠多時間，他總是必須臨機應變。馬丁和我出身電視圈；反正我們習慣了隨口亂掰。我們習慣錄影前五分鐘才拿到幾頁劇本；我們習慣了趕工與即興發揮，設法捕捉神來之筆。可以說，唐・辛普森丟掉劇本反而解放了我們。

這既是挑戰也是邀請。我們結合我們的集體資源——唐和傑瑞從他們的好萊塢人脈抓來老鳥編劇；馬丁和我從我們的電視台和喜劇團隊找來最優員工；麥可・貝確保了懂得怎麼跑步開槍的靈活團隊。我們會在白天拍攝，然後每晚一起創作明天的工作內容。

馬丁和我有很多火花，最後麥可不再過問對話台詞的細節。過了一陣子，他乾脆信任馬丁和我會帶著好東西出現。有一天在片場，大家閒坐著等待馬丁和我花很多時間想通我們在某一場戲裡具體要說什麼。

麥可大叫，「我才不甩你們說什麼，只要在鏡頭前講話就好。」

絕地戰警的整個拍攝以有點狂亂、憑感覺的方式，既令人興奮又有教育性。沒時間用分析來麻痺；我們必須想出來，拍攝，然後繼續前進。

某天，麥可・貝和我發生了我們最大的爭執。這是我第一次激動。我增肥了十二磅，生平第一次，我有肌肉了。有個著名場面是我的角色在橋上追逐一輛車。麥可要求我打赤膊拍攝。

「麥可，別這樣老兄，那太老套了，」我說。

「老套？你瘋了嗎？這是邁阿密，老兄——你是個凶狠警察。脫掉該死的上衣！」

我對自己的新身材還沒有安全感。想到整天打赤膊晃來晃去讓我很害怕。

「麥可，我討厭看到電影裡那樣子，」我說，「那些人全身抹油，假裝那在光線昏暗的廢棄教堂裡很自然，還有鴿子之類的玩意，還不穿上衣。」

「你錯了，你錯了，你錯了！」麥可大叫，「不准穿上衣，老兄！脫就對了。相信我，照我說的做。我是想把你變成超級英雄！」

「沒那麼了不起啦。讓我穿件緊身T恤吧，」我說。

「我們在整部片都看過了！這是你的突破！」

最後我們達成妥協：我會穿襯衫，但不扣鈕扣。我感覺沒那麼全裸又脆弱，麥可也知道我奔跑時襯衫會像披風飄揚。

場景確定。我沒告訴別人的是我私下有找UCLA的田徑教練訓練。我的整個童年都討厭電影裡演員的跑法。除了洛基第三集裡卡爾・威瑟斯和史特龍在沙灘上那次以外，我想不出任何場景讓我認為主角奔跑起來像個狠角色。我暗自發誓我第一次在鏡頭前奔跑，我會看起來像卡爾・劉易士。我訓練了四個月抬高膝蓋、抬高手肘。我準備好了。

我們開始拍第一次；麥可大喊「ACTION!」一輛野馬越野車衝過邁阿密步道橋，遠方是麥克・羅瑞，昂首闊步，好像奧運短跑選手，衝進火焰中。極速衝刺兩百碼，手肘後縮，抬高膝蓋，手拿著槍，襯衫在背後飄揚。

「卡！」

麥可・貝衝過街上，笑得活像發現老爸偷藏的花花公子雜誌的十二歲小男孩。我氣喘吁吁；我盡力了；雙手撐膝，彎腰喘氣。麥可走近時，我慢慢站起來。

「怎麼樣？」我問道。

他拍打我的裸胸，用最大音量尖叫，「我剛把你拍成該死的電影明星了！」

我的離婚程序很漫長、愚蠢又沒必要地無趣。我沒接受昆西・瓊斯的勸告。我力爭每一毛錢、每個決策和判決。愛情能夠這麼快、這麼荒誕地溶解成訴訟眞是神奇。但是折騰四個月之後，最終文件準備好簽名了。

雪莉和我在這段期間沒怎麼交談。所以當她要求對話，我其實有點驚訝。

「這幾個月我一直在看心理治療師，」雪莉說，「我想要搞清楚如何讓這一切對我們比較不痛苦。我很誠實地檢討我自己。」

「嗯哼，」我說，等待重點出現。

「我發現我沒有盡我的一切力量讓婚姻繼續。我們雙方都沒有。我知道我們有我們的離婚文件，但我們也有個兒子。我想我們該爲了他盡我們的力量維持家庭完整。」

我不敢相信。那我該怎麼辦呢？潔達和我戀愛了。但如果有機會維持我的家庭……我怎能拒絕？

我告訴雪莉我需要點時間來處理。

我立刻打給潔達。我把原委告訴她。她不發一語。我看得出她在哭。憋著鼻涕和眼淚讓她聽起來更加痛苦。她調整呼吸，強作鎮定；她清清喉嚨。然後她開口了。

「雪莉說得對。當你跟某人有小孩，你有責任盡一切努力為他們創造一個關愛的家。我成長過程沒有父母。我愛你。我很傷心。但我絕不會那樣對待特雷。你和雪莉必須自己解決。」

我對潔達的無私大為感動。願意把她的需求拋開去做她覺得對的事。雖然會流淚傷心，她在關愛善良中找到了決定。

我拿起筆，簽了我的離婚文件。

第十四章　爆炸

我和潔達累癱了。前兩個星期是我職涯中最大的折磨。每天工作十六小時，週末無休，連續十五天。我精疲力盡。

電話鈴響時是凌晨三點。那種三更半夜的電話總是很糟糕——不是有人入獄、送醫院，就是更慘。

「唷？」我以神智不清、煩躁、抱著希望的低聲說。

「老兄。你看到數字沒有？」對方大叫，彷彿置身中午的足球場。

「蛤？嗨，爸。什麼事？」

「我說，你看到這些該死的數字沒有？」老爹複述。

《ID4星際終結者》剛上映。現在費城是早上六點，這部片打破了已知的每項票房紀錄；現在成了世界新聞。

「爸。現在這邊是半夜三點耶……」

「我說，看到這些該死的數字了沒？」他似乎相當堅持要我回答問題。

「沒有，爸，我還沒看到。JL會——」

「記住我告訴你的話！沒有幸運這回事。你是自己命運的創造者。記得我說過嗎？」

「是啊，爸，我記得。但是可不可以——」

「記得我說過？沒有幸運這回事。只有你自己完成的事？記得我說過？」

「當然，爸，你老是這麼說，但是——」

「記得我跟你說過——沒有幸運這回事？幸運就是萬全準備遇上好機會。記得我跟你說過嗎？」

「對，爸，當然了——」

「呃，那都是狗屁啦！你是我這輩子認識最幸運的王八蛋。」

那是老爹和我一起分享過最棒的歡笑——一波波吵鬧的笑聲平息爲竊笑然後無言，也沒有警告，再度爆發爲歇斯底里。多年的不和沒有解決，但不知怎地被每一道淨化的波浪洗去。我們可能沒說話連笑了十分鐘。

雖然我們從未談過，《ID4星際終結者》對他代表了重大的勝利，一種證明。爲他告訴自己關於自己的一些故事畫下了驚嘆號。他心中有事情完成了。

不久後，他賣掉了公司——冰廠工作結束了。

他開始自稱「新鮮國王」。

我職涯的接下來十年是個絕對、純粹、完美無瑕的娛樂產業大盛況。

絕地戰警；星際終結者；星際戰警；全民公敵；飆風戰警；阿里；星際戰警第二集；絕地戰警第二集；機械公敵；鯊魚黑幫；全民情聖；當幸福來敲門；我是傳奇；全民超人。全球票房超過八百億美元。不是我要找麻煩，但那些數字是將近三十年前了，當時票價不到現在的一半。通膨調整……你知道嗎，無關緊要了。

兩項金像獎提名：《阿里》和《當幸福來敲門》。

賣掉超過三千萬張唱片：《星際戰警》，《Gettin' Jiggy Wit It》，《Just the Two of Us》，《邁阿密》，由《飆風戰警》帶頭領先。更別提《新鮮王子妙事多》的主題曲了，嚴格來說也算是唱片。以它爲例，是史上最賣的饒舌歌。但那也無關緊要。

我講太急了。星際終結者剛上映。新鮮王子妙事多在播第六季。JL 幫我們在大桌子邊弄到了座位。我們現在由好萊塢最強大的 CAA 事務所的肯・史托維茨和理查・洛維特代表。我剛還清國稅局的欠稅。這時候我只是破產——從這時起，我可以開始賺點錢了。

絕地戰警在一九九五年上映，大獲成功。沒有天崩地裂，但發生了許多地震。我小時候是個瘦長、呆頭呆腦的招風耳小子。但我在絕地戰警首映週末溜進電影院，剛好演到我敞開襯衫跑過橋上那一幕。我聽到一個四十幾歲黑人婦女大聲歡呼，「嗯。看看威爾！」

我想要大叫，小姐，我在這兒啦！

那是我第一次體驗到女人對我的男性氣概有反應。直到人生的這時候，我都用喜劇吸引女人。現在我被物化了。太美妙了。我只能想到，好吧，麥可・貝，你說對了，我錯了。謝謝。從那時起，導演得和我吵架才能讓我穿上衣服。

我們都在準備進入新鮮王子妙事多的第六季，我剛簽約要在一九九五年夏天拍星際終結者。第六季是我們合約的最後一季。問題來了：我會拍第七季嗎？

新鮮王子的收視率在持續輕微地下滑。劇情變得越來越做作而且很難維持「新鮮感」。但我們都比上一季賺了更多錢。

《歡樂時光》有一集演到方茲穿著他的招牌皮夾克用滑水橇飛過鯊魚頭上。在情境喜劇電視圈，「跳鯊魚」已經被用來比喻結束的開始，電視節目過了最巔峰的那個時刻——讓這個節目特別的東西已經越來越難捕捉了。問題是你不知道——你總是感覺能夠重新點燃魔力。

演過情境喜劇的人都可以告訴你，他們演的節目是在哪一集跳鯊魚的。我們的是在第五季第十五集，〈貝沙灣上空的子彈〉，我在這集中槍，卡爾頓開始隨身帶槍。我成功地守住自我承諾，我絕不會再沒準備好下一件事就陷入惡性循環。節目可以輕易再維持一季；這是我的家庭；我愛他們。但現在電影事業是可行的選項；我來到了十字路口。

約翰・阿莫斯——在一九七〇年經典大紅情境喜劇《好時光》飾演詹姆士・伊凡斯的傳奇演員——也演過三集《新鮮王子》。他在《好時光》的角色眾所周知因爲合約爭議被殘酷地殺掉。最後節目在季中取消——沒有最後一集，沒有道別，沒有美好的重要時刻剪接回顧——就是結束。約翰・阿莫斯聽見了我在考慮拍或不拍第七季的碎唸。某天在排練空檔，他帶我去停車場散步。

「這是我工作過最漂亮的片場之一，」約翰說，「我感覺得到你們眞的互相喜愛。」

「是，先生，」我說，「我們在現實生活中都深陷我們的角色。」

「我這麼說或許有點過分，」約翰又說，「但這些主管、製片人或商人一點兒也不在乎你們的家庭。別讓他們搞砸你所有的辛苦成果和熱情。你有責任確保這些演員能有尊嚴地離開這個節目。」

我記得小時候因爲《好時光》裡詹姆士・伊凡斯之死大受震撼。小時候的我不會用「尊嚴」這個字，但回想起來我心裡有種不尊重感。身爲粉絲，我覺得被劇情侮辱與虧待。約翰的角色被隨便殺掉，將近二十年後這個人親自說出這些話塡補了我心裡的破洞。整件事太沒尊嚴了。我甚至察覺到約翰的痛苦，或許他讓他的電視家庭失望了。

下一週，我把演員們聚在一起。我告訴大家第六季將是我們的最後一季，他們最好利用這一年做好他們認爲必要的計畫或準備。我承諾大家我們會有尊嚴地優雅退場。

《新鮮王子妙事多》最終集在一九九六年五月二十日播出——一小時的特別節目。那星期的拍攝是我職涯最感人的一週。我們歡笑，我們哭泣，我們懷舊，我們互相關愛。然後我們道別。

我用有尊嚴的方式送走了我的電視家庭。

同時在我現實生活的家庭裡，我必須付自己的小孩贍養費——不是給前妻再給小孩。那樣很正常而且應該。我是必須付我自己的贍養費，給我自己的母親。

加上利息和滯納金。

沒錯。容我解釋。

哈利從漢普頓大學拿到會計學位畢業，負責全家所有的投資。他要帶全家投入房地產業，他的第一筆正式投資就是幫媽媽找到她的夢幻住宅。他們在賓州的布林莫爾找到一棟舊農舍；媽媽很喜歡，所以一九九七年聖誕節早上，我們把鑰匙送她當作驚喜。

從伍克雷斯特搬家途中，坐在老舊的行李箱上，媽媽發現了她和老爹未執行的離婚文件。將近二十年前，他們曾經走完整個離婚程序，但不知何故他們一直沒簽最終文件。媽媽沒發現法律上來說，她不算眞的離婚。所以，她簽了她的離婚文件……然後提出登記。

我接到老爹的緊急電話時正在拍攝《飆風戰警》，他要求立刻強制召開家庭會議，除了媽媽。我身上還穿著戲服，加入了哈利和艾倫的電話會議。

「你們有沒有人跟老媽談過？」老爹說。

「呃，我們常跟她講話。有什麼特別的事情嗎？」我說。

「她送出了離婚文件，」老爹說，「我想知道你們認為我該怎麼辦？」

補充一下脈絡：我們的父母分居了二十年。他們近十年來講的話頂多三個字。其中兩個字是粗口。老爹甚至有了新家庭；我有個漂亮的新繼妹名叫艾許莉。所以身爲他的孝順小孩，我們不知不覺間眞的搞糊塗了。而且身爲他的孝順小孩，我們有我們通常扮演的角色。艾倫從來沒時間管他的愚行。哈利想要正面挑戰他說的每一個字。而我努力當和事佬。所以照例，我通常先開口。

「呃，爸，你到底是什麼意思？」我溫和關愛地說，看出幕後有我不了解的事。

這話讓我爸更大聲更不客氣地複述一次，彷彿聲調和音色是我誤解的原因。

「你媽寄來了離婚文件，我說我想知道你們認爲我該怎麼辦？」

兄弟姊妹間立刻發生分裂。

艾倫說，「我沒時間管這個，我晚點再跟你們聯絡。」

我們迅速失去人數。我們遭受了傷亡——我必須盡快解決這事。

「呃，爸，我們聽到了，只是你跟老媽幾乎二十年沒說話了。所以，我——」

「我在問你們認爲我該怎麼處理離婚文件。」

這時，哈利聽不下去了，氣憤地脫口而出，「簽吧？」

「喔，就簽吧，這麼簡單？」

老實說，我也不太想理老爹了。

「爸，我不懂這個問題。你和媽咪的關係——」

「喔，所以你也認爲我應該簽？」老爹說。

「呃……對啊？」我說。

「然後拋棄這一切，就這樣？」

直到今天，我還是不懂老爹在想什麼。或許簽字有點怪異的終極性太難以忍受了；或許這就是他一開始沒簽的原因。但是第一塊骨牌已經倒下了。

媽媽提交離婚文件觸發了賓州政府全速啓動。老爹有在照顧我們，但他從未正式支付過贍養費，初步檢驗文件時發現了這一點。媽媽被通知加上利息與滯納金的金額，老爹欠了將近十四萬美元。她要全部討回這筆錢。依照賓州法律，如果他拒絕或付不起，可能被逮捕入獄，而且被警方扣押所有資產。

「媽，」我懇求說，「別這樣。」

「不行，他欠我錢，我要討回來。」

「媽，他沒有十四萬塊啊……」

「呃，在我聽來這是他的問題，」她說。

「算了，媽，妳在新家裡，一切都很好。這件事就讓它過去吧。」

「喔，這很容易過去。他要還我錢，否則他得坐牢。」

媽媽不肯讓步。被老爹折磨太多年了……

「威爾，你絕對不准幫他！」她好像《紫色姊妹花》裡的賽莉指著我說，「讓他自己想辦法還我錢。」

我困住了。老爹沒有十四萬塊，而媽媽不願意做任何退讓。我絕不可能讓我爸去坐牢。所以，我以一樁檯面下的、龐氏騙局式的後門協議，匯了十四萬進老爹的帳戶；他立刻開出全額支票給賓州政府，州政府便把所有子女贍養費交給了媽媽。

這事讓我成爲賓州史上第一個他媽的支付自己撫養費的人。（注：媽媽發現我幫老爹還債之後很生氣。立刻開了十四萬美元的支票給我，讓她成爲賓州史上第一個把子女自付的撫養費還給子女的人。）

我們眞該在黑人歷史月講這個故事（譯注：Black History Month，黑人歷史學家卡特・伍德森在一九一五年九月發起成立了美國黑人生活和歷史研究協會，旨在研究黑人歷史、保存黑人文化。一九二六年二月第二週，協會舉辦了黑人歷史週活動，紀念林肯總統誕辰，全美的學校和社區響應了這次活動。到了六〇年代末期，黑人平權運動高漲，歷史週活動在許多學校擴大成了歷史月）。

好萊塢星球餐廳一九九六年五月在澳洲雪梨創立。那是一家紀念好萊塢歷史的主題餐廳。三位創辦人是世界上最大咖的三個影星，號稱三賢人、好萊塢聖賢：阿諾・史瓦辛格，席維斯・史特龍和布魯斯・威利。我受邀出席開幕活動。我爲了跟三個絕對能幫我指點迷津的大師共處一室，取消所有事情空出了行程。

餐廳開幕式跟任何電影首映會一樣盛大。有紅地毯，聚光燈，大批記者，粉絲尖叫推擠著索取簽名。我走進設在餐廳後方的一個綠色房間。他們都在，三個人一起：阿諾，席維斯，布魯斯。我鼓起內心查理・麥克的勇氣打斷了他們談話。

「嗨，各位。恭喜餐廳開幕……」

他們回應我年輕熱情的方式是禮貌地暗示，呃，你只拍過一部電影和一齣電視劇，你不能打斷三個世界最大咖影星的談話。

我毫不畏縮繼續說：「請問一下：我想要像你們這樣。我想成為世界最大咖的電影明星。如果有哪個指標三人組知道答案的，我想就是你們了。」

他們都笑了出來——我猜這麼大膽的問題有資格要求誠實的答案。他們互相交換眼色，以某種祕密、非口語、世界級大明星的語言，決定由阿諾來回答我。

請用阿諾的聲音想像這段話：

「如果你的電影只在美國成功，你還不算電影明星。直到地球上每個國家的每個人都認識你是誰才算數。你必須跑遍全球，握過每隻手，親吻過每個小孩。想像自己是競選世界最大咖電影明星的政客吧。」

布魯斯和席維斯都同意。

「謝謝各位，」我說，「我無意打擾——請繼續聊……」

我像八〇年代可口可樂廣告〈Mean Joe Greene〉裡的那個小孩一樣走開。刻薄老喬是個足球明星，他在超級盃賽後把球衣丟給那個小孩。阿諾給了我鑰匙，在未來二十年成為我的秘密武器。

我覺得這很合理。電影公司掏出十五億美元以上把電影海報貼到全世界每個國家。我會站在他們的龐大財務投資之上。在我心中，我從來不是在推銷電影——我是用他們的十五億來推銷我。就我所知，電影不是眞正的產品；我才是產品。我很感激電影公司願意投資我的未來。

我開始發現其他演員有多討厭旅行、媒體和推銷。我覺得這像是完全瘋了。JL和我看過數字。例如我們發現，在西班牙只賺一千萬美元的電影，如果你去一趟，辦個首映，上媒體一天，再辦兩天影迷活動，就可以輕易賺到一千五百萬至兩千五百萬。（如果你學幾句當地語言向媒體講出來也會有幫助。）如果你複製到全球三十個市場，眞正出現在那些國家，就能把兩億五千萬全球票房潛力撐到五億美元。

作為一個完整參與者，多賺的錢有一部分會直接進我口袋。更別提我會在每個特定區域成為更大咖的影星了，意思是下一家電影公司會付我比其他演員更多錢，因為他們知道我能透過全球推銷把收入變成兩倍甚至三倍。

所以我會在週間拍攝新鮮王子，離開片場，直奔機場，連夜飛到歐洲，在週六早上降落，整天錄專訪，辦首映會，整晚簽名，直接返回機場，上飛機，在航程中背誦我下一集新鮮王子的台詞，然後在洛杉磯降落，及時趕上在週日晚上睡覺。然後我會在週一早上醒來再循環一遍。

我拿到了電影明星界的聖杯。我掃視我的競爭對手們看看還有誰知道，還有誰掌握秘密……湯姆・克魯斯是那群人的首領。

我開始默默觀察湯姆的所有全球推銷活動。當我來到一個國家推銷我的電影，我會要求當地電影公司主管給我湯姆的推銷行程。我發誓無論他在每個國家做什麼，我會多做兩小時。

不幸的是，湯姆・克魯斯若不是生化人就是有六個分身。我收到的報告是連續四個半小時在巴黎、倫敦、東京走紅地毯……在柏林，湯姆名符其實簽完每個人的簽名，直到沒人排隊。湯姆・克魯斯的全球推銷是好萊塢最強的人。

我該怎麼打敗他？我有什麼他沒有的東西？

我想到了。

音樂。

我開始設置舞台做現場表演，在首映會場外爲無法進去看電影的粉絲們開免費演唱會。

我們曾經有一萬人擠滿倫敦皮卡迪利圓環的街道。狂野到最後警方必須強制結束。柏林也一樣；莫斯科紅場是截至當時史上最盛大的好萊塢首映會。湯姆做不到——阿諾、布魯斯和席維斯也不行。我找到了辦法離開娛樂新聞版面進入頭條新聞。你的電影一旦從娛樂變成新聞，就不再是電影——是一種文化現象。

星際終結者裡的特效遠超過直到當時任何人看過的任何東西。推銷這部片只需呈現一艘外星太空船漂浮在白宮上空，然後用一發雷射就把它炸掉。大家都瘋掉了。

星際終結者在美國賺了三億零六百萬美元。電影公司很高興能夠收支打平。但接著全球推銷開始生效。在德國七千兩百萬，在英國五千八百萬，在法國四千萬，在義大利兩千三百萬，光在日本就有九千三百萬。一個月之後，成為史上收入第二高的電影，總計八億一千七百萬——在當時是前所未聞的數字——只靠七千五百萬的預算。

我們找到了公式。星際終結者有特效、動物和愛情故事，我們加入我們的全球推銷大榔頭之後，兩個字：賺爆。我沒有演戲經驗就從貧到富到破產，然後主演世界上票房最高的電影。當時我才二十七歲。

我感覺天下無敵；但我以前也有過這樣的感覺。我知道背後有人追趕的感受。但這次我的腳踩在油門上，我不會放鬆，直到車輪脫落爲止。全野獸模式。

講接下來這個故事很難不把它的圖像本質隱藏在委婉和諷刺中，以致稀釋了它的力道——或露骨到冒犯敏感的讀者，搞砸了我的書本銷量。但這是我人生中與潔達的關係一個很關鍵性又驚人的經驗，我覺得必須冒險寫出來。

我們在墨西哥的卡波聖盧卡斯。那是我們最愛的度假勝地之一。我們在山上租了個漂亮的莊園。潔達和我在我們親愛的朋友荷西・奎佛（龍舌蘭酒品牌）陪伴下度過了一個吵鬧的夜晚。（這是委婉。）

潔達在我身上，同時甜美的漸強聲音來到我們身上。（諷刺。）

「我快到了，」她說，「我快到了！」

「我也快到了！」我說。

隨著壯觀的動作達到最頂點，一道震波傳過潔達全身。然後恐慌——她臉上露出悲慘驚恐的表情。

「我懷孕了，」她說。

「什麼？」

起初，我以爲她在開玩笑，所以我開始嘻笑。

「糟了，糟了，糟了，這樣不行。這樣不行！」她說，來回搖晃，雙手抓著自己的頭髮。

這下，我笑開了。

「這不好笑，威爾。感覺像金庫裡的鎖，那種大輪子會旋轉鎖到定位。我感覺到了。我跟你說，我懷孕了。」

「寶貝，我不是生育專家，」我憋著笑意說，「但我相當確定它們還在游泳。我想科學上妳不可能懷孕。」

「我了解我的身體，威爾，」她怒道，「我懷孕了！」然後她翻過身哭了起來。

我想不通到底出了什麼事。但她很嚴肅又眞的很害怕。我想要幫忙，所以我揉她的背說，「寶貝，站起來原地跳幾下。」

「威爾！別鬧了！我們怎麼辦？」

我覺得這事玩太過頭了，她需要堅定的愛。

「潔達，別幻想了，」我嚴肅地說，「我了解妳正在經歷什麼事。但是妳沒有懷孕。沒那麼快發生。不可能的。」

傑登・克里斯多夫・賽爾・史密斯在一九九八年七月八日出生，大約是那天的九個月後……在我們的家庭裡，我們暱稱他的受孕為「奇蹟」。

但是他的出生之路相當坎坷。

潔達不相信傳統婚姻，也鄙視傳統的儀式。她也質疑一夫一妻制作為框架對成功的長久關係的可行性。

潔達夢到過一個簡單的另類儀式：她看到自己穿著白衣在山頂上，只有她和我。沒有牧師，沒有家人，沒有見證者——只有我們和上帝。她研究過從奴隸制到重建時期婚姻法的沿革，讓她非常厭惡她必須請求政府許可才能跟愛人結婚的概念。潔達想要看著我的眼睛，在上帝面前奉獻她不滅的愛，然後開始一起建立生活這項困難事務。

潔達毫無維持愛情與家庭很容易的幻想；這是她討厭傳統婚禮的另一個理由。她認為古典婚禮的混亂與浮誇是缺陷的象徵主義，對誓約的真實重量造成錯誤感覺。她會說，「真正的婚禮應該是馬拉松——我們應該必須一起實際跑完馬拉松。如果我們都能抵達終點線，那就能贏得結婚權利。你必須確定對方是個倖存者。」

雖然我懂她的論點，我總是暗忖，那玩意真是太不浪漫了。我們真的要把閃亮的錫箔毯子尷尬地披在肩上防止失溫，還有屎尿從我們的雙腿後側流下來嗎？

但我沒有大聲說出來。

我接到潔達的母親嘉米的緊急來電。她快哭出來了。

「威爾，你和潔達必須結婚，」嘉米懇求，「我聽說了你們在談的這些新奇的蠢事，但你們必須辦婚禮。像普通人一樣，像正常人一樣——有走道、牧師和一些蛋糕。」

「嘉米，我支持妳，」我說，「我已經給她戒指了。妳認為我想要告訴琪琪我快有小孩了但是不結婚嗎？」

「威爾，她是我唯一的小孩，」嘉米說，「拜託拜託說服她辦場婚禮。我想要看你們結婚！家人都希望在場支持你們。」

「我知道，嘉米。妳跟潔達說過妳的想法嗎？」

「有，我有，」嘉米說，「但她不想聽。」

「好吧，我懂了，嘉米。我們會想辦法。」

潔達盡力堅守立場，但是很快地「婚禮壓力」變得太強。她懷孕快六個月了，她疲倦又不舒服，不想要吵架。她也無法忍受想到讓她母親傷心，在內心深處——雖然我沒說過——她知道我也想要婚禮。所以她同意除夕夜在巴爾的摩辦場傳統婚禮，但有一個條件：嘉米必須處理所有事。潔達同意出場，走過走道，吃點蛋糕，大喊「新年快樂！」，然後走人。

嘉米欣喜若狂。直到現在，潔達都把我們的婚禮稱作「嘉米的婚禮」。婚禮辦得很漂亮。場地在市區外圍一座古堡。那是個很小的儀式——但沒有潔達偏好的那麼小；大約一百個親戚和朋友。有個牧師，也有政府許可。雖然活動本身喜悅又溫馨，這將是潔達往後多年痛苦地忽視自己的價值觀做出許多妥協的第一次。

她上了威爾號火車，而且無法下車了。

所有形式的名聲並非天生平等。

音樂的名聲很快，強烈又即時。快速燃燒，很難維持。但是當你用音樂感動人心，那是永遠的。你的歌一旦符合某人的人生經驗，幾乎沒有東西能打破這個連結。你做派對音樂時，你的名聲成爲樂趣的同義詞——你會成爲派對的核心。很可能因此流行音樂經常連結到性愛、毒品和酒精。如果你有性愛、毒品或酒精，你可能想要一些搭配的音樂。

電視的名聲有點不同。你上電視時，大家習慣了你在他們的客廳、臥室或廚房裡。他們習慣了穿內衣看你；他們把你當朋友。當你有音樂名聲，大家會尖叫歡呼，但他們習慣保持距離——如果碧昂絲或肯伊不幫你在自傳簽名，你會想，唉，當然不行，他們是大明星啊。但是你有電視名聲時，大家期待你尊重那份「友誼」。電視迷被拒絕接觸比較會感覺受辱。

但電影名聲完全是另一回事。四十呎長的銀幕有種能讓那些在上頭播映的東西昇華的魔力。電影名聲很接近崇拜……而且未必是好事。你有電影名聲時群眾會名符其實地分裂。其餘時候，他們可能淹沒、甚至淹死你。

你是電影明星時會受到尊敬。我有音樂名聲時，粉絲叫我「新鮮王子」。我有電視名聲時，大家會喊，「嗨，威爾！」但是國慶日過後的週一早上看到破紀錄的票房收益時，是第一次有人稱呼我「史密斯先生」。

電影明星身分對我的人際關係也有影響。我有音樂名聲時，我的家人朋友認爲很酷很好玩。我有電視名聲時，我們之間有微妙漸遠的距離，但週五晚上的新鮮王子片場感覺很家庭傾向，我們會重新連結，感覺我們就像以往一樣有情感。但我有電影名聲時，有些基本的改變。有些我認識一輩子的朋友和家人變成兩個陣營之一：不是尊敬又謙遜到感覺我們像是陌生人——我在他們的新行爲中找不到親友的痕跡。或者第二個陣營，他們變得不敬，想要告訴我在他們面前我不是該死的電影明星。

「我有另一個案子，」JL 說。

我在紐約錄音。JL 打斷我的錄音室時間。他從來沒這樣過。

「我真的很喜歡，」他說，「所有成分都齊全——好劇本，好導演，史蒂芬・史匹柏製片。但有個重要議題我不希望影響你讀劇本。看完之後馬上打給我。」

劇本是另一部科幻片，描述一個「授權、監控與管理外星人在地球活動的秘密機構」。導演拜瑞・索能菲德指名要我；這不是試鏡——是邀約。

我當晚看了劇本。一切看來都很棒。喜劇。動物。太空。但我跟 JL 的顧慮相同：連續拍外星人電影。我擔心這部片會太類似星際終結者。然後，因為星際終結者是大熱門片，感覺回到同樣的外星人窠臼只會讓我們顯得小咖又不成功。我覺得這頂多會是橫向移動。絕地戰警是警察搭檔電影；星際終結者是外星人電影；這份新劇本則是介於兩者之間。

我告訴 JL 我不想演。我們在週末考慮，然後在週一回絕。

「威爾，史蒂芬・史匹柏打來找你。」

我正在紐約市擠滿硬式搖滾與嘻哈巨頭的錄音室裡錄音。

我的自尊心在那一刻漲到了最高點。

「喔……史蒂芬沒有打來找你們？」我說。

我出來接電話，在錄音室到電話的十碼之間，我趕緊收起驕傲。

「哈囉，史匹柏先生，你好，」我用我能擠出的最謙虛語氣說。我剛拒絕了他的電影；我不想要斷了這個門路。

「嗨，威爾，叫我史蒂芬就好。你好嗎？」

「我很好，史匹柏先生，非常謝謝你找我。」

「更棒的是，你在哪？」

「紐約，」我說。

「OK，太好了，」他說，「那我們可以當面談。」

不妙。

「做什麼？」

「呃，你回絕了我的電影，我想跟你談這件事，」他和善地說。我們都笑了。他的乾笑在我聽起來是說，呆子，你知道我拍過《大白鯊》對吧？

「呃，不，不是那樣子……你知道的，」我說了一串廢話。

「我只是想讓你看一些影像再討論。拜瑞和我是鄰居。你能過來漢普頓區嗎？」

「嗯，當然。什麼時候最好？」

「今天如何？」

這些傢伙怎麼老是說「馬上，今天，別用分析麻痺我」？

「你可以搭直升機。一小時內會到，三小時後回去。可以嗎？」

我好像遇過這種事。

「是，史匹柏先生，沒問題。對，我可以，」我說。

不到一小時後我降落在史蒂芬・史匹柏的漢普頓豪宅。他就在那裡，輕鬆地穿著舊T恤和牛仔褲，看來好像沒發現自己是史蒂芬・史匹柏。

他家是鱈魚角風格的電影神殿：經典電影的原版海報，他跟好萊塢巨頭們的合照，辦公室裡擺著實際用於電影拍攝的E.T. 模型和《大白鯊》裡的機械鯊魚概念圖。

無論我看哪裡，都看到電影的偉大，但我很驚訝史蒂芬完全沒有誇耀他的影響力。他在這兒，史蒂芬・史匹柏，影史十大電影其中四部的導演，但最顯眼的是他對電影懷有童稚的喜悅。他既焦慮又興奮地給我看《星際戰警》的願景。

我們坐在他辦公室裡。他端出自製的氣泡檸檬水；以前我不確定是否喝過氣泡檸檬水；但我非常確定從未喝過自製的。好喝到讓我措手不及。

「那，你爲什麼不想演我的外星人電影？」

「呃，並不是我不想演。我是說，我喜歡劇本。我也眞的眞的很榮幸你會想到我。」

他感覺得到我的猶豫。

「說說看問題出在哪裏。來看看我們能否解決。」

我攤出我對絕地戰警和星際終結者，類似性與重複性的想法和顧慮，還有我害怕被定型成「外星人演員」。

他仔細聆聽；回想起來，我認得出他身為導演大師的技巧套路——他一輩子都在傾聽演員、攝影師、編劇、片廠高幹、製片人講話，判斷問題，找出對策，讓每個人的才幹合成一部作品。

他停頓一會兒，深思我的顧慮。終於，他說話了。

「好吧，威爾，我完全理解。」

感謝上帝。

「啊，很好，我這麼高興是因為，你知道的，我很尊敬你，」我說，「這整個決定讓我很頭痛。」

我們都笑了。

「那就不要用你的腦做決定。用我的。」

他開玩笑說，但是在我心中聽起來像自由鐘那麼響亮……響到裂掉那一次。

印第安納・瓊斯系列，侏儸紀公園，第三類接觸，大白鯊，紫色姊妹花，辛德勒的名單，搶救雷恩大兵，喔，還有ET。我忽然想到，如果我們之一必須決定我是否要拍這部片，該是誰呢？

我們一起度過整個下午。我見到了導演拜瑞・索能菲德。我們開車在漢普頓兜風；我們去他們小孩的學校。我完全成了史匹柏的粉絲；我們談到他的工作過程，選擇概念，開發劇本，他對故事與角色與賣座電影條件和演員與影星有何差異的意見。拜瑞很可能是世界上最天眞的人了。他的幽默感像我認識的所有人一樣銳利又有層次。我們是兩個極端的人，但我們的喜感和諧可以瞬間完美同步。我們互逗對方發笑；我喜歡他對我的看法。

他們給我該看的電影和該讀的東西清單，幫我建立後來成爲我畢生選擇與拍攝電影的核心概念框架：約瑟夫・坎貝爾的單一神話理論，在《千面英雄》（The Hero with a Thousand Faces）書中呈現的英雄旅程。

一九四九年出版的《千面英雄》成爲我的第二次文學戀愛。說我把我的整個電影職涯賭在這本書上也不爲過。

約瑟夫・坎貝爾的作品揭露一個鑲崁在全球神話，民俗故事，和古典敘事中的隱藏故事結構。這個模式，這個敘事模組，出現在所有文化和所有時代之中。坎貝爾的理論說，這些概念、典型、模式和主題這麼普遍受我們的故事借鏡的原因，是因爲它們普遍潛藏在人類經驗中。

人類心智是一部說故事的機器。敘事創作被燒錄在我們身上。我們稱作「記憶」和「想像」的東西，基本上只是我們編碼進入我們心智中作爲求生機制來保護自己、幫助我們繁衍的故事。我們是強納生・哥德夏所謂的「敘事動物」。我們的心智厭惡抽象——從歷史的最初，人類就用角色和故事把生命的神祕合理化。我們希望我們的生命有點意義。如果我們無法形塑我們的經驗成爲故事、帶給我們的存在一點目標感，那是某種精神疾病。

坎貝爾列舉了貫徹他所謂的「單一神話」或「英雄旅程」的十七個階段。（克里斯多夫・佛格勒在他對約瑟夫・坎貝爾作品的指標性解讀《作家之路》〔The Writer's Journey〕中，精簡到十二個階段。克里斯的書成了好萊塢的標準與全世界古典劇本寫作的教科書。）

英雄旅程的基本敘事模式如下：有個英雄收到了「冒險的召喚」。他人生中發生某件事迫使他展開旅程，帶他進入危險與神奇的世界。他面對一連串的挑戰、考驗和試煉；他遭遇盟友和敵人（或許還會墜入愛河），一切累積成「崇高的考驗」。如果他證明自已夠明智，夠堅強，能克服他的內心傷口（創傷）與外部障礙，從垂死的考驗中倖存，就能帶著「寶藏」離開——坎貝爾稱作「仙丹」，指某種罕見的智慧與洞察。這下他強化成具有「天賜」的「返鄉英雄」，能夠去做讓人生值得活的唯一事情：幫助他人找到他們的道路。

某些故事我們會錯過；我們不懂，我們無感，對我們沒有任何意義。但某些故事會滲透；它們通過我們的防線落入我們的祕密空間，繞過我們的大腦引發肢體反應：流淚，發涼，發笑，驚叫。它們點亮我們，創造狂喜的樂趣；它們啓發我們；它們讓我們想要奮鬥；好故事照亮眞理，最終讓我們想要反覆重看電影。

遵守英雄旅程典範的好萊塢大片名單幾乎數不清。只說我想得出的？綠野仙蹤；駭客任務；大白鯊；星際大戰系列；鐵達尼號；梅爾吉勃遜之英雄本色；哈利波特系列；洛基；魔戒；獅子王；海底總動員；阿甘正傳；超人特攻隊；沉默的羔羊；花木蘭；神鬼戰士；阿拉丁；法櫃奇兵；美女與野獸；還有與狼共舞/阿凡達（要一起接著看）。

英雄旅程成爲我建立迷人角色並把他們放進普世共鳴的故事中，創造出超越語言、年齡、種族、宗教、文化、國籍、教育程度、經濟地位的電影的指南。約瑟夫・坎貝爾/克里斯多夫・佛格勒編纂整理了普世掙扎、轉變與以最好的自我重生的故事要素——對我來說，這是電影業的金礦，滿足全球人類願望的關鍵。電影明星代表對抗人性殘酷遭遇的生死決戰中的戰士。

這是毛毛蟲蛻變成蝴蝶的道路；這是基督、佛陀、穆罕默德、摩西、阿朱那（印度史詩《摩訶婆羅多》主角）的故事；這是卡修斯・克雷變成穆罕默德・阿里的故事；這是普世的轉變曲線；那是《牧羊少年奇幻之旅》中聖地牙哥的故事。

《星際戰警》具備所有要素。那是有動物，有兄弟情誼（愛情故事），有完美英雄旅程的特效電影。這會是「威爾・史密斯電影成功公式」的效力大考驗。

星際戰警排定在一九九七年七月二日上映。這也是前一年星際終結者上映的週末。在好萊塢，並非所有週末平等——國慶日是全年最搶手的檔期。那是片廠推出孤注一擲的鉅片的時候。因爲放暑假，每天都像週五，意思是你的票房數字在國慶週可能比其他週末多兩倍到三倍。如果片廠把你的電影排在那個檔期，他們是在你身上賭家產。我決定我要公開擁抱壓力。在所有媒體訪談中我開始提到國慶週末是「大威利週末」。

他們接受了。到處都上頭條。（在英國媒體有個雖然無意但是有利的附加好處，因爲「威利」是男性生殖器的俚語，「大」就是大。好像我在邀請我的英國粉絲加入我的「大屌週末」。）

星際戰警上映有像職業拳賽一樣的能量。是我對抗整個票房。我想要帶給電影首映的世界像拳王阿里出賽那樣的期待感。我想要像玲玲馬戲團那樣進城，遊行進入不分遠近的國家與城市，節目主持人激動地介紹全球馬戲團出場。我想要策畫大小、範圍和場面，像那些前所未見的奇觀。我們蓄勢待發，大威利在雷霆聲中出現。（這個措辭專爲我的英國朋友而寫。）

奧瑪是我們的員工裡最年輕的。他一開始當我的舞者，後來我跟傑夫的表演少了很多，我引進他當新鮮王子的服裝顧問——奧瑪時尚品味很好，而且幫忙建立了我的整體穿著風格。

但他默默私下跟 **JL** 在計畫他的事業轉換：我的注意力越來越放在電視和電影方向，他希望能負責我音樂職涯的製作與管理。他一直在聯絡 Trackmasters，一些正在紐約崛起的音樂製作人。他們的合作對象有 Nas、LL Cool J、Foxy Brown，而且他們對我回歸音樂界有願景。

奧瑪很急著突破他的「小奧瑪」地位。他感覺手癢，希望他的職務能有所貢獻。

「老大，我跟你說，」奧瑪說，「新鮮王子的主題曲紅翻了對吧？我們必須做一首歌連結到星際戰警。相信我，兄弟，絕對會超屌。現在音樂界所有東西都很黯淡。你可以扭轉整個文化。」

你出名的時候，每個人都有點子。每個人都有新生意、試聽帶，或幫你做事的更好方式。朋友和家人會更極端，因爲他們認爲這是應該的，而你也覺得有必要聽。所以我耐心地聽奧瑪的主張。

然後他播給我聽一個點子，取樣了派翠絲・盧森的〈Forget Me Nots〉這首歌。示範歌手唱起副歌，「黑衣人來了」。我露出經典的音樂人表情轉向奧瑪，搖搖頭好像聞到什麼臭味似的。

我們跟 Trackmasters 進了錄音室。他們把鼓聲和配樂現代化——太炫了。我撰寫並錄製「MiB」的歌詞，我們試聽兩軌混音時，我轉向奧瑪說，「我想你可能幫自己找到新工作了。」（奧瑪後來把同樣的招式用在傑登和賈斯汀・比柏的《功夫夢》主題曲〈Never Say Never〉——第一名電影，第一名唱片。）

娛樂圈很少有比賣座電影結合暢銷唱片更容易紅的東西。想想惠妮・休士頓的《終極保鑣》和〈I Will Always Love You〉；王子的〈Purple Rain〉；《洛基》和〈Eye of the Tiger〉；《週末夜狂熱》；《渾身是勁》；《火爆浪子》……你們應該懂。故事與原聲帶結合的煉金術就像自我推動的龍捲風，吸走週末的所有消費。

電影、歌曲和音樂影片之間的共生關係是完美的促銷風暴。歌曲在廣播為電影充當強力推銷，而且大致是免費的。音樂影片充當電影的預告片，而電影影響粉絲去買專輯並且點播歌曲和音樂影片。

我們現在蓄勢待發。唯一剩下的就是等到國慶日……我是說，大威利週末。

第十五章　地獄

男孩和父親被冤枉囚禁。囚禁他們的希臘國王是個混蛋——罪名是捏造的，不准保釋，連公設辯護人都沒有。他們面臨終身監禁。

父子檔決定他們要逃獄。老爸是個大工匠，天才發明家——他能設計、建造或修理任何東西。他拒絕讓他兒子在這個臭死人的牢房死掉。所以老爸用蠟和羽毛設計製造了兩對翅膀來執行他們的大膽逃脫。但飛行之前，爸爸嚴厲地告誡親愛的兒子：「不要飛太靠近太陽，蠟會融化。也不要飛太低，因爲羽毛會被海水沾濕。」

但是兒子伊卡魯斯完全當作耳邊風。他起飛，越過厚石牆，飛過高塔——自由了！——爬升到廣大的藍天上。他飛得越來越高，心情也越來越嗨。至福，陶醉，飛行的快感，讓他不成熟的血管裡充滿腎上腺素，像諺語的飛蛾撲火。太陽太近了，火焰灼熱又刺眼，但他還是繼續爬升，越飛越高，直到纖細的蠟翅膀開始變軟然後融化，解體滴落海中。伊卡魯斯開始下墜，起初很慢，難以察覺，然後急墜。海面逼近；太陽退後；災難降臨在他身上。伊卡魯斯燃燒墜海，然後消失不見。

問題是，我完全不擔心飛離太陽太近；只是我周圍的每個人就是我的翅膀。

威爾・史密斯在影壇專業人士普查中被指名爲好萊塢最容易吸金的明星……明星們以吸引資金挹注的能力、票房成功、對不同觀眾族群的吸引力等等因素排名……史密斯是唯一獲得滿分十分的人。

——路透社

說到確保拍片計畫的財務成功，一千四百多位現役演員裡史密斯排第一……（勝過強尼・戴普、布萊德・彼特、李奧納多・狄卡皮歐、安潔莉娜・裘莉、湯姆・漢克、丹佐・華盛頓、梅莉・史翠普、傑克・尼柯遜、湯姆・克魯斯、麥特・戴蒙）。

——富比士雜誌

「現在我們可以放心地說，威爾・史密斯稱霸國慶日週末，」哥倫比亞影業公司全球行銷與發行總裁傑夫・布雷克說。

——紐約時報

大威利週末非常瘋狂——星際戰警光在美國前三天票房就有五千一百萬美元。在全世界四十幾個國家獲得第一，最終在國內吸金兩億五千萬美元，全世界累計將近六億美元。（結果原聲帶賣了五百多萬張。爲了打鐵趁熱，我們立刻又推出《Big Willie Style》，全世界賣了一千兩百多萬張。）

現在確定了；一致同意；我是世界上毫無爭議最大咖的電影明星。但是搞清楚，重點不是我；這不是什麼自吹自擂大爆發；重點不是影響力或身分通膨。這純粹是歷史脈絡、背景、框架，全是爲了給親愛的讀者們更大的視野和更深的洞察，知道我實際上是個多麼威猛的王八蛋。

我看到她的時候有個東西改變了。

我根本懶得解釋。但我再也不一樣了。我們知道我們要生女兒了，但我不知道我內心會怎樣。

兒子們出生時我有不同程度的驚恐與困惑。特雷是緊急剖腹出生的，立刻被送進新生兒加護病房。我初次看到他的景象是頭頂中央插著點滴管。傑登出生時潔達很煩惱，所以我的注意力完全在她身上，而非我的新兒子誕生。我對這兩次出生的記憶充滿了破碎、可怕的片段。

所以這次，身爲父職的老鳥，脫離所有菜鳥父母的各種恐懼症，我發誓要投注我完整的注意力。我想要在場幫忙，參與過程每一步。

薇洛・卡蜜兒・芮恩・史密斯出生於二〇〇〇年萬聖節。她的預產期原本是十一月十一日，那是特雷的生日，但即使在子宮裡，她也不想要跟別人分享生日。她以戲劇性的方式提早兩週出來。

我是第一個抱她的人。她好小隻；她全身可以放在一隻手上，四肢從我手掌邊緣垂下來。十五秒內她就有了綽號，我直到現在還這樣叫她：我的豆豆。她漂亮的翡翠綠眼睛努力在聚焦。她看不清楚我，但似乎約略知道我是她的。

我向來喜歡回顧我小孩出生的故事——部分是描述爲人父母的折磨旅程，但主要是讓小孩在他們朋友面前尷尬。薇洛故事的關鍵句是：她出來了，我抱著她，我敬畏地望著她，然後，用最大音量驚叫，「歐買尬，他的小雞雞在哪裡？」

薇洛討厭我講這個故事，更讓我覺得有趣想要一直講（呃，例如在書裡）。

薇洛出生後我們家的權力結構發生了怪事。直到當時，我們都維持脆弱的平衡——雪莉和我有個小孩，潔達和我也有個小孩。我們都很努力培養單一家庭的感覺。一開始很辛苦，但潔達和雪莉同意傑登和特雷必須自認是親兄弟。潔達甚至拒絕「繼母」稱呼。直到現在，特雷都稱呼她是額外媽媽。

傑登出生時，我們努力確保特雷也參與這段過程。我們找心理醫師商量，幫我們做好準備面對傑登出生的過渡期。心理醫師建議我們允許當時六歲的特雷參加新生兒命名。她指導我們如果特雷參與了命名過程，他會把新生兒當成自己兄弟。選擇名字會創造所有權與連結感。

潔達和我興奮地回家找特雷。特雷正在他房間裡用新買的任天堂64玩瑪利歐賽車。他露出電玩成癮男童的典型緊張注視。

「特雷！」我興奮地說。

「嗨，爸，」特雷說，視線沒有離開電視。

「我們有驚喜給你！我們要你幫忙為你的弟弟選個名字。」

「OK，」小小原始人用半昏迷、有氣無力的聲音回應。

「特雷，遊戲暫停一下，」潔達說。

「OK，」他說，「等我一下。」

「特雷，這很重要，」我有點洩氣地說，我的心理大師招式竟然被六歲小孩阻撓。「我們需要你幫弟弟取名字——」

「路易吉！」他大叫，繼續玩。

潔達和我厭惡驚恐地互看一眼，兩人都想到同一件事：你聽說過黑人名叫路易吉的嗎？潔達介入。

「特雷，你只喜歡這個名字嗎？」她用盡力裝出來的耐性母親語氣說。

特雷顯然感到被打槍，立刻暫停遊戲。

「可是你說我可以取弟弟的名字！」

「呃，對，特雷，」我用盡力裝出來的耐性父親語氣說，「但我們只是問你是否有別的名字。以防他或許長得不像路易吉……」

「我想要路易吉！那是我最愛的名字！」特雷哭了。

「好啦，好啦，」潔達平靜地說，「這是你的選擇。」

「我要快樂地去嗆翻那個女醫師！」

「我正在打給她，威爾，放輕鬆，」潔達狂亂地撥號說。

我在我們的臥室踱步生悶氣，想像必須介紹我小兒子是路易吉・史密斯，因爲某個該死的時薪四百美元心理醫師對小孩命名出了餿主意。

「我們得搬去該死的帕勒摩（在義大利）！」

心理醫師爽快地道歉，但她有個新對策：她教我們趕快買隻小狗給特雷。她的理論是如果「路易吉」是特雷最喜愛的名字，他不會希望等到弟弟出生才使用——他會希望把小狗命名路易吉。然後，我們就能要他爲弟弟另取名字，這次要小心試著更有效地誘導證人。

我們立刻衝出去買了一隻毛茸茸的漂亮灰色拉薩犬。

「特雷，我們有另一個驚喜給你！」我說。

「哇！」特雷歡呼，跑過來抱他的新狗狗。

「你想叫小狗什麼名字？」潔達誇張地低聲說，躡手躡腳回到非裔義大利人的地雷區。

果然，特雷大喊「路易吉！」

潔達成功地完成了第一階段。現在換我上場了。

「但是等等，特雷，你弟弟不能跟小狗同樣名字，」我說。

潔達轉頭看我，對我的開放式誘導很不安。

「我想叫小狗路易吉！」特雷強調地說。

第二階段搞定。現在是最重要的第三階段。

「所以，你必須幫弟弟另選一個名字，」我說，「我有個主意——我們都選個名字。我選一個，潔達選一個，你也選一個！我們把三個名字都用在你弟弟身上。」

特雷剛在學校交了一個名叫克里斯多夫的新朋友。所以，慈愛的上帝保佑，特雷大喊，「克里斯多夫！我要叫我新弟弟克里斯多夫。」

「好耶！」潔達大叫，差點向空氣揮拳。

最後，我選了「傑登」；特雷選了「克里斯多夫」；潔達選了「賽爾」：所以是傑登·克里斯多夫·賽爾·史密斯。（作爲歷史紀錄，JL拒絕稱呼傑登「路易吉」以外的名字，直到傑登的十五歲生日。）

薇洛出生打亂了我們混合家庭天平的危險平衡，突然間第一次，從內心和外在都有了我的「新」家庭和我的「舊」家庭的感覺。在媒體上，當大家提到「威爾·史密斯的家庭」，他們常常用只有我、潔達、傑登和薇洛的照片，漏掉雪莉和特雷。媒體偏好核心群體的對稱與傳統性。

隨著我的全球名聲熱度來到沸騰，公眾檢視的火鍋也是。我的家庭已經是開始軟化的脆弱蠟翅膀了。雪莉和特雷開始逃避聚光燈，但是我活在聚光燈下。我認爲他們的逃避是在針對我。你說不想參加我的電影首映會是什麼意思？我的家人必須跟我一起走紅毯。那是我們的作風。

「我希望我們的兒子過平凡生活，」某一天雪莉說，「我希望他上學；我希望他上教堂；我希望他交普通的朋友……」

「那不是他的生活！」我說。

「那不是你的生活，威爾——但絕對可以是特雷的生活。所以他才有父母。我不希望他在各個城市、各個片場之間奔波，沒有安定感。」

「我兒子必須跟我在一起，」我說，「我是跟妳生兒子的人。所以，我是妳兒子的父親。爲了讓我當爸爸，他必須有跟著我移動的自由。」

「威爾，上學怎麼辦？」雪莉說。

「塔提安娜在《新鮮王子》的片場有私人教師，而且後來被哈佛錄取。他當然必須受教育，但學校不是小孩受教育的唯一地方。」

「威爾，我看過在片場的你，」雪莉說，「你根本不會注意到他。他只會被丟給你雇用的任何私人教師或保姆。有些人能在洛杉磯拍電影，你知道的——你有沒有想過或許定居洛杉磯養育你的兒子？」

我撰寫本書時一直撞上的情緒之牆就是，現在我知道許多問題的正確答案。但在以前的混亂中，我製造了好多不必要的問題。

你有沒有想過或許定居洛杉磯養育你的兒子？

這是我該說的答案：

「首先，我愛妳。我了解這不是我們兩人預見的生活，但這是我們的現狀。我知道很嚇人。但我下半輩子會全心奉獻給妳和特雷。目前，爲了替我們的家庭確保資源，我必須移動，我必須跑遍全球。但我聽到了妳的意見、也了解妳的顧慮；違背主流的智慧很嚇人。我知道我是在要求妳跟我進入一條未知、危險又崎嶇的路。無法送小孩去傳統學校，或不知道他們每個月會在哪個城市很嚇人。呃，我不是說我現在有全部的答案，但我保證，如果妳跟我走在這段旅程上支持我，我寧死也不會允許我們的家庭衰敗。」

然後，這是我眞正說出來的：

「當然，然後我們會賣掉所有東西，靠妳能賺的錢過活。」

「欸，老兄，如果你說是我告訴你的，我會否認，」哈利小聲說，「我帶潔達看了那棟房子，她說太大了。但是我認識你一輩子了，你老是在講南叉牧場。我找到了。」

哈利是我們家的房地產辦公室主管，一直負責在尋找我的「南叉」。即使小時候，他就知道我對朱門恩怨的執迷和擁有有名字的莊園的幻想。他找到了一座兩百五十六英畝的牧場，在洛杉磯西北方四十五分鐘車程外。

「潔達叫我不要帶你去看，」哈利說，「所以，基於對她的尊重，我不能。但是地址在這裡。這是你一輩子的夢想。」

哈利很像 JL——他的描述不加油添醋。如果他說那是「我一輩子的夢想」，意思就是「快溜班，今天就去看」。

那塊地上有五棟現存房屋；一座漂亮的湖；馬廄；健行步道；種類廣泛的樹叢、花卉和動物。我初次參觀時有隻迷人的母鹿走過來門口；我把它視爲徵兆。我很喜歡。我有完美老婆，三個漂亮的小孩，我無可爭議是世界最大咖的電影明星。我畢生夢想地景中最後的得意一筆將會是「她的湖」，一座有名稱的房地產。

潔達很愛馬；我充滿期待感在發抖。我看得到她像蘇艾倫一樣，騎駿馬來吃早餐。這筆採購會成爲我對潔達示愛的實體宣言。這塊土地會培育我們希望的種子、庇護我們綻放的渴望。我一看到牧場裡那座湖，就知道很適合她：她的湖。（我考慮過西班牙文翻譯——Su Lago——但最後想起我是費城人而她是巴爾的摩人。）

潔達不想要這片地產。她只看到要耗費五十個人來管理、維護、看守與營運兩百五十六畝地、馬匹、五棟房屋和一群不斷來按門鈴的大膽野鹿。除此之外，她知道我每年會有六個月離家工作，讓她負擔維護那座湖的全部責任。

她討厭這整個主意。

我剛第一次去了印度回來。哈利和我曾經站在泰姬瑪哈陵前讚嘆，不只對美學細節和美感，也對建造背後的愛情意圖。很多人沒發現，但是泰姬瑪哈陵是一座陵墓，專爲一個女人設計、建造與維護：沙賈汗皇帝最喜愛的妻子慕塔芝•瑪哈。皇帝對愛妻之死很悲傷，下令建造泰姬瑪哈陵。在建造的二十幾年間他保存她的遺體（從一六三二到一六五三年）；他花了三千兩百萬盧比（以現在幣值換算接近十億美元），雇用兩萬名世界上最好的工匠，進口義大利大理石（在十七世紀的印度可不是容易的事——更別提印度也有出產他可以使用的馬克拉納大理石），只爲了創造配得上他愛妻的私人墳墓。

我認同沙賈汗皇帝——我希望我參與的一切都能經得起時間考驗。我希望身邊的一切都是任何人看過最宏偉最壯觀的。在燃燒的熱情推動下，我的創作衝動會打造我所觸及的一切的最佳表達：電影，音樂，家庭，小孩，生意，婚姻。

我深受史密斯家庭的夢想啓發與包圍。她的湖非買不可。

「威爾，我不喜歡，」潔達說，「我不想要。太大也太貴了。而且你不會住在這裡。太多人，太多空間，太多噪音了。不行！」

「寶貝，我保證，」我說，「妳沒看到我看到的。妳只是看到它的現狀。妳看不到我腦中的構想。」

「我不知道你要我說什麼。我不喜歡；我不想要。」

這是潔達的第二次大妥協，在不斷加速的威爾號火車上的下一站。

事後看來？她有先見之明。敬告全體年輕男性讀者：不要就是不要。把你的血汗錢花在你老婆不想要的「家庭住宅」肯定沒好下場。你等於是預訂了家庭不和，往後多年你會付出悲慘的房貸。

或者更慘。

潔達和我發生的最大爭吵之一，是在一次心理治療中討論到關於優先事項的時候。潔達和我都拿到紙筆，要列出我們的優先順序，從最重要到最不重要。潔達和我積極地寫了起來，幾分鐘後，我們被指示交換我們的答案卷。

很意外，我們都只寫了四項。我看潔達的答案時，面露困惑之色。她看我的答案時，開始流眼淚。我們在一起二十五年來我從未看過她像當時那麼受傷。潔達列舉的答案是：

1 小孩
2 威爾
3 我自己
4 其餘家人和朋友

而我寫的是：

1 我
2 潔達
3 小孩
4 我的事業

心理醫師提醒我們這是更加互相了解的機會。他說我們最好保留對彼此的評判，對探索與發現的過程保持開放心態。然後他問我們誰想要先回應。

「寶貝，」我說，「我看得出妳有掙扎。我寫的什麼東西讓妳困擾了？」

潔達幾乎說不出話來。

「我不敢相信你把自己放在我們的孩子前面，」她用顫抖的聲音說。

「什麼意思？」我說，「我跟妳一樣愛我們的孩子。其實我很驚訝妳把自己放在第三位。我覺得不合理。這就像航空公司：妳必須先戴上氧氣罩再嘗試去救其他人。我當然會照顧你們所有人，但是得先顧好我自己。」

「這解釋了很多，」潔達說。

「我覺得妳誤會了，寶貝。」

「喔，不，我理解的正是你寫在這張紙上的。」

「潔達，我只是說如果妳不上健身房，如果妳不吃得健康，如果妳不重視妳的精神和情緒狀態，妳就無法當個好媽媽。妳照顧小孩最好的方式就是顧好妳自己。」

我努力補救與澄清，但她很傷心。她連眼淚都不擦。

多年來我跟許多來自各行各業的藝術家，音樂人，創新者，運動員，思想家，詩人，企業家，大夢想家交談過，似乎總是會觸及一段秘密對話：我們如何完整地追逐與實現我們的願景，同時也培養愛心、繁榮的家庭與令人滿足的關係？對於愛上夢想家的人有個嚴苛的現實：任何事情都排在夢想後面。

達成我的夢想成爲求生的行爲。在我最黑暗的夜晚，夢想救了我一命——那是我的光，我的食糧。我對光明未來的願景支撐著我。是我的整個目標。我把我的希望當作改善生活的車票——通往喜悅、滿足、安全、保護。我把實現夢想當作通往愛與幸福的唯一道路。失敗等於死亡。我的信念是，當我爬上這座山頂，我就不會再害怕了。我不會再哀傷。我不會再被虐待或輕視或討厭。值得爲它活的一切都在這座山頂上。爲了到達山頂，沒有我不願意離開或失去的東西。反對或阻礙我前進的人都是我的敵人。

但是有個二分法：我老婆就是我的願景；我家人就是我的願景。我的圖像充滿我們所有人的喜悅、滿足與繁榮。這是我的願景，但不是自私，因爲我是爲了周圍所有人這麼做。（爆雷警告：其實比二分法更複雜一點。）

我從來不懂「富人的尷尬」這個詞，直到《Gettin' Jiggy Wit It》爬上榜首。那是我第一次爬上告示板百大熱門榜的榜首。我的神奇人生中好多事情進行得超完美，但那個榜首，呃，我真的會尷尬。

我永遠記得麥可・喬丹在一九九二年對波特蘭拓荒者隊第一場決賽前半場投進六個三分球之後聳肩、攤手的樣子。他無法失手——平時他甚至根本不是個三分球射手。雖然他有選擇是否出手，他練習過這些出手，一出手也就打算命中，但他跟我們一樣驚訝那些球都進了。

釐清一下時間軸，星際終結者是一九九六年七月；星際戰警歌曲是一九九七年六月中，電影是在兩星期後；《Big Willie Style》是一九九七年十一月，就在我開始拍攝《全民公敵》之後。

我和潔達在一九九七年十二月三十一日結婚。

《Gettin' Jiggy Wit It》在一九九八年一月發行，反應還不錯。然後它在二月有點吃力——那個月我以「星際戰警」得到第三座葛萊美獎，所以我們不太在意《Jiggy》是否暢銷。然後，幸運之輪開始轉動：在《歡樂單身派對》某集，傑瑞想要追求一個對他完全無感的女人。

他問她，「有什麼問題？」

她回答，「傑瑞，你想要我怎樣？」

「我想要跟妳嘿咻（jiggy）一下，」傑瑞誇張地說。

粉絲都喜歡該劇冒險重新定義「jiggy」這個字。下一週，ESPN 頻道的斯圖亞特・史考特在倒數 NBA 每週精彩鏡頭時對榜首灌籃大喊，「他眞是太猛（jiggy）了！」。我們立刻發現單曲和專輯銷售飆升，到了三月，《Gettin' Jiggy Wit It》成了榜首。（譯注：jiggy 是威爾推廣而流行的俚俗語，沒有固定定義。）

我很尷尬。但我才剛開始暖身而已。

喔，對了，這段期間，金凱瑞成爲第一個片酬達到兩千萬美元的演員，設定了好萊塢 A 咖的片酬標準。所以，很明顯如果金凱瑞値兩千萬，跟我談價錢要從……兩千一開始。

當個好父親是我對完美人生願景的核心。我喜歡親自教導、磨練、塑造和滋養我小孩的心靈的概念。男孩需要男子漢的訓練。教他們如何「狩獵」、如何求生和在物質世界認清方向是我的責任。我開始把雪莉當作我塑造特雷成爲年輕戰士的阻礙。我父親在運冰卡車上、在店裡攪拌水泥養育我長大。我是在辛苦的日常戰鬥中塑造的。

「我在哪裡我兒子就會在哪裡，因爲那是我能教他的唯一辦法，」我說。

雪莉和我惡化到幾乎天天有教養方式爭執。她希望我對特雷執行她的就寢時間規定。但只要他醒來做他該做的事，我不在乎他何時去睡覺。他早上起來渾身無力就會學到準時就寢。她希望我限制他打電玩，但我心想，萬一他是電玩天才、能夠發明下一代的 PlayStation 呢？我想要配合他對電玩的熱愛介紹他認識程式師和設計師，煽動他對電玩興奮的火焰。

雪莉希望我施壓他認眞讀書拿好成績，但我並不認爲傳統學校義務教育算是成功。我比較注重他批判思考的能力。我認爲學校阻礙了我跟他相處、教他眞正重要事情的時間。我希望他把整個世界當作學校，每個人都是老師，每個地方都是教室。

這些相互衝突的教養方式和世界觀讓我們陷入監護權爭奪。特雷大約九歲大，現在他父母都要求完整監護權。這種爭議的情緒強烈到幾乎沒有理性空間。這變成一種奇怪的膽小鬼遊戲，小孩子夾在中間。你願意冒著如果輸掉就會傷害小孩的風險，跟前夫前妻拚鬥到什麼程度？答案牽涉到你自以爲所做一切都只是爲了保護小孩的幻覺，所以你覺得可以正當動用比較強烈的情緒暴力，因爲畢竟都是你前夫前妻的錯嘛——他們造成了仳離。很明顯，大家都看得出是他們的錯，除了他們自己。

我打給老爹。他冷靜耐心地傾聽，因爲他也是類似戰爭的老兵。

「嘿，小子，聽著，」老爹用異常審愼的語氣說。他了解我的心思在想啥，也知道必須小心。「你不可能贏的。你不可能跟孩子的媽打仗。小孩會永遠恨你。」

老爹正中我的靶心。我親自體驗過這是眞的。

「那，我該怎麼辦？」我問道，「就讓她養壞我兒子嗎？」

「你必須等等。等他滿十三歲，她就拿他沒辦法了。他會來找你。到時就輪到你表現了。但是目前，隨便讓她去吧。你要見機行事。」

回顧我的人生時，我仍然很猶豫我那個決定的利弊。但我不再跟雪莉吵架。我同意分享法定監護權，但特雷的主要住所是跟著她。這也表示沒有她允許他不能離開加州，而她不太可能在學年期間同意這件事。結果是，我會連續三四個月看不到特雷。這還是在視訊通話軟體出現之前。另一個出乎意料的結果是因爲薇洛和傑登在家自學，他們隨時都跟我在一起。

但老爹辛苦體會的洞察沒錯，特雷十三歲生日的三星期後，他問可不可以搬來跟我住。正如老爹所說，輪到我了。令人非常喜悅又興奮——傑登和薇洛也很高興有個大哥整天跟他們住一起。但我和特雷之間的鴻溝又深又寬。誤解、厭惡和不信任的黑暗種子已經生根。不過要到幾年後才會開花結果。

威爾，緊急事件，馬上打給我！！！

艾倫的簡訊像心臟電擊器貼到我胸口。她跟媽媽住。

「唷，什麼事？」我說。

「媽咪去土耳其坐郵輪……」艾倫歇斯底里地說。

「艾倫，」我無比冷靜地說，「無論什麼事我們都會搞定。但我需要妳深呼吸一下我才聽得懂怎麼回事。」

我冷靜和穩定的反應連我自己都驚訝。我希望負責；我想要負責任；我喜歡當艾倫唯一想依靠來處理事情的人。生平第一次，我有預感我可能很擅長這件事。

「媽媽去土耳其坐郵輪，」艾倫哭道，「我根本不曉得發生什麼事，但她在醫院裡。」

「OK。沒關係。放輕鬆。她跟誰在一起？」

「佛羅倫斯阿姨，」艾倫說。

這幾年來媽媽最大的樂趣就是旅行與探索。每年生日、聖誕節和假日，我會送她和她朋友另一次冒險當作驚喜——他們甚至戲稱她「旅遊測試者」。在土耳其，她跟詹姆士・艾佛瑞的母親佛羅倫斯・艾佛瑞一起旅行。她們成爲旅伴，詹姆士老是開玩笑說，「你媽用威爾・史密斯的預算拖著我媽跑遍全世界！我負擔不起——你負責出她們兩個的份！」

在土耳其巡航的第一站，她們走過以弗所的遺跡。媽媽很興奮地看著柱子，沒有注意到有個石階已經磨損——她滑倒，腳踝撞在崎嶇的水泥地上。

媽媽被送往最近的醫院，但那裡人員不足設備也欠佳，無法處理她的傷勢。這時候她的腳踝已經嚴重腫脹，她被送回船上。船醫判斷腳踝骨折了，她必須去土耳其的美國醫院好好打石膏。艾倫和我當時在倫敦。媽媽有糖尿病，隨著狀況惡化，移動的醫學障礙越來越大，我安排傷患直升機去英國，十天後我們全都回到費城。

治療腳踝的過程中媽媽的糖尿病況造成了重大併發症，她缺少了讓腳踝復原所需要的血液循環。她的腳踝被用又稱作穩定籠的外部固定器穿過脛骨釘住，結果引發了骨髓炎，就是骨頭感染，可能導致喪失骨骼強度和壞死（骨頭死亡）。當醫師試著盡一切努力治療她的腳踝時，第一次提起了所有糖尿病患都害怕的字眼——「截肢」。

媽媽在醫院躺了將近兩個月，對一個已經發現全球旅遊的美好樂趣的女人來說，像這樣喪失行動能力越來越難以忍受。

「我還要在這床上躺多久？」媽媽說。

「呃，我們在努力增加妳腳踝的血流量，但可能要花至少三個月才能夠判斷這個程序是否有效，」醫師說。

「三個月後，你能挽救我這條腿的機會有多少？」媽媽說。

「我們估計是一半一半。」

「所以你是說我往後三個月可能都得躺在這床上，然後你還是必須砍掉我的腿？」

「呃，對，有這個可能，但是……」

「現在就切吧，」媽媽果斷地說。

「等等，媽，讓他說完他要說的話……」我說。

「我不要在這張床上浪費我的人生，」媽媽說，「現在就切掉。我六月還有個遊艇計畫。」

那是我聽過最像黑道的句子。

媽媽的腿從膝蓋以下被截肢。七週之後，她裝上了第一副義肢。四個月後，她跟佛羅倫斯・艾佛瑞出發去完成她的航程。

媽媽離開土耳其的三天後，規模7.8的大地震襲擊該國，有兩萬人喪生。在費城治療她的醫師告訴她，她在土耳其住過的醫院已經震垮了。

「我只失去一條腿而已，」媽媽說。然後她低下頭，低聲說。「上帝，謝謝祢。」

第十六章　目的

「不！門都沒有。絕對不行；休想。絕不——不可能。嗯嗯，免談。」

當 JL 跟我說麥可・曼恩要我主演他即將推出的穆罕默德・阿里傳記電影時我是這麼反應的。光想起來就一陣寒意流過背脊。阿里是世界上知名度最高又最受喜愛的人之一——活生生的傳奇。我不想當那個拍電影毀掉他人生與遺產的傢伙。

況且，一切都很順利——我已經是無可爭議又無敵的好萊塢票房世界重量級冠軍——幹嘛冒險？幹嘛毀掉我的頭銜？描繪阿里的困難度接近愚蠢邊緣。風險與收穫是災難性的不成比例，很容易遭遇深不可測的全球挫敗與普世永恆的尷尬。簡單說，我不喜歡這種勝算。

我不只必須學習拳擊，還必須學習怎麼像史上最偉大的鬥士一樣打拳。偉大鬥士也無法像阿里那樣。我從未接觸過拳擊。他超過兩百二十磅；我勉強算一百九。他聲音的方言腔和抑揚獨一無二——沒人能模仿阿里。全世界的人都對這位社會正義的革命性指標有美好的回憶。穆罕默德・阿里的影片幾乎比史上任何人都多——而且可不只是什麼隨便的舊影片：那是經典且具有時代意義的影像，同等深入拳擊迷與非拳擊迷的心靈。每個人都了解穆罕默德・阿里。

在《星際終結者》裡靠賈德·赫許（左）和傑夫·高布朗（右）的協助拯救世界。博納維爾鹽灘的氣溫是華氏一百一十度，白沙的炫光把大家頸部以下都曬傷了。（更別提有個工作人員穿寬鬆短褲又沒穿內褲。）

一九九七年紐約除夕夜，我每次看這張照片都心想：「你們最好吃大塊點的蛋糕，你們需要為未來的跑步補充熱量。」

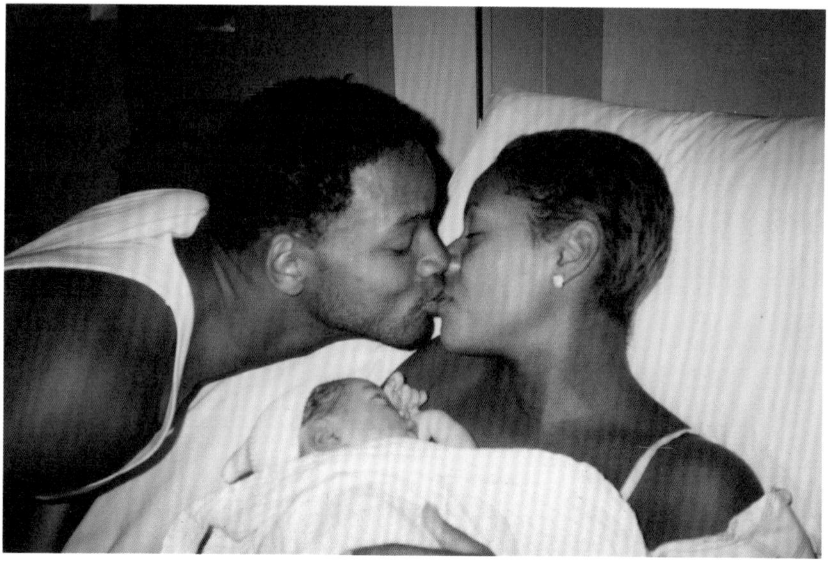

傑登・克里斯多夫・塞爾・史密斯生於一九九八年七月八日。如果由特雷決定，他的名字會是路易吉。

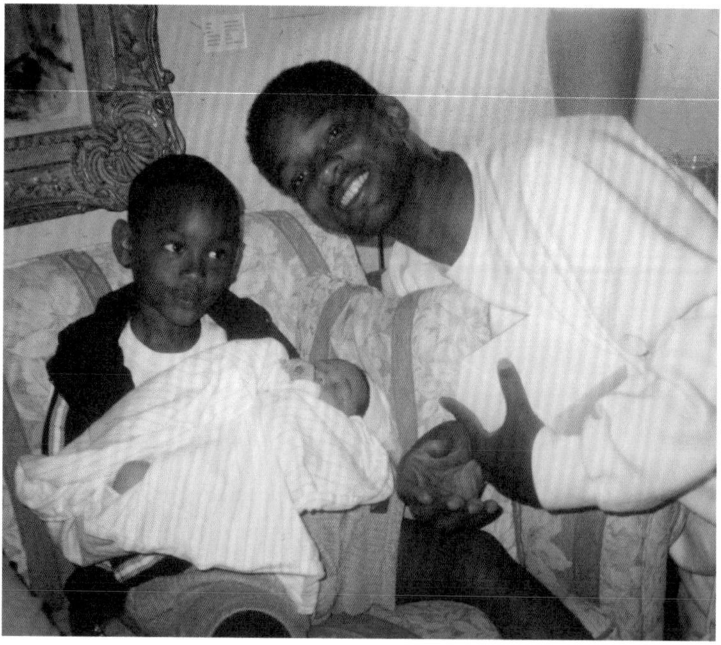

特雷和「路易吉」寶寶。

傑登向來是我最冷靜的孩子。

薇洛・卡蜜兒・芮恩・史密斯生於二〇〇〇年萬聖節。

傑登、雪莉、薇洛、特雷和潔達。

跟潔達與孩子們合照。

媽媽與琪琪，卓越的黑人。

我和達洛在科羅拉多州海拔九千呎高地跑步。「寫他的名字，」達洛說。達洛拍了張照片，「你必須記住我們爲什麼受苦。」

爲《阿里》的最後戲份在莫三比克首都馬普托降落。跟 JL、查理・麥克、達洛・佛斯特與比拉爾・沙蘭合照。

我很震驚我天生這麼了解穆罕默德・阿里。我估算我們的幽默感有多相似。我們的交流順暢又自在。我內心的演員心想，喔幹，我搞不好眞的能演這部片…

我人生的高潮之一：老爹、特雷和雪莉會見尼爾遜・曼德拉。右邊是《阿里》導演麥可・曼恩和妻子桑默。

「那表情是怎麼回事？」我問過曼德拉。他盯著我，彷彿想分辨我是否意外問了個好問題，或者我是否誠心問他，是否準備好聽答案了。「如果你來跟我住一陣子，」馬迪巴說，「我會教你。」

我、潔達和 JL 在亞斯本。

一整年間，潔達都好像《酷條子》裡的蜜桃——一個街頭超級巨星，但雪橇鈴聲一響起，她就變成中西部白人中年婦女。我抱著薇洛寶寶，跟潔達與媽媽在一起。

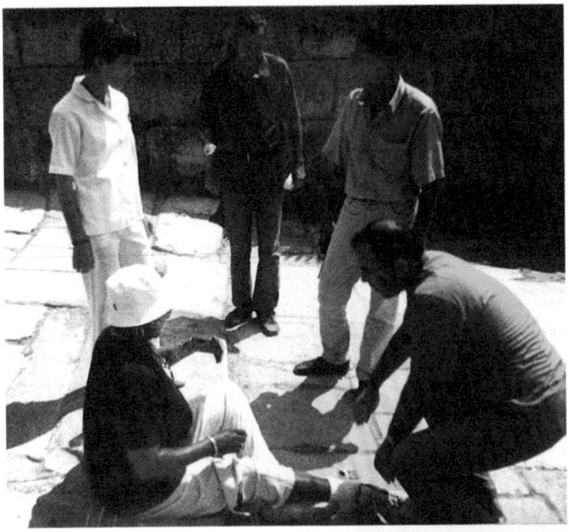

媽媽在土耳其以弗所古蹟跌倒腳踝骨折後的一刻。

潔達跟她的樂團「邪惡智慧」在奧茲音樂節的舞台上——注意腹肌。

二〇〇五年我和傑登
在舊金山《當幸福來
敲門》的片場補眠，
這是不是你看過最棒
的睡相表演？

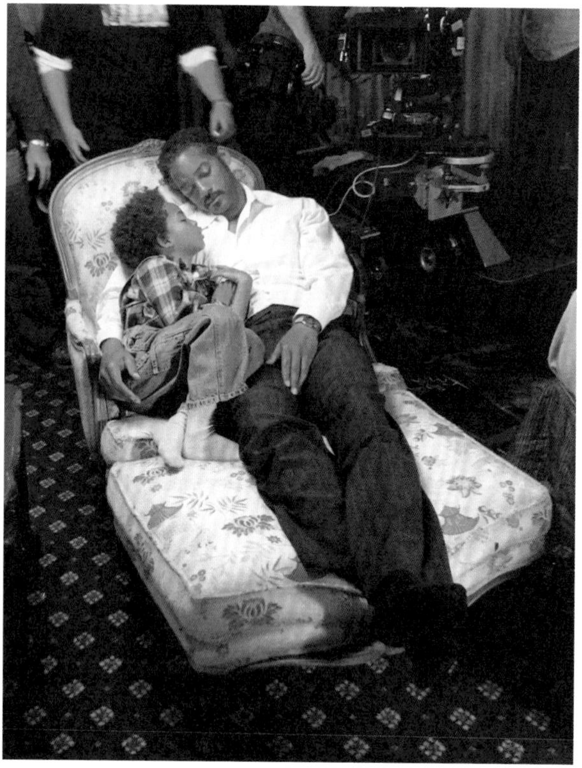

我和薇洛在〈Whip
My Hair〉MV 片場。

一九九八年在第四十屆葛萊美獎的舞台上，娛樂圈很少有比賣座
電影結合暢銷唱片更容易紅的東西。

Jay-Z、潔達、薇洛、我和碧昂絲，這天薇洛跟 Roc Nation 公司簽了第一張唱片的合約。

如果你在猜想，我吹奏的是史努比狗狗的〈Gin and Juice〉。

史考特・薩迪那是我第一個穿拖鞋的「保鑣」。

跟麥可拉・波恩合照。她是五呎多高的單身紅捲髮，奧地利腔讓她無論說什麼都迴盪著心理分析的眞實感。

這是我的「沒什麼大不了，我在泰姬瑪哈陵」姿勢，我只差在前方地上擺著幾千塊錢鈔票。

我和老爹在星際
戰警第三集的片
場。

老爹在費城他的水岸公寓裡。

二〇二一年父親節。

媽媽和她的所有小孩與大多數孫兒女。左起：碧玉、艾許莉、崔許、傑登、多明尼、史凱拉、米亞、薇洛、蘭斯頓、我、媽媽、凱拉、皮拉爾、凱爾、潘、特雷、莎賓娜、艾倫、迪昂、艾迪、哈利、雪莉和泰勒。

「這次不行，J。我沒意願。」

「我想你該見見麥可·曼恩，」JL 說。

「我不想見他，聽他鼓吹一個小時，然後還必須拒絕他。我肯定希望跟他合作——只是這次不行。」

「我認爲你該接受會面，」JL 說，彷彿他還沒說過，我也還沒拒絕。

我停頓，然後試著釐清我的立場：「不！門都沒有。絕對不行；休想。絕不——不可能。嗯嗯，免談。」

我們掛斷，我繼續過我安全、迴避挑戰、厭惡風險的小日子。大約一星期後，JL 又打來。

我不禁猜想幾十年來我跟詹姆士·拉希特通電話應該超過兩萬次了，平均長度七到十二分鐘，有來有往，總共大約十七萬一千分鐘。意思是我跟 JL 在電話線上度過了大約一百一十八天。所以，當作參考，如果是普通電話，我們開頭互祝新年快樂，到結束通話時我可能問他復活節要幹嘛。我們什麼事情都在電話上談——出生，婚姻，電影，小孩，意外，音樂，金錢，非金錢，死亡，蠢事，還有運動。

但這二十六秒的通話肯定是拉希特一生的前五名。他以他那標準、毫不擔心的單調語氣說：「穆罕默德·阿里要求當面跟你說話。」

我們之中只有極少數人知道自己的身分，他們了解自己的天命；他們對人生目標一清二楚——甘地、德蕾莎修女、小馬丁路德金恩、尼爾遜・曼德拉，甚至幼小的改變觸媒像瑪拉拉・尤薩夫和葛瑞妲・桑柏格。每個人都接受自己的崇高義務，願意爲了正確的事受苦以造福他人。他們的信念有種迷人的力量——他們冷靜，他們果斷，他們關愛，即使在衝突與最惡劣的風暴中。光是在他們面前就能啓發人心追求更高的目標。你會想追隨他們；你想要服務他們；你想要跟他們一起奮戰。

穆罕默德・阿里在名聲與財富的巔峰——也是他運動能量的全盛期——放棄一切反對越戰。他以宗教理由作爲良心反對者拒絕徵兵入伍，一九六七年，阿里因「逃避兵役」被定罪判處五年徒刑。他的護照被扣留；他被高額罰款；而且被罰禁賽三年。

「我不是逃避兵役。我沒有燒國旗。我沒有跑到加拿大。我就待在這裡。你要抓我去坐牢？好，儘管動手。我坐牢四百年了。我可能還要再關四五百年，但我不會跑到一萬哩外去幫助殺手殺害其他可憐人。如果我想死，我會馬上死在這裡，對抗你們，如果我想死。你們才是我的敵人，不是中國人，不是越共，不是日本人。我想要自由時你們是我的壓迫者。我想要正義時你們是我的壓迫者。我想要平等時你們是我的壓迫者。要我去別處爲你們打仗？你們在美國本地根本不肯爲我的權利和宗教信仰站出來。你們在國內根本不想爲我站出來。」

我跟這位鬥士、他太太洛妮和女兒萊拉與梅梅在拉斯維加斯見面。

阿里坐在一碗雞湯麵前面。雖然我沒打算在電影裡飾演他，我還是忍不住檢視他的頭髮，他嘴唇碰到湯匙的形狀，他用右手吃東西時左手放在桌上支撐身體的方式，還有他肢體動作的驚人流暢度。他抬頭看我，臉色變成典型的阿里皺眉，他的上排牙齒逗趣地咬著下唇。

「誰放這個笨蛋進來的？」阿里大叫，同時在桌邊跳起來。顯然這家人遇過這種狀況。每個人開始扮演他們的角色。梅梅站到父親前面。

「別這樣，爹地，」她說，「今天別這樣。」

阿里假裝掙扎要擠過她。

「這笨蛋以爲他可以直接走進來。讓我會會他，」他說，聽起來就像穆罕默德・阿里沒錯。

輪到洛妮介入。她和梅梅這時想要拉住阿里。

「算了，親愛的，」洛妮親切地說，「把你的麵吃完。你可以一天不跟人打架讓我們清靜一下嗎？」

輸人不輸陣，我決定配合演出。

「聽老婆的話，冠軍，」我說，「吃你的湯麵。你不會想要跟我打架的。」

阿里聽了假裝暴怒。

「夠了！夠了！你們別擋路！我要看看一拳打進他嘴裡他怎麼講話！」

所有人爆笑起來。誰知道這家人演過多少次這種戲碼？但是這次，是阿里給我的禮物——他知道我下半輩子都會轉述這件事。

阿里就是這樣的人。他總是想要製造會讓你永遠微笑的小事。他知道自己是穆罕默德・阿里；他知道這對民眾的意義；他會不怕任何麻煩，只爲了在你心裡簽上充滿愛的記憶。

他「冷靜」下來之後擁抱我。他開始檢查我的二頭肌和腹肌，觸摸我雙手的骨架。他舉起雙手假裝戴著拳擊手套。

「讓我看看你的直拳，」穆罕默德・阿里說。

「呃，我還沒做任何訓練，冠軍……」

「沒關係，快點，你靠嘴皮子可無法出拳！讓我看看，」史上最強鬥士堅持。

我對拳擊和出拳完全外行。當時我是左撇子。但我出手，用最糟糕的右直拳輕觸阿里的手。阿里痛苦慘叫彎下腰，抓著他的手把我嚇壞了。

「你們看到沒有？」他指著我說，「這小子剛打我！我在做我的事他突然打我！笨蛋，你今晚要坐牢了！」

室內再度一陣爆笑。然後阿里向洛妮宣布，「他幾乎夠帥可以飾演我。」

我們談了幾個小時。

「他們要我節食，」阿里說，「洛妮認爲我太胖了。」

我搞笑地偷看他的肚子。

「是啊，看來你肚子裡有很多東西喔，冠軍，」我說。

阿里把雙手放到肚子上，低頭看著，然後搖晃。

「喔，老兄，這沒什麼，只有小女孩的遊戲場那麼大。」

我估算我們的幽默感有多相似。我們的交流順暢又自在；他內心深處像個小孩，跟我很和諧。他的心思對我來說很透明。阿里告訴我他的童年；學會打拳之後他的人生如何改變；他的奧運勝利；女人對他如何棘手；跟他父親的緊繃關係。我很震驚我天生多麼了解他。我內心的演員在想，喔幹。我搞不好眞的能演……

「我不要別人演這部電影，」阿里說，「我拒絕大家很多年了。但如果你能向全世界講我的故事，我會很榮幸。」

麥可・曼恩是我最喜歡的導演之一：烈火悍將、大地英豪、驚爆內幕、1987大懸案、邁阿密風雲。會面在洛杉磯一座他改裝成辦公室的小倉庫裡進行。主要空間是三千平方呎的穆罕默德・阿里戰情室：幾千張照片，書籍，紀念物，雜誌文章，一疊疊塞爆的彩色編碼檔案夾，好幾台電視在播影片——訪談，阿里的連環直拳。拳擊沙包，槓鈴，罩衫，手套，彈力索圍繞著中央完美照明的拳擊擂台。

看起來好像聯邦調查局維吉尼亞州匡提科的戰情室——細節程度令人驚奇。我抵達時，麥可正在跟一位義大利老人講話。四件黑色皮夾克披在他們前面的假人身上。他們正在爭吵。麥可想要他在六〇年代末期的阿里照片中看過的一模一樣的夾克。義大利人是已經七十三歲、曾經製作原物的裁縫。他寄了四個版本的夾克，都沒有獲得麥可的批准，所以麥可從芝加哥把他請過來討論問題所在。裁縫在強烈地捍衛他作品的精確度，來回在六〇年代照片和夾克之間指來指去。（附帶一提，在我看來四件夾克都一樣。）

「麥可，恕我直言，」裁縫說，「我做過原始夾克。我也做過這四件複製品。一切都完全按照四十年前的樣子做的。」

「怪怪的，」麥可說，「不對勁。」

隨著爭論激化，麥可忽然想到。

「我知道問題了，」麥可歡呼，指著照片中阿里的領子。「複製品領子的縫法是單線；但是看照片裡，縫法是雙線。」

裁縫瞇起眼睛發現麥可說對了。他想起在七〇年代中期，縫線的纖維改變了，他不再用雙線技法。他跟麥可握手然後開始去做正確的夾克。

原來，麥可．曼恩是學者等級的研究員。我從未認識過（之後也沒有）更加徹底的電影科學家。

我們坐到麥可的辦公桌邊。

「我在一九六三年見過馬侃X（Malcolm X），」麥可說，「我比阿里小一歲，算是相同世代，所以我也會對他生氣的事情生氣。我不是要把他偶像化；那會減損他的人性。這不是關於拳擊，而是關於政治、戰爭、宗教和叛逆的故事。我希望創造一個內幕觀點，親密的觀點。我希望看到他的運氣走到絕對谷底時的消沉。」

「我不知道怎麼變成穆罕默德・阿里，」我坦承。

「呃，幸好你不必擔心這點，」麥可說，「我會打造課表讓你變得像阿里一樣。你只要遵守要領就好了。」

麥可解釋他會做所有研究，建立世界級的教師、專家和教練團隊。他會負責我的行事曆；他會用實際跟阿里相處過的人包圍我。他會挑選我的衣服，他會建立卡司，他甚至會選擇我該聽的音樂。

我只需要專心就好。

我喜歡這個配方的樣子：找個堅定的指揮官，加上一些明確的命令，加入紀律，徹底搖晃。我肯定可以做到。

「但是可不輕鬆喔，」麥可說，「會耗盡你身上每一滴力氣。或許還要多一點。你有拳擊經驗嗎？」

「完全沒有，」我說。

麥可毫不擔心，或許還有點被弱點啓發的樣子，伸手拿他桌上的電話。

「達洛還在這兒嗎？」他明知達洛還在卻故意問，「好。叫他進來。」

達洛・佛斯特是我生平認識過最強悍的人。

達洛在華盛頓特區的街頭出生長大，熬過了充滿暴力與虐待的可怕童年。「幹──我沒死掉或坐牢眞是個奇蹟，」他說過，「要不是練拳擊，老兄，很難說……這些手套救了我的命。」

達洛是運動神童。他十歲就開始練拳擊，短短幾年就成了他的量級的全國最佳業餘選手。十三歲時，他贏得金手套獎，相當於業餘拳手的超級盃。他從未輸過。他有很多大學獎學金機會。他的教練甚至打算參加奧運。

後來，十七歲時，達洛・佛斯特差點在擂台上打死人，在裁判叫他停手之後還打人。就這樣，達洛被剝奪了救他一命的運動。他被禁賽了。

達洛轉職成訓練師。他也幹得很好。他是跟史上最佳拳手之一舒格・雷・倫納德一起長大的，當過他的訓練搭檔，幫他贏得奧運金牌並在五個不同量級成爲世界冠軍。舒格・雷一退休，達洛就搬到好萊塢開始當電影顧問。他在這裡幫忙訓練過伍迪哈里遜和安東尼奧班德拉斯演出一九九九年電影《終極炫風》。到了二〇〇〇年，麥可・曼恩需要人負責把威爾・史密斯變成穆罕默德・阿里的重擔，達洛是麥可對此重責大任的首選。

達洛走進房間──五呎十吋高，一百九十磅重。試想像鬥牛犬和磚塊配種的結果。他的左上臂驕傲地刺著奧米加符號──他是個 Que Dog（美國黑人的奧米加 Psi Phi 兄弟會成員）。他們強悍到了極點。他的姿勢僵硬，站得筆直，抬起頭，肩膀後縮，好像軍人。像個將軍。他的雙手按照它們的原始設定呈半握拳的姿勢，以防萬一。

他的存在很嚇人。

他已經在上下打量我。不太有信心。他伸出手跟我打招呼——不是握手，是碰拳頭。我們碰了一下。

「你多高？」達洛說。

「我六呎二吋。」

「你現在多重？」

「大概一百九吧……」

「是喔，這樣不夠，」他好像自言自語地說，走向拳擊擂台。「脫掉鞋子，上來。」

什麼？我穿牛仔褲耶。還戴首飾。我現在很時髦。

但達洛已經進去了，等著我。麥可・曼恩去拿攝影機。達洛戴上手靶，雙手互擊，空曠的倉庫裡迴盪著爆炸聲。回聲似乎在說，給我快一點，閃亮小子……

達洛毫不在乎我是世界最大咖電影明星。其實，他幾乎認爲這正是最大的問題。

麥可・曼恩幫我戴上十四盎司的手套，我踏入擂台。

這老兄最好別打我。

「世界上九十%的人是右撇子，」達洛用似乎大到沒必要的聲音說。「意思是如果你在街上被打倒，大多數時候對方用的都會是上手右鉤拳。爲了出拳，人的右腳必須往後退——這樣他們才能保持平衡出拳。你會在街頭看到這在黑人衝突時經常發生。所以，當你看到他們轉移重心，就知道下一個動作。你的後顱骨是頭部最硬的骨頭，所以我們今天只練習：把你的左耳貼到肩膀上，我們會用你的頭頂打斷他的手。然後你要出右直拳反擊。」

我們重複這個程序大約三十分鐘。達洛假裝我們身在街頭。他講屁話，然後右腳後退，揮出上手右拳；我會算時機用我的顱骨左後部迎接他的手套——「我頭部最硬的骨頭」——然後我出右拳反擊他手套的中央。

「你練熟了，」達洛說，「就會贏過街上的大多數混蛋。」

「這是阿里的招式嗎？」我說。

「不用擔心阿里。我會先教你怎麼打拳。」

這個承諾在我心裡印象深刻。他會教我如何眞的打鬥。想到能夠在肢體上自衛讓我不禁開始尊敬與服從達洛的領導力。

麥可和達洛默默互看一眼。他們看夠了——顯然，他們必須在我背後談我的事。達洛開始脫掉手靶走出擂台。

「我們明天見，」達洛說。

「我們明天要做什麼？」我說。

「對打。我們只有一年——我們必須趕快開始。」

達洛的訓練風格是完全沉浸：他不要求任何人做他做不到的事。接下來的一年，他就在我身邊跑了每一哩，跳了每根繩子，舉起每個槓鈴，打了每個回合——就是訓練的每一刻。他吃飯配合我；睡覺配合我；工作也配合我。他常會引述艾德格‧蓋斯特的詩〈我們所見的佈道〉：

我總是寧願看一場佈道，也不要聽，
寧願人陪我同行，不只是給我指路。
眼睛是比耳朵更好的學生。
好意見令人迷惑，但親身示範最清楚……

他不是我預期會引述詩句的人。

達洛有個「不要演員」規矩——他成立了一座眞實格鬥營。電影裡每個拳手角色都會錄用活躍專業的拳手：前重量級冠軍麥可・班特，飾演桑尼・李斯頓；詹姆士「量倒」托奈——三個量級冠軍——飾演喬・佛雷澤；IBF輕重量級冠軍阿爾佛雷德・柯爾飾演厄尼・特雷爾；十七勝一負的重量級拳手小查爾斯・舒福德飾演喬治・佛曼。這些會是片中的主要對打。

「我們這裡不搞好萊塢那套狗屁。這是眞實格鬥營，」達洛說，「我們是要準備奪冠的。去他的電影。」

大家都知道我們受訓是爲了穆罕默德・阿里。每個拳手都感覺虧欠與尊敬阿里。拍片計畫中有股我從未體驗過的活力。電影的目標對我們全體有團結與加油的效應。

第一週慘斃了。我剛完成三十分鐘的步法訓練，精疲力盡，所以我躺在擂台裡。

達洛從遠處看到我之後生氣了。

「欸！給我起來！」

他走向擂台時我站起來。

「不要躺在擂台上偷懶，」他說，「你怎麼訓練就會怎麼打鬥。」

你怎麼訓練就會怎麼打鬥是達洛的核心格言之一。「你怎麼做一件事就會怎麼做每件事，」他說過。達洛不希望我躺在擂台上偷懶，以防我眞的被擊倒。他希望躺在擂台上的感覺對我很陌生，以防我眞的在拳賽中躺下來。

他的立場是：夢想建築在紀律上；紀律建築在習慣上；習慣建築在訓練上。訓練發生在你生活中的每一秒與每個狀況：你如何洗碗盤；你如何開車；你在學校或職場如何做報告。你不是隨時盡力就是不會盡力；如果一個行爲未經訓練與練習，在你需要時就做不到。

「訓練的目的是把極端狀況下的反應習慣化，」達洛說，「狀況惡化時，你不能仰賴思考的心智。你必須有不用思考就發生的習慣性本能反應。永遠別讓你的殺手本能退化。」

桑尼・李斯頓和喬・佛雷澤的比賽發生在電影前段，所以麥可・班特和詹姆士・托奈是最先跟我訓練的拳手。達洛和我花了前三個月在只有我們兩個的情況下先打下基礎：步法，姿勢，有氧運動，培養經典的阿里直拳的熟練度，阿里稱之爲「蛇吻」，因爲那是模仿眼鏡蛇的攻擊動作。麥可・曼恩請來大腦科學家協助他所謂的「燒錄新的神經通道」。科學家打造了一支反覆播放典型阿里步法與直拳的二十分鐘影片。我要坐在漆黑房間裡，每天看這個影片兩次，盯著重複的動作直到它燒錄在我的腦幹裡。

訓練的前幾個月是在鏡子前，在無人健身房，偏遠的地點。我們在科羅拉多州的高山雪地穿軍靴跑步。我幾乎無法呼吸；達洛也跑了同樣距離，但是顯得像剛睡醒。我必須休息。達洛不太在乎我在雪堆裡的小休息。

「寫他的名字，」達洛說。

「蛤？」我缺氧掙扎地說。

「阿里。寫出來。」

我俯身慢慢開始寫字。

A—L—I。

達洛拿出他的手機拍了照片。

「你必須記得我們為何受苦，」他說，然後開始跑步。

團體訓練營開始後，不再只有達洛和我。我第一次戴上手套面對擂台對面的老練拳擊手。達洛幫我綁手套帶子時向我耳語，「這些人不是演員。是本能的鬥士。他們的手在自己想到之前就揮出來了。拳擊的第一規則：隨時要保護自己。」

在鏡中，我開始顯得像穆罕默德・阿里。現在我兩百二十三磅還有肌肉，仰臥推舉最多可以舉起三百六十五磅。但是其他拳手一走進擂台，我的恐懼不允許我維持前傾姿勢。我的腰開始過度後仰。

「脊椎角度不要變！向前！」達洛在擂台外大喊，「避開正面！製造斜角。」

但麥可・班特一點兒也無法啓發我往他前傾。我判斷，管他的，就前傾吧！我簡單的兩吋脊椎調整引來了麥可・班特的右拳。我看到了，但來不及躲。我只有時間壓低下巴準備衝擊。班特的右拳打在我額頭高處，但因爲我的姿勢前傾，頭部沒有後仰——而是向下壓縮到我的脊椎。我感到一陣電擊從脊椎頂端傳過雙臂，在手肘結束。我嘴裡有股鹼性金屬的味道，好像舔到九伏特電池。幸好班特看到我受傷了，沒有用他打倒湯米・莫里遜成爲重量級冠軍的左鉤拳追擊。

這是我第一次眞正被打中。現場每個拳手都知道這是大勝或慘敗的時刻——迎戰或逃走。每個人都沉默。達洛冷靜地走進擂台扶我坐到角落去。

「你還好吧？」他說，其實很清楚我不好。

麥可・班特出現在達洛肩膀上方。「天啊，你沒事吧？」他用濃厚的布魯克林腔說。

我只想到，我該死的車鑰匙跑哪裡去了？

回顧我的人生，我看到搞笑故事，美好的經驗，悲劇的損失，壯觀的勝利——全部被幾個關鍵時刻混在一起，完全改變我旅途走向的重大選擇。跟麥可・班特在那擂台上，觸動了一個要花十年才能復原的開關。我內心的戰士完全接管了我人生的一切。

我從凳子上站起來，看著班特說，「打得漂亮。我們繼續吧。」

訓練的一年和拍攝阿里的五個月是我整個職涯中精神上、生理上與情緒上最煎熬的考驗，但也是最有轉變性的。

拍攝阿里的工作遍及七個城市兩個大陸。我們從洛杉磯開始，在芝加哥拍兩週，在紐約和邁阿密短暫停留，然後該回家了。我們前往祖國。我們前往我從沒去過的非洲。

阿里的最終劇情在莫三比克拍攝。麥可・曼恩是純粹主義者——他想去剛果民主共和國拍攝，實際上「叢林大戰」（譯注：Rumble in the Jungle，一九七四年阿里與喬治・佛曼對戰的專有名稱）發生的地方。但那裡內戰打得火熱，劇組只好轉往馬普托。

麥可希望演員們感受一下一起飛行與抵達——傑米・福克斯、傑佛瑞・萊特、諾娜・蓋伊，米凱提・威廉遜，朗・席佛，馬利歐・范皮柏，強・沃特和麥可・米歇爾；還有我、JL、查理和整個小隊。麥可想要營造阿里和他的團隊感受過的類似情緒體驗。這也是他電影天才的一環。

結果有效。

初次體驗非洲的威力怎麼高估也不爲過。下飛機走兩步，我已經哭了。我不確定是我的細胞還是靈魂認出了自己的起源，但是深入內心又強烈。我們在莫三比克馬普托機場外找了個安靜的地方；我們全體牽手擠在一起，跪下親吻土地。有個機場工人隔著圍籬向我們大喊，「兄弟，歡迎回家！」

「尼爾遜‧曼德拉邀我們去吃晚餐，」JL 用他平淡的 JL 語氣說。

我嚇得無法回應。

「他現任老婆是葛拉瑟‧馬契爾，莫三比克前總統的前妻，」他說，好像在念維基百科的資料。「他們在這附近有棟房子。」

「J，你通知我這種事的時候臉上好歹要有點表情啊，」我說。

我感覺到這部片周圍的世界運轉不一樣了。光靠阿里的名號就以我從未經歷的方式敲開了很多門。引發了我們接近的每個人的善意。他的遺澤潤滑了拍片的後勤之輪——談判協議，辦許可，借場地，選角，所有人所有事都想要服務阿里。無論我們需要什麼來妥善講述他的故事，答案總是沒問題。不是因爲他的名聲或他的拳擊頭銜；不是關乎成功或金錢；

永遠正面的反應重點是大家深深認同與尊敬他一輩子正直。面對嚴重的不義、深刻的偏見與財務困境，他對原則的信念從不動搖。他是史上最偉大的鬥士，但是也經常說，「我的宗教就是愛心。」

每個人都想參一腳表彰他。

我體驗過名聲的磁力，我很清楚名流的誘惑力，金錢的吸引力，但這是我第一次嘗到目標的力量和服務的輻射力。

尼爾遜・曼德拉因爲反對南非的種族隔離政權被不公正地囚禁二十七年。他因爲在石灰礦場辛苦勞動視力受損。種族隔離體制被推翻之後，他從維多・維斯特監獄獲釋，後來當選了南非總統。

他上任後最先做的事之一是舉行眞相與和解委員會的聽證會，對罪惡的種族隔離體制策劃者和暴行執行者進行審判。尼爾遜・曼德拉以爭議性的非凡行動，提議原諒與赦免那些坦承暴行的人。雖然他這個立場廣受批評，但如同他在二〇一二年寫道：

到頭來，和解是個精神的過程，不只需要法律框架。它必須發生在人民的心靈與頭腦中。

晚餐之夜來臨。二十個演員與工作人員前往他在馬普托的郊區住宅。我進去時，查理・麥克和 JL 在身邊，我再度眼眶泛淚。

「你不用哭啊，老兄，」查理・麥克說，「你屬於這裡。」

「哈囉，威利！」曼德拉先生說，開心地擁抱我。「來吧——你坐我旁邊。」

「馬迪巴」——他的密友和家人都這麼稱呼他——牽著我的手帶我參觀他家。我們想必牽了十分鐘吧。在我長大的地方男人不會這樣牽手的；情感的表達令人感動。

我向每個人介紹他；他也回過來向我介紹他的妻子葛拉瑟等家人。他坐在餐桌主位，讓我坐在他右手邊。我們大家吃飯談笑，他誇獎我們表彰阿里。接著，用餐結束，馬迪巴開始以清晰細節回顧種族隔離的恐怖與他的二十七年牢獄生活，其中十八年關在羅本島。

「身爲受刑人，我們每個月能看一部電影——來自全世界的電影——但我特別喜歡美國片。有部片叫做《惡夜追緝令》，悉尼・波提耶主演。在電影中段，有個奇怪的失誤。我看得出電影被剪接過。我很好奇。我用外面的所有角度和人脈去找被剪掉了什麼。花了幾星期，但最後我被告知悉尼・波提耶打了白人一耳光。我的精神大受鼓舞。如果美國電影裡的黑人已經站在跟白人同胞平等的地位，那麼這只是時間早晚的問題。這部片令我強大，啓發了我。」

然後他暫停，直視著我的眼睛說，「絕對不要低估你的工作的力量。」

晚餐後，演員和工作人員到處閒晃。夜色降臨。馬迪巴和我共度安靜的片刻。他冷靜地坐著，觀察房間。我忍不住盯著他。他臉上有跟琪琪每週日在復活浸信教堂會露出的相同小微笑與恍惚的神色——他嘴角微微上揚透露出無比的安詳。

我看了心跳加快。他很快感覺到了我的注視，把注意力轉向我。我開玩笑但很嚴肅地問他，「那副表情是怎麼回事？」

他盯著我，彷彿想分辨我是否意外問了個好問題，或者，我是否誠心問他，我是否準備好聽答案了？

「如果你願意來跟我住一陣子，」馬迪巴說，「我會教你。」

如果你願意來跟我住一陣子，我會教你。

我們準備拍攝阿里的最後場景——阿里對佛曼的「叢林大戰」時，馬迪巴的話揮之不去。就像藝術模仿生活的完美範例，這是阿里生涯中最困難的戰鬥，也是電影中最難捕捉的激戰。

拍攝花了兩星期；麥可・曼恩翻新了整座體育館，在看台上擺了兩萬多個臨時演員。因爲燈光和濕氣，擂台上高達華氏一百零五度，我拍攝第一天就瘦了十一磅。意思是我得吃兩倍幾個月來「享用」的雞胸肉、花椰菜和糙米。

某個週末，大家在馬普托郊外我們租來的房子裡閒坐。我跟達洛與其他拳手訓練了一年多，一切都爲了這最後的場景。

非洲經驗是整趟旅行的頂點。我的朋友比拉爾・沙蘭、戴夫・海尼斯和麥克・索奇歐飛過來，帶了我當時急需的新活力火花。雖然大家把這當作一般的電影拍攝，達洛卻當作戰鬥營。

結果我朋友比拉爾在訓練與拍攝期間瘦了一百磅。戴夫・海尼斯是我的替身——在好萊塢術語，意思是他會站在我預定站的位置讓工作人員設定燈光和鏡頭，準備好所有東西。戴夫很討麥可・曼恩喜歡，麥可在電影裡給了他阿里弟弟拉曼的角色。我在對打過程中意外把戴夫打到腦震盪。

我朋友麥克是新鮮王子的編劇。我僱用他拍紀錄片記下我們的整個非洲經驗。就他所知，他是帶著國內的標準過來，因此，他從費城帶了一箱士力架巧克力棒。

達洛爆炸了。

「黑鬼，你在吃他媽的士力架？」他說，這句話對麥克而言有雙重困惑——第一，在他心中他只是個攝影師，第二，他是白人。「威爾馬上要站上擂台被兩百三十五磅的王八蛋打他的頭。這是他畢生的挑戰。我們都因爲他的受苦獲利，你卻帶進該死的享樂原則。他不必看到你們這些傢伙大嚼該死的巧克力棒！你不是在幫他，就是在傷害他。如果你不願意幫忙，那就給我夾著尾巴滾回家。」

（非洲旁注一：麥克最後訓練出了生平最好的體格，感謝上帝，因爲他雖然是個好編劇，拍起影片實在很糟糕：有一次叢林觀光我們被大象追，麥克嚇得無法舉起攝影機，我們只錄到聲音……麥克的慘叫聲，還有查理・麥克連說十一次「那是他媽的大象啊！」）

達洛和 JL 完美同步。JL 知道這個壯舉的嚴重性。他爲這種秩序奮戰了很多年。查理的老爸當過拳擊手；查理一輩子都在拳擊健身房打混——他了解支援鬥士、確保我們集體勝利的概念（查理和戴夫甚至開始叫我「冠軍」）。奧瑪反正從不相信任何人，所以他喜歡達洛捍衛這個空間。

這種戰鬥營、支援鬥士的心態成爲我們團體的新法則。每個人都必須對打；每個人都必須在健身房運動；每個人都必須吃適當飲食；每個人都必須看書做研究提供新點子。每個人都要過有紀律的生活，追求最佳版本的自己，否則他們就必須滾回家。講述穆罕默德・阿里故事的團結任務建立了新的基本生活方式，延續到《阿里》完成後許久仍影響著我們的團體。

當時莫三比克的基礎建設不足以維持《阿里》這種規模的大片。我們名符其實必須重建與整修飯店與住宅才能收容大批演職員。大多數工作人員與設備必須從鄰國南非引進。這製造了一股隱晦的緊張：大多數是白人的南非製作分隊，爲大多數是美國黑人的演職員工作，後援則是全部都是黑人的莫三比克支援人員。種族與國籍摩擦從第一天就開始悶燒。

但是美國黑人演員和莫三比克人之間有股即刻的情誼。傑米・福克斯差點成爲當地人——他每晚出門；傑佛瑞・萊特空閒的每一刻都跟藝術家、詩人和音樂人在一起——他總是帶令他佩服的人到片場來。（非洲旁注二：我的理髮師皮爾斯後來愛上還娶了個名叫伊娃的莫三比克美女。他們生了兩個漂亮小孩，名叫馬杜和蓋爾。）

我們都挺喜歡一個名叫荷黑・馬席爾的年輕製片助理。他二十出頭歲，個性好到令人難忘。每個人都喜歡他，讓他成爲莫三比克支援隊的實質領袖。（非洲旁注三：荷黑跟我們說他想搬去美國。我們告訴他，「好啊，荷黑，如果你到了，我們罩你。」阿里殺青的六個月後，荷黑出現在洛杉磯；他搬來跟皮爾斯住，我資助開了一家清潔公司讓他持有並經營五年，直到他覺得學了夠多商業知識可以回老家創業了。我們又資助開了一家貨運公司讓他持有並經營到現在。）

非洲經驗對我們所有人都心靈性、轉變性又深度情緒化。

某天，荷黑來找查理・麥克，通知他有個白人南非員工攻擊一個莫三比克年輕助理。那個南非員工負責打掃與維護片場的廁所；顯然那個莫三比克年輕人據稱在馬桶座上留下了尿滴。員工追上他，抓住他後頸，把他帶回廁所，據說用他的臉擦乾尿滴。

查理氣噗噗來到我的拖車。

「唷，快跟我來，有群混蛋嗑茫了。」

我不知道是哪個混蛋和哪種茫，但我認識查理夠久知道不妙。事件消息在片場傳開，浴室周圍出現人群。我們抵達現場時有十個我們的人。左邊是十五個莫三比克助理，右邊是三十個南非白人員工。查理・麥克直接走進中央。

「是誰幹的？」他說。

莫三比克人指著被控的員工。我們都轉身面對他。「唷，你把別人的臉拿去擦馬桶？」比對方高出一截的查理說，

「這跟你沒關係，」員工說。

「喔，跟我關係可大了。我要你用我的頭去擦馬桶，」查理說，同時逼近他的個人空間。

因爲太接近不自在，男子退後兩步，這促使查理前進了三步。這時，我們和南非員工旗鼓相當，每個人都在挑選萬一開打時的目標。

「我做錯什麼要用頭擦馬桶？」

其餘員工試圖緩頰。

「大家都冷靜一點……」這只讓查理更生氣。

「我要我的頭去擦馬桶！我做錯什麼要用我的頭去擦馬桶？你媽是個該死的婊子！這樣夠嗎？」查理直接在被控者面前吼叫。

「你媽是個操屁股的婊子！這樣我要用頭去擦馬桶嗎？你喜歡拿別人的頭去擦馬桶！用我的頭試試看！告訴我要怎麼做！如果我打掉你該死的門牙，你會拿我的頭去擦馬桶嗎？」

此時，麥可・曼恩醒了。他聽到有事件在醞釀。他很可能是整個莫三比克唯一（或許曼德拉除外）能夠滅火的人。麥可指著我然後指向南非員工的領袖。

「你，還有你，請到我辦公室。其餘的人回去工作。」

「那傢伙必須開除。馬上，」我說。

「事情不是這樣辦的，」指定的員工領袖說，「而且，恕我直言，這跟你們沒有關係。我們會在內部解決。」

「你愛怎麼解決就怎麼解決，」我說，「但你必須讓你的種族歧視朋友離開。他被開除了。他不能留下。」

「我同意，」麥可說，「我的片場不會容忍那種行爲。」

「你們傲慢的美國人和愚蠢的種族歧視，」他說，「每次衝突都不符合你們幼稚的種族概念。」

「所以，等一下，」我說，「讓我搞清楚：你是說如果是白人員工你也會這麼做嗎？」

「我是說你不可能理解這裡事情的複雜度。」

「OK，」我說，「不如這樣吧：那個混蛋因爲是個豬頭所以被開除了。」

「呃，」男子說，「如果他走路，我們全部走路。」

他說的「全部」是大約一百個我們的南非員工。如果他們離職，我們的電影就拍不成——幾千萬美元會化爲烏有。這是潛在災難性的威脅。我心臟狂跳；我心思飛轉；我答應過穆罕默德．阿里我會把他的故事帶給全世界。如果我讓員工辭職，這個計畫可能毀掉。

然後宛如從天而降一記左鉤拳讓我想到：這是阿里。這一刻才是重點。穆罕默德．阿里爲了這個目的放棄一切。去他的電影。阿里絕不會希望他的電影靠十七歲小孩的頭被壓馬桶支援才上映。

我想清楚了。

「那你的所有混蛋可以滾回家了，」我說，「我會花我自己的片酬從美國調派員工過來。但我們絕不允許拍穆罕默德・阿里的電影有人的頭被壓馬桶。滾吧。」

說完，我離開麥可的辦公室。

麥可百分之百支持我。最後，只有約二十%員工離開。麥可和我決定分攤超額費用。我們出了幾百萬美元，但感覺根本不必考慮。我開始了解目的的力量。

目的和慾望或許很相似，但兩者差異很大，有時候甚至是相反的力量。

慾望是私人的，狹隘的，尖銳的，傾向自保、自我滿足，還有短期獲益與快感。目的是廣泛的，宏大的，包括他人獲益的長期願景——在自身之外你願意爭取的東西。人生中有很多次我從慾望立場開始行動，但說服自己完全相信那是我的目的。

慾望是你想要的；目的是你本質的開花結果。慾望容易隨著時間減弱，而目的你越投入越強化。慾望可能造成損害，因為它永不滿足；目的令人堅強——它是更強力的動機。目的有辦法脈絡化人生中無可避免的苦難，讓它們有意義且值得承受。如同維克多・弗蘭克寫道，「在某些方面，苦難從找到意義的時刻開始就不再是苦難了，例如犧牲的意義。」

崇高的目標帶來正面的感受。當我們追求我們相信深刻有價值的目標，它會激發出我們自己和他人最好的一面。

我不是容易後悔的人。但尼爾遜・曼德拉生前的最後幾年，每年都傳話給我，催促我去跟他住一陣子。我可是老人，別拖延了。

但我內心深處感覺不配；世界需要尼爾遜・曼德拉——我憑什麼多佔用他一秒鐘時間？多年來我見過馬迪巴很多次——這裡的慈善活動，那裡的頒獎典禮，每次只有五到十分鐘。

二〇一三年十二月五日，我在澳洲雪梨巡迴推銷電影。我看電視時現任南非總統雅各・祖馬出現在螢幕上。

「南非同胞們，」祖馬說，「我們敬愛的尼爾遜・羅利拉拉・曼德拉，我們民主國家的開國總統逝世了。」

尼爾遜・曼德拉在當地時間晚上九點左右逝於南非約翰尼斯堡。他的家人與好友隨侍在側；享壽九十五歲。

馬迪巴走了。那是我一生最感到後悔的時刻之一。

我爲什麼不接受他的提議呢？這些年來，我對這個問題做了深度反省。他以最純粹的情感和最高禮遇對待我。我嚇到了。他在我身上看到某種我自己都還沒看到的特質。我想我潛意識裡不想跟他長期相處，是怕我無法符合他對我的印象。或許我認爲他會要求我做什麼或改變生活方式，而我無法或不願意改變。

馬迪巴認爲我很特別——我不想要證明他錯了。

之後我夢到了他好幾次，他總是露出意有所指的微笑——他的能量好像在說，你隨時準備好了，我都在這裡。

第十七章　完美

（我本來要放總計，但我想到你們陪小孩練習加法或許很有趣。）你看到的是號稱好萊塢史上最長的個人連續賣座紀錄。（注：我的編輯不顧我的意願逼我加上「號稱」。）

我像戰鬥營一樣經營我的生活。達洛不只成為我的訓練師，也是我的導師和保護者。

阿里是我第一次獲得奧斯卡獎提名——證明了戰鬥營生活方式真的有用。

（史密斯家族小知識：阿里提名後來成為我缺席的另一場頒獎典禮。薇洛一歲時跟嘉米在家裡發燒到華氏一百零三度緊急送醫院。〔她耳朵感染了細菌。〕潔達和我在宣布最佳男主角的六分鐘前從會場趕過去。我們駕車離開時，我看到巨型螢幕上丹佐華盛頓贏走了我的獎。）

接下來十年，達洛從未離開我身邊。他逼我，激勵我，在我

年份	電影	排名	國內（美元）	全球（美元）
2002	星際戰警 II	#1	190,418,803	441,767,803
2003	絕地戰警 II	#1	138,540,870	273,271,982
2004	機械公敵	#1	144,801,023	348,629,585
2004	鯊魚黑幫	#1	161,412,000	371,741,123
2005	全民情聖	#1	177,784,257	366,784,257
2006	當幸福來敲門	#1	162,586,036	307,311,093
2007	我是傳奇	#1	256,393,010	585,532,684
2008	全民超人	#1	227,946,274	624,234,272

的整個電影顛峰期保護我的心理空間。誰都逃不過他的檢查。

這段期間，我的團隊旺到不行。沒人像我們這麼忙。好萊塢的人都想搞清楚我們怎麼有這麼高的生產力又這麼長期維持成功。

我的核心團體——哈利、JL、查理、奧瑪、達洛；我的幕僚長珍娜・巴巴屯—貝；我外甥凱爾和狄恩；我妻舅卡里布・平克特；家庭經理米蓋爾・梅蘭德茲；我的執行助理丹妮爾・鄧梅瑞拉——每個人都是戰鬥營的心態。我們在建立我們的生活，我們在追求完美，我們互相要求卓越，也要求周圍的所有人卓越，就像JBM（Junior Black Mafia）說的，你不是潦下去就是躺平。從企業公關到外圍親戚朋友——米亞・皮茲（財產經理），馮・博德利（創意指導），茱蒂・梅鐸（化妝師），皮爾斯・奧斯丁（髮型師），羅伯・瑪塔（服裝）——一路到維護車輛的人，每個人都必須努力往上爬，否則就不能留下。

我是夢想家，也是建造者。我設想宏大願景，然後我建立系統在世界上把它實現。那是我的愛的語言。我想要幫我愛的人爲自己建立非凡的生活。但他們必須願意辛勞犧牲，最重要的，他們必須相信我。如果他們不信，就是完全拒絕我的愛。

團隊開始自稱爲「軍團」。他們不成功便成仁。你不可能建立一個比你周圍的人更高品質的東西，要好就一起好。

有個奇怪又令人不安的成功悖論。當你一無所有，你會苦於辛苦達成你目標的恐懼和痛苦。但當你擁有一切，你會苦於失去一切的反覆殘酷惡夢。

我有老婆；我有家庭；我有有名稱的房地產。我是世界最大咖電影明星，但我開始注意「隱晦疾病」，一種潛藏的貧窮心態。我空前地焦慮與恐懼。一切都顯得很脆弱——受個傷，出個醜聞，或電影失敗一次就必須搬回費城。萬一重演一九二九年的經濟崩盤呢？只有一種恐懼比無法獲得你欲求的東西更糟糕：就是害怕失去它。

上映週末是最糟糕的——簡直地獄。好像總統選舉之夜，每個人到處亂跑，設法交叉比對邁阿密晚上六點的數字與匹茲堡七點四十五分的數字。東岸數字會先傳來——然後你屏息等待芝加哥，接著休士頓，無論民調看起來多好，或你多麼有自信，內心深處你知道什麼都可能發生：週四夜的中西部暴雪會害幾百家電影院關閉，喪失十二％的上映週末票房。看類型而定，電視節目《西斯克和埃伯特電影評論》給你的電影負評嗎？再掉六％。

以前的格言是上映週末的重點在電影明星，最終營收重點才在電影。所以，雖然涉及很多其他因素，如果電影不紅很多人會丟飯碗，但最受打擊的還是海報上的臉孔。你先前的電影多屌不重要，如果這部無法超越，表示你完了；表示搬家卡車會來我的牧場排隊，所有搬來的箱子上都標籤寫著「小勞勃道尼」。

我大概九歲時，老爹帶著我進入第四十八街和布朗超市的地下室工作。我知道你們大多數人沒進過超市的地下室。我不確定我能不能妥善表達那下面是什麼樣子，但容我試試看：想像一座老舊作響的木造樓梯間，每一兩階就有殘缺。老爹會把它們指出來，但對小孩的心智來說，這些無底破洞不只有絆倒的危險，更是通往地獄之門。

樓梯往下來到一個光線昏暗的地窖，過期食物腐爛的地方。我負責拿手電筒——我們需要它是因爲唯一的電燈泡飄忽不定、不祥地閃爍。這是恐怖電影常見的場面，老爹和我都是黑人，所以其中一個肯定無法活著出來。我們的鞋子壓到東西吱吱叫，每一步都黏在油膩結成硬塊的地板上。幾十年的番茄醬破瓶罐，漏出的罐裝食品，早已解凍的破爛豆袋：這是瑕疵品的儲存庫。

這種地窖通常通風不良又非常悶熱。氣味會滲入你的衣物和頭髮……但老爹喜歡。對他來說那是努力工作的香味。當你在做必要的工作養家活口時就是這個天殺的味道。

兩排壓縮機——推動樓上冰箱和冷凍櫃的引擎——沿著這個地下室深淵的兩側運轉。我把手電筒指向壓縮機上方幾乎看不見、蓋滿灰塵的號碼。

「有了，十九號，」老爹說。

到處都是 d-CON 的托盤。d-CON 是一種強力毒鼠藥——老鼠吃了，基本上會被它燒掉腸胃的內部，留下相當噁心的無內臟屍體。十九號壓縮機底下有顯然吃了太多 d-CON 的上半截鼠屍。老爹毫不遲疑，彎下腰，赤手抓起死老鼠丟到一旁。在牛仔褲側面拍兩下手——應該是想要完全擦掉——然後躺下，把他的頭放到剛才半截死老鼠的位置。我差點把午餐吐出來，明確地想起我了解他這個行爲是爲了我，還有我的弟妹，爲了全家。但我也明確地記得我心想如果互換角色，我的小孩當晚根本吃不下飯。

我相信老爹畢生財務困難造成的壓力與不確定性，是讓他情緒上無法維持家庭的一大原因。你剛赤手丟掉死老鼠又把頭放到同樣的位置之後，你再也不想聽任何人說他們今天多辛苦的屁話。

目睹我父母的掙扎讓我留下深刻印象，財務穩定對愛情與家庭要有任何機會繁榮成功是很必要的。

我勢不可擋——好萊塢史上最佳連勝紀錄。我每週工作七十到八十個小時；假日，周末，甚至「假期」都成爲進展的時間。我發現大多數人放聖誕假回來都變胖變虛弱了。所以，假日對我來說成爲拉開領先優勢的機會。我立志每年新年假期回來都要比我去年更健康。我會健身，有時候甚至不吃聖誕晚餐作爲個人紀律的行爲。達洛喜歡也讚賞我的節制。「如果你不吃，我也不吃，」他會說。我會花幾天來做研究和寫作、讀書，或寫劇本，斷斷續續參與其他人享受的任何假日活動。

我決定要辦一個豪奢的聖誕與新年派對——這是三贏。潔達和孩子會把城裡他們所有朋友、表親和家人拉到山上玩一星期。我會送我的生意夥伴到我出錢的漂亮滑雪勝地。意思是他們自己和家人都會享受到免費旅遊。而我可以把整個團隊拉到偏遠的地方——像被囚禁的觀眾——每天開策略會議，協助我在來年提升、競爭與獲勝。

我太強了，我什麼事都贏，勝利對我來說表示我人生中其他一切都該完美，身邊的每個人都該快樂。

但一切並不完美，他們也不快樂。

在我們的整個婚姻期間，早上向來是潔達和我培養感情、累積和連結的時間。我們會在天亮前起床聊很久。我們會分享夜裡做的夢、啓示、新想法；我們會討論小孩和我們家的任何主題。

但是最近，我看得出來有些變化。潔達幾乎天天都在哭。現在，我們的早上時間，她會啜泣著醒來。有一次，她連哭了四十五天。

「那，威爾，你的迅速成功要歸功於什麼？」

「呃，我自認我的天賦相當普通。我認爲我勝出的地方是我毫不退縮、毫不屈服的紀律和工作倫理。別人吃飯時，我在工作。別人睡覺時，我在工作。別人在做愛時……呃……我也在做愛，但我非常努力練習。」

記者們以前很愛這種回答，雖然我在「開玩笑」，實際的計算對我很簡單：如果我能比別人早一小時起床開工，比別人晚睡一小時，午休時繼續工作，我每週會有比競爭對手額外的十五小時。那等於每年比別人多七百八十小時生產力——相當於一個月。如果你讓我比任何人早一個月起跑，他們絕對追不上我。如果他們需要週末和假期，以便他們睡美容覺復原，維持他們鬼扯蛋的「工作生活平衡」，那他們會永遠看著我的車尾燈。

那天是聖誕夜。

我們在科羅拉多州亞斯本租了個房子。聖誕節之前和之後的兩星期是潔達忍受整年其他時間的唯一理由。她有兩個沒得商量的要求：整整兩星期內全家都要在場，而且必須在有雪的地方度過。我們會每年換地方，看下雪的機率決定。沒有任何假日、慶祝、聚會或活動能夠接近潔達對聖誕節家庭時間所認定的情感價值。她小時候的聖誕節客氣地說都「不怎麼歡樂」。她要用自己的家庭來彌補。（注：將近二十年來雪莉每年聖誕節都跟我們過。昆西說得沒錯。）

每個人都必須穿戴潔達挑選的聖誕服飾。附襪子的連身睡衣；醜毛衣；馴鹿耳朵；坐特殊的馬拉雪橇，唱聖誕歌曲。全部強制。每間臥室都有黑人聖誕老人檯燈，你三更半夜想吃聖誕餅乾時會被動作觸動的紅鼻馴鹿魯道夫嚇得魂飛魄散；四十呎高的聖誕樹卡在我們的客廳角落，看起來活像俠客歐尼爾開 Prius 小車。

一整年間，潔達都好像《酷條子》裡的「蜜桃」——一個街頭超級巨星——但是聖誕鈴聲一響，她就變成中西部的中年白人婦女。

這年，潔達決定我們要玩家庭遊戲大富翁。補充一下脈絡，我可是大富翁高手。這不是玩笑；我不是講來搞笑的；這沒有誇大。我研究過，我跟專業教練學過——我完全打算參加國際大富翁錦標賽。骰子一掉落，我不必算格數；我知道中立州在紐約前面六格——我直接拿起棋子移動。我也知道如果你在有很多財產時落在起點，最好別擲出七點，因爲你會碰到機會，你一定知道財產稅單要來了；你也別在肯塔基擲出九點，因爲你會被丟回監獄，你必須再度受罰，不能收你的兩百塊過路費。

我們全部坐下，遊戲開始。我不知不覺間陷入大富翁困境，被困在木板路和公園廣場之間。外行人認爲木板路和公園廣場是最佳房地產；他們不懂的是兩者價格其實貴到無法管理。你從起點前進時財產價値會逐漸增加——木板路和公園廣場是買起來最貴的，蓋房子最貴的。而且，因爲只有兩格，你損失四十％機率在其他玩家前進時收到過路費。你投資這麼多錢，它們蓋房子又比較久——所以你布局好收錢之前就會經過其他玩家的地產——然後整場遊戲大家過門而不入。簡單說，木板路和公園廣場是笨蛋的房地產。它們迫使你陷入孤注一擲的處境，總在祈禱能中大獎。

今晚我就在這悲慘的大富翁煉獄中。

當時薇洛七歲——她建立了第一個壟斷：伊利諾州，紅色地產。我有維吉尼亞和中立州（紫色州），木板路和公園廣場，以及三條鐵路。但我破產了。傑登很提防我的大富翁技術，所以他不太願意跟我做生意。他九歲，卻拒絕我提出向他買下聖查爾斯完成紫色州壟斷的每個論點和協議。潔達有太平洋線——綠地——但她也沒現金蓋房子，所以不成威脅。特雷有波羅地海和地中海——那是起點旁邊的梅子色——和整條康乃狄克線，淡藍色州。他有整個區塊；燒掉大多數現金得來的，但他是盤面上的大猩猩。（注：擁有整個區塊或角落是大富翁的聖杯——每個人每次路過都有錢收。）

盤面上出現房屋和飯店之後，我的木板路和公園廣場困境的弱點暴露了。競爭的套索在我脖子上收緊；現在是孤注一擲的時候了。

潔達落在太平洋。

「好耶！」我大叫鼓掌，引起動態觸動的魯道夫慢慢轉身來看噪音來源。太平洋是潔達的財產，所以沒人懂爲什麼我這麼興奮。在外行人看來，她只是落在自己的財產上。但他們是菜鳥，我是高手。我想我的振奮可能也嚇了潔達一跳。

「你幹嘛這麼興奮？」她說。

「呃，妳剛落在太平洋上！」我喜悅地說。我興奮地解釋我的邏輯，帶他們進入我理解大富翁的崇高領域。

「太平洋離公園廣場六格，離木板路八格。除了七點，六點和八點是統計上擲雙骰子最常見的點數。六點有六種潛在可能性：五－一，四－二，三－三，三－三，一－五和二－四。八點也是：六－二，五－三，四－四，四－四，三－五和二－六。下次妳拿起骰子時，有十三點八九％機率會擲出六點——擲出八點的機率也相同，因此兩者相加，妳有將近三十％機率會擲出六或八點！這時候，我這兩格都有三棟房子，而年輕小姐妳呢，完了——妳會損失慘重。」

我忙著開始抵押我的所有其他地產——每座鐵路各一百塊，每個中立州七十塊，維吉尼亞有八十塊——直到足以把木板路和公園廣場從兩棟房子加到三棟，這在遊戲中是倍數增加：當你從兩棟變三棟，是投資報酬率極大化。

「你確定你要這麼做嗎？」潔達冷靜地問。

「當然！」我說，我期待地瞪大眼睛。我交給當莊家的傑登必要的四百塊來完成我孤注一擲的交易。「妳肯定會擲出六或八點！」

潔達保持鎮定，沒中斷對我的注視。

「所以，你確定你要在聖誕前夕把老婆跟孩子趕出家庭大富翁遊戲？」

我終於轉身對上她的視線。在她強調這些關鍵字之前我完全確定我要——老婆，家庭，孩子和聖誕前夕——但現在，我減弱到大致確定。

「如果受不了大富翁的熱，就不該進大富翁的廚房，潔達，」我開玩笑說。

潔達點頭，慢慢撈起骰子，搖晃了太多下，顯然想給我機會改變主意。但我潦下去了。

她把骰子丟到盤面中央。神秘的十三點八九％機率變成百分之百的冰冷現實。

四－二。

潔達把她的財產交給銀行家（傑登），親吻薇洛，摸摸特雷的頭髮，離開去睡覺。對，親愛的讀者，現在看來很明顯。但我當時是靠著另一套很不同的作業系統在運行的。

我的心態是：你怎麼訓練就怎麼戰鬥。我感覺潔達和我的家人需要我這麼想。他們需要我培養與維持贏家心態。他們需要我的戰士本能絕不荒廢。我是在好萊塢的黑人——爲了維持我的地位，我不能被看到失敗，一次也不行。

我必須隨時完美。

我花了幾年才發現潔達其實不是在玩大富翁。她是在培養感情連結、享受家庭時光。顯然，我是唯一眞的在玩大富翁的人。之後我升級我的軟體研發了一句新格言：不要被看到在玩大富翁。

我七歲時老爹教我怎麼下西洋棋。在暑假，我們會幾乎每晚下棋。他會在後門廊擺好棋盤，在遊戲和烤肉之間來來去去。有時候他會找我們隔壁鄰居約翰先生下棋；他跟我下也不會留情。老爹不認同對小孩手下留情。他認爲給小孩虛假的勝利嚴重有害他們的成長與發展——甚至有害他們在世上求生的能力。他一次又一次痛宰我，月復一月——不斷殘酷地死棋——年復一年，直到我十三歲。

我永遠忘不了那一刻。他教我安靜棋局（Giuoco piano）的開局。我多年來忠實地採用那種起手式與回應。但是獨處時，我開始練習魯伊・羅培茲變形，他比較不熟悉那招。遊戲從開局平靜地進入中盤；我的處境很有利，老爹也知道。不去烤肉，不喝起瓦士威士忌。他的菸碰都沒碰就在菸灰缸裡燒完。

鴉雀無聲。全心注意每一步。

老爹的風格是毫不留情的進攻。

他說過「把棋子殺進他們喉嚨，叫他們呑下去」，但今晚不行。首先，他把主教往後退，然後調回騎士來保衛他的國王。

輪到我走。我看到了。

但他沒有。

我愣住了。

我俯瞰棋盤，心臟狂跳，耗了幾分鐘。我不敢走那致命的一步。

「喔，幹，」老爹說。

他發現了。

老爹直視我的眼睛。他知道我遲疑不是因爲我沒看見。他知道是因爲我在害怕。

「就走啊，」他說。

我拿起騎士，謹愼地放到它的致命位置。棋子底下的絨布觸感，好像柔軟的斷頭台。

「這叫什麼？」他說。

我根本不敢說出最後的字眼。

「嗯，將……？」我說。

「你他媽的很清楚那不叫將。這叫什麼？」

「將軍？」

「你爲什麼用疑問句？大聲說！」

「將軍。」

「對，下得好。」

老爹跟我握手，抓起他的菸和酒杯，回到屋裡去。

後來我們再也沒下過西洋棋。多年來，我以爲是因爲他輸不起。但我逐漸更了解他，我發現他是希望我對父子西洋棋能有個完美的最終記憶。他希望把我的心智設定成懂得贏棋與享受勝利。他對我的棋藝訓練完成了；這是神話般的成長儀式，他不希望毀掉。

「我們的世界裡沒什麼是我的，」潔達說，「我不想要這樣生活。我想要一座小農場和平靜的生活。」

「我懂，」我說，「但我們在這裡。所以，我們怎麼修正呢？妳做什麼都可以，寶貝，那妳想做什麼？」

潔達在青少女時期很喜歡金屬音樂。她有我所知最兼容並蓄的耳朵。她一向夢想擁有樂團，但她宣布要組個重金屬樂團時還是令我措手不及。

潔達是個聰明詩人和思想家。她的歌詞深度總是令我著迷又感動。我想要愛她支持她，所以我默默配合她的旅程，後來她給我一本書，克拉麗莎・平可拉・艾斯特的《與狼同行的女人》。潔達標出一個叫做「La Loba」（「狼女」）的故事：

> The sole work of La Loba is the collecting of bones. She collects and preserves especially that which is in danger of being lost to the world... When she has assembled an entire skeleton,... she... raises her arms over it, and sings out... so deeply that the floor of the desert shakes, and as she sings, the wolf opens its eyes, leaps up, and runs away... The wolf is suddenly transformed into a laughing woman who runs free toward the horizon.
>
> A dismantled skeleton that lies under the sand. It is our work to recover the parts... to look for the indestructible life force, the bones... (It is) a miracle story... a resurrection

story… If we will sing the song, we can call up the psychic remains of the wild soul and sing her into vital shape again.

To breathe soul over the thing that is ailing or in need of restoration by descending into the deepest mood of great love and feeling, then to speak one's soul… This is singing over the bones. We cannot make the mistake of attempting to elicit this great feeling of love from a lover, for this woman's labor of finding and singing the creation hymn is a solitary work, a work carried out in the desert of the psyche.

狼女必須對骨頭唱歌讓她自己死去的零件復活的概念立刻跟我產生共鳴。如果你殺掉女人的一部份，就殺掉了整個女人。狼女收集破碎屍體的「解體的骨架」，開始唱歌讓它復活。潔達殺了一部份的自己以維持我們的家庭。而她的「邪惡智慧」樂團就是潔達釋放出狼女去復活完整自我的方式。

但我還沒準備好接受奧茲重金屬音樂節。

「我做得到，爹地。」

傑登以前會跟我躺在床上看我讀劇本，決定接下來我會住在哪個新世界。他喜歡聽故事，我也一樣愛講。他會盯著看我的心思運轉，預先試演一下那些角色。

「小子，你做得到什麼？」我說。

「我剛才聽到你跟那個人講電話。」

「那個人」是剛被雇用來拍《當幸福來敲門》的義大利導演蓋伯瑞爾·穆奇諾。蓋伯瑞爾不會講英語——我們的初期會面需要口譯。好萊塢的幾個熱門導演被考慮過執導本片，但蓋伯瑞爾是首選……

好萊塢大咖製作人陶德·布萊克寄給 JL 一份 20/20 作品，描述一個叫克里斯·賈德納的傢伙。克里斯從跟小兒子住在舊金山街頭的遊民變成一位成功股票經紀人。劇本很驚人；是個完美的英雄旅程。

我們原本有我們的頂尖導演人選，但我喜歡蓋伯瑞爾·穆奇諾導演的《最後一吻》（L'Ultimo Bacio），所以我要求 JL 安排會面。我相當確定他最後不會執導本片，但我早就學到探索的力量與重要性。跟世界級藝術家的廣泛會面已經成爲標準作業程序。

會面很糟糕。蓋伯瑞爾不想用口譯，他嘗試講英語，但他根本不會。JL 和我完全沒打算講義大利語，因爲我們就是不會。但蓋伯瑞爾的藝術熱情累積在兩個重要招式中：第一，他給我們一部義大利片，維多里奧・狄西嘉的《單車失竊記》，一九五〇年得過奧斯卡獎最佳外語片，透過口譯說，「這就是我想拍的電影。」然後，他懂我：他說，「如果你不選我導這部片，請不要選美國導演，因爲美國人不懂美國夢的美好。」

蓋伯瑞爾加入了。

「小子，你爲什麼認爲你能演這部？」我問傑登。

當時傑登六歲，除了精美的家庭電影，他從未顯示出對這一行的任何興趣。

「那個人一直跟你說他找不到小男生來演你兒子。那是因爲我是你兒子，爹地。」

「呃，這倒沒錯，小子，」我發笑說，「但這是演戲，是假裝。」

「不過是假裝成你兒子，爹地。看！我天天都是你兒子！」

蓋伯瑞爾・穆奇諾一直在掙扎挑選完美演員飾演我兒子。他已經看了將近五百個小孩。

蓋伯瑞爾是靠本能直覺的藝術家——他必須有對的感覺。潔達和我決定讓傑登試鏡。

「謝謝，謝謝，謝謝！」蓋伯瑞爾歡呼，「我剛見到傑登那一刻就想要讓他演了，但是片廠禁止我問你。」

「蛤？爲什麼？」

「片廠覺得從行銷立場這會是電影的死刑。他們覺得大家看到傑登和你在鏡頭前演父子一定會很懷疑。」

片廠也覺得會顯得像任人惟親，一宣布就會讓我們陷入困境。

在蓋伯瑞爾懇求下，他們同意讓他把傑登和我放到鏡頭上做效果測試。

潔達和我主動退出決策過程讓片廠很感動。我們讓蓋伯瑞爾執行他的願景，想用誰就用誰。因爲我們是製片人，我又主演，我們怎麼看都有利益衝突。所以潔達和我說好我們不會對此事講話——我們只當父母。

最後傑登被要求試鏡多達史無前例的九次。片廠就是不想要採用他引發問題。但一次又一次試鏡，以六歲的純眞天賦，他證明了自己是這個角色的正確人選。不過第九次試鏡後，片廠要求第十次。潔達受夠了。她通知蓋伯瑞爾和片廠傑登沒空演這個角色。

這時候，蓋伯瑞爾——身爲嘔心瀝血的熱情藝術家——判斷沒有傑登，他情感上無法拍這部片。

片場讓步把《當幸福來敲門》裡小克里斯多夫的角色給了傑登。

對我來說，這很完美——跟我兒子在片場，在工作。這是我想要的教養方式：在人生戰場上，眞實的風險，眞實的結果，眞實的狩獵。我可以即時糾正錯誤，也可以在眞實生活的情境中教導。

這就是我定義父母之愛的方式。

奧茲音樂節是巡迴舉辦的重金屬慶典。由奧茲・奧斯本（Ozzy Osbourne，黑色安息日樂團主唱）與他妻子莎朗創辦，始於一九九六年，提供所有金屬音樂：敲擊、工業、硬派龐克、死核、金屬核、後硬派、另類、死亡、哥德和新金屬。莎朗看過潔達的樂團，心裡有點理解。她和潔達成爲朋友，莎朗也把邪惡智慧加入了二〇〇五年夏天的奧茲音樂節演出名單。

除了冬季奧運的「掃帚和大屁股」曲棍球運動之外，奧茲音樂節實在是最不非裔美國人的活動了。

「寶貝，妳確定妳不想唱點 R&B 嗎？」我輕聲問，但我是認眞的。

「這是我有感的音樂，」潔達輕聲說，但她也很認眞。所以我們帶著我們的小孩經過黑磚道路進入奧茲的國度。

我從未看過潔達的這一面。

狼女發怒了。奧茲音樂節是純粹主義者的謁見，從一開始的懷疑和嫌棄，隨著每場表演先是轉變爲沉默，最後變成尊敬。潔達的創意能量被復甦了。她提出電視節目和電影的點子，她想要編劇和執導；她在日記裡塡滿詩句和圖畫。看到骨頭拼命復活眞是令人屏息。隨著每次吐口水、咒罵和怒吼，潔達似乎活了過來。

潔達和我在我們的婚姻中早就協議我們絕不會同時工作。其中一人必須隨時待命顧小孩。《當幸福來敲門》排定在二〇〇五年秋天開始主要拍攝工作。潔達出現在奧茲音樂節很成功，槍與玫瑰樂團邀請她在即將舉行的巡迴表演中幫他們暖場。但是巡迴檔期安排得很僵硬，就在《當幸福來敲門》拍攝中段。

當時，我覺得潔達有選擇——我們有媽媽和嘉米，我途中每一步也都會在場。傑登和我可以共住在拖車上——他的所有戲份都跟我在一起。

回想起來，我看清了眞相：潔達面臨可怕的現實，她不可能丟下六歲兒子讓他初次演電影時母親不在旁邊。

潔達回絕了槍與玫瑰樂團。

《當幸福來敲門》在二〇〇六年上映，影評成功票房也很高，讓我獲得第二次奧斯卡獎提名。如果以前我覺得無敵，現在我是真正覺得。我剛拍了描述黑人遊民在八〇年代找到工作的電影，而且仍舊在當季票房輾壓其他電影。

我簡直無法失手。

連勝持續：《我是傳奇》在第一個週末就締造十二月檔期的史上最高票房。這部電影描述我孤伶伶在銀幕上——還有一隻狗——營收了大約六億美元。

接著《全民超人》，由《絕命毒師》的文斯・吉里根編劇，描述酗酒的超級英雄，上映再囊括六億美元，而且僅在《我是傳奇》的六個月後。

我勢如破竹。這是好萊塢史上任何電影演員的最長連續賣座紀錄。我成為史上票房最高的影星。而且我還不滿四十歲呢。

問題是，我把事業成功、被愛與快樂混為一談了。

那是不同的三件事。

因為我混淆了，結果我遭受了更加隱形版的「隱晦疾病」，我只能形容為「更多，更多，更多，更多」。

如果我更成功，我會更快樂，大家會更愛我。

我想要用外部的物質成就填補內心的情感破洞。這種執念終究是永不滿足的。你得到越多，想要越多，永遠搔不到癢處。結果你的心智被你「還沒有的」和「沒有得到的」東西吞噬，進入無法享受「已經擁有」的惡性循環。

《我是傳奇》開創了十二月上映的票房紀錄。JL打來通知我週末營收時，他異常地欣喜。

「這三天在三千六百家戲院是七千七百二十一萬一千三百二十一美元。每個場地超過兩萬一千美元。從來沒有人達成過。」

我沉默片刻，然後發現自己有隱隱的不滿足。

「你覺得我們爲什麼沒達到八千萬？」我問道。

「蛤？」JL說。

「我是說，你認爲是結局的問題嗎？我覺得如果我們調整一下最終劇情，你知道的，如果我們能讓它感覺更像《神鬼戰士》的結局……」

「你現在是在開玩笑吧？」JL說，「這是史上最強的新片。眞的。」

「我知道，J，我只是問個問題，」我說。

那是詹姆士・拉希特唯一一次掛我電話。眞的。

我和韋恩・葛雷茨基與喬・蒙大拿坐在一起。他們的兒子崔佛和尼克各自在場上，跟特雷一起。主播在喇叭上大喊，「蒙大拿，傳給史密斯……觸地得分！」

特雷是南加州第一名高中 Oaks Christian 橄欖球隊的外接員。橄欖球傳奇喬・蒙大拿的兒子剛傳了個觸地球給我長子。如果我的人生是電影，我會直視鏡頭打破第四道牆說，「這鬼扯是誰寫的？」

讓我搞清楚：你要我們相信我的角色在費城西區包裝冰塊長大，贏得史上第一座饒舌歌手葛萊美獎；成爲電視明星，然後成爲世界最大咖電影明星，每次出該死的電影都打破票房紀錄；娶了漂亮女星、藝術家、藝人兼詩人；有三個乖小孩，史上最偉大的曲棍球星韋恩・葛雷茨基剛拍拍他的背，因爲他兒子剛從史上最偉大四分衛喬・蒙大拿的兒子手裏接到了觸地球？

這太扯了；我一個字也不會拍這套鬼扯；給我接亞倫・索金（知名編劇）。我們得立刻重寫這本狗屁。還有去問問小勞勃道尼有沒有空！

我不確定是因爲我年輕時缺乏運動成就，還是週五夜晚燈光的神奇能量，或特雷的肢體能力與天賦驚人的發展，但人生沒有事情能超越我觀賞這孩子打橄欖球。頂尖大學球探都想要特雷——韋恩和喬指點我適應這個過程。隨著我們的孩子長大，好像潔達和我從前是人盯人的防守戰術，但現在我們必須換成區域防守了。每個小孩隨時有重要的事發生。特雷在準備高三球季時，傑登獲得片廠批准跟成龍主演《功夫夢》。全家都很高興。

然後我們發現：拍攝要去北京待三個月。特雷的比賽在南加州。我們都同意這是傑登不能錯過的機會。我們全家會支持他。但是前一年，全家每個人都去看特雷的每一場比賽。想到特雷比賽時看台上沒有家人實在難以接受。

這段期間，顯然邪惡智慧樂團回到舞台的機率，正隨著完美史密斯家庭™逐漸發展的每一刻在消逝。但在我心中，每個問題還是有對策的。我們必須辛苦，我們必須犧牲，我們都必須吃點苦，但我有願景，如果大家追隨我的領導，我們會繼續贏，我們都會快樂。我們連在看台上都贏：我有潔達在右邊，雪莉在左邊。我們是完美混合家庭的圖像。沒人做得到我們做的事。（連我們自己都不行。）

我解決問題的方法是分輕重緩急。我會決定清單上哪些問題最迫切然後專心處理——但我忽略的是每個人的清單都不同。

潔達、薇洛、傑登和我在二〇〇九年六月前往北京；那年九月特雷回到學校。特雷的全部十場比賽都落在《功夫夢》的主要拍攝期間。

然後上帝的恩典以國際換日線的形式出現。北京到洛杉磯是十二小時航程。週五晚上十點飛離北京的班機越過國際換日線，在週五早上十點降落在洛杉磯，剛好可以回家，休息一下，在晚上六點趕上特雷的比賽。週六下午四點的班機反過來在週一早上四點抵達，剛好趕上回去工作。傑登和我連續通勤十星期，往返北京和洛杉磯，沒有錯過任何特雷的比賽。

我愛人生。我感覺像個主人。

歐普拉邀請我們上她的節目——我，潔達，特雷，傑登和薇洛，連雪莉和她老公泰瑞爾都在。整集都給了完美史密斯家族™。我是世界最大咖電影明星。傑登主演的第一部電影《功夫夢》即將成爲世界第一名電影。潔達的新節目《Hawthorne》第一季剛上檔，她是主角。薇洛剛和 Roc Nation 公司簽約錄製她第一張專輯。特雷是高中橄欖球隊明星。最屌的是，我的前妻在這兒，暢談她和潔達如何協力養育小孩。

我終於做到了——我自己版本的《朱門恩怨》。圖像完整了，而且完美。我建立了家族帝國——超過我先前的所有夢想。

「我感覺自己就像小傑・尤恩（J.R. Ewing），」我開玩笑跟潔達說。

她說，「你知道小傑・尤恩中過槍，對吧？」

第十八章　叛變

跳下床，開始搖擺
不用理會那些討厭我的人
因爲我們把他們甩掉……

〈Whip My Hair〉是全球暢銷白金唱片。史上只有麥可・傑克遜和史提夫・汪達比薇洛・史密斯在更年幼時就有更高排名的單曲。唱片在她十歲生日前兩週發行。全世界小女孩都在甩頭髮——打鐵趁熱，該是出擊的時候了。

潔達和我從不施壓小孩進入演藝圈。確實名聲和財富令潔達不自在——她對小孩成爲名人感覺矛盾。但我對「她的湖」牧場的一部份願景是把它變成一座創意校園，藝術家的庇護所。我想要縮短有點子的人和能創作藝術者之間的距離。我蓋了音樂攝影棚；有攝影機和剪接設備；每個房間都有素描板，到處有畫具和鉛筆；最後，連我們的客廳也變成潔達的〈紅桌談話〉攝影棚。事實是，孩子們在這裡面長大，所以沒啥好施壓的。我長大後在老爹店裡工作。我以爲小孩繼承父母職業很正常。我老爸賣冰，所以我幫忙包裝。同樣地，對特雷、傑登和薇洛來說，身在攝影棚或電影片場沒什麼異常的。這是家族事業——是他們的正常體驗。

所以，我沒有因爲我是個瘋狂又霸道的父親而逼我小孩進入演藝圈。是在他們決定進演藝圈之後我才變成瘋狂又霸道的父親。

以薇洛爲例，她大約八歲時很喜歡唱歌。這對八歲女孩沒啥奇怪的。全世界的八歲女孩都愛唱歌，夢想在舞台上唱歌。

唯一差別是大多數父親會把她送進教堂唱詩班，或許讓她上一兩堂歌唱課程。

我不是那種老爸。

當時我的心態是除非你準備成爲世界上最頂尖的，否則沒理由做任何事。我的觀念是，你永遠要以巓峰爲目標，永遠要努力爬上山頂。沒有什麼事情可以半吊子。

薇洛獲選賈斯汀・比柏歐洲巡演三十天的暖場歌手。這是我們家的重大時刻。孩子決定踏上擂台了。〈Whip My Hair〉紅到瘋掉。上電視，拍雜誌封面，走紅地毯，橘地毯，拍沙龍照——她上吉米・法倫和艾倫・狄珍妮的節目，紅遍歐洲。全家人飛去英國密德蘭參加薇洛賣光門票的伯明罕國立室內運動場的首夜。她超受歡迎的。

接著是愛爾蘭的都柏林。同樣方式。同樣場景。她再次風靡。又一座賣光門票的體育場，觀眾跳起薑黃色長髮的波浪舞——那麼多頭髮甩來甩去在愛爾蘭可謂空前絕後。

巡演繼續——夜復一夜我看著她成長。她的聲音變強了，台風變活潑了，她開始學習怎麼帶動群眾，她能夠穿插跳舞動作。

我眞是個天才。

潔達飛回洛杉磯，所以我負起老爸義務。巡演最後一夜，薇洛走下台，滿臉表演後的喜悅，跳進我懷裡。

「寶貝，妳太棒了！」我說。

「謝謝，爹地！」她大叫。

「好玩嗎？」

「是，爹地，我從最前排到最上面看到一堆小女孩！她們知道所有歌詞耶！」

「對，她們知道，太誇張，對吧？」我說，想起在底特律觀眾向我回唱〈Parents〉的感受。

「好啦！我們要回家幾天，然後開始錄專輯。賈斯汀的團隊很喜歡妳的歌，他們要妳去澳洲再來一遍！」

「我唱完了，爹地！」她說，開心到我差點沒聽見她說話。

「妳說什麼，小豆？」

「我說我唱完了，爹地——我準備回家了。」

「呃，是啊，妳唱完休息幾天，親愛的，但其實才剛開始。妳還有幾星期的行程，」我用不把小孩當回事的標準父母語氣說。

「對，這部分結束了，小豆，妳答應過 **Jay-Z** 先生要做整張專輯和多拍些影片的。」

「不，不，爹地，我唱完了。」

「不對，爹地，是你逼我答應的……」她微笑說，她將了爹地一軍。

「親愛的，我們一起答應的。妳開始做一件事，就必須做完。」

「我唱完了對你不重要嗎，爹地？」薇洛說。

「呃，當然重要，寶貝，但是妳不能就這樣結束。」

「爲什麼，爹地？我很開心，而且我唱完了。」

「我知道，但是直到妳完成答應過要做的事情才能結束。」

這對她是很陌生的概念。她沒有惡意、沒有怒氣地望著我——只是有點困惑。然後她讓步。

「好吧，爹地。」

我們飛回家。

史密斯家族歐洲遠征是一大成功。我開始忙著規劃下個階段：稱霸世界。某天早上在牧場裡，我剛跟 Jay-Z 通完電話，薇洛蹦跳著進廚房吃早餐。

「早安，爹地，」薇洛開心地說，同時跳到冰箱前。

我下巴差點脫臼，掉落，砸碎在廚房地上：我那稱霸世界、甩著頭髮的未來全球超級巨星完全禿了。在夜裡，薇洛剃了光頭。我心思飛速旋轉——如果她沒頭髮要怎麼甩頭髮？誰想要付錢來看小孩子來回甩頭？

但我來不及回應，我感覺有東西慢慢轉動，變形，直到卡入定位：在神靈連結與啓發的一刻，她和我心靈相通。我沒生氣；我在發抖，如果你心不在焉看手機走出人行道到了公車前面，在最後一瞬間有人把你拉回安全位置，就會有這種感覺。

薇洛是我的小小麥田捕手。我俯身，深深看著她的眼睛說，「我懂了。我很抱歉。我看到了。」

聽起來或許奇怪，在那一刻我發現了情感。

我唱完了對你不重要嗎，爹地？

我知道聽起來誇張，但薇洛的問題在我的世界觀敲出了自由鐘尺寸的裂縫。那是女兒對父親的純眞問題，但不知怎地，我知道不僅如此：她問我的其實是「你不在乎我的感受嗎？」那是最深刻、關於存在的人性問題。可能是我們作爲人類曾經互相問過最重要的問題。我的感受對你重要嗎？

雖然她才十歲，而我放棄征服的決定也已經是以肯定句充分回答了她的問題，但我自問，我的誠實答案是什麼？我專心、用力、自我反省地檢視我對於情感的信仰體系。我的實話嚇了自己一跳。

我絕不會大聲說出來，但「我的感受對你重要嗎？」的誠實答案聽起來大概會是這樣：不盡然，親愛的——情感在我的清單上是第七名。

1 食物
2 住所
3 安全
4 智慧
5 力量

6 生產力

首先最重要的，我在乎妳吃飯……每天。其次，我在乎妳有地方住；第三，我在乎妳安全。第四，我在乎妳有智慧，妳的心智受過訓練能解決人生中的問題。第五，我在乎妳強壯，因爲世界很殘酷。第六，我在乎妳有生產力——我希望妳對人類家族有所貢獻。我相信如果妳有上述這些東西，它們加起來會讓妳感覺良好。

我相信如果我照顧好一到六項，第七項自然會好。

這不是我強加在妳身上的東西：我根本不在乎我自己的感受。我的很多感受對我的夢想和我們的幸福是敵人。我不想在早上五點跑五哩路；我不想每週工作八十小時；我不想在台上被噓，頭部被丟大便丟炸彈。我知道如果我擔心我的感受，我就無法供養與保護我的家人。當我爲我們的生存與繁榮決定了一個正確行動，我想不想做並不重要。如果明顯是至高利益的行動，那麼我的感受可以去死。當大家太擔心自己的感受，他們就絕對感受不到他們想要的。

注：敬告我的驚恐讀者，我不在乎你的感受。

開玩笑的，各位。那是在說笑。

是這樣的：我看著我父親的負面情緒控制著他的豐富智慧，造成他一再摧毀我們家庭的美好部分。我也有一次坐在教堂目睹瑪咪小姐聖靈附身，她被「正面情緒」完全吞噬，她從長椅上狂喜地跳起來猛力搖晃她的左手害她差點打斷我的鼻子。（而且根本沒注意到。）

雖然我對情感的感受已經進化提升，我至今發現自己或別人出現極端情緒時仍很棘手。情感是在世界上處世與表達極有價值的工具。情感就像火——可以用來烹飪、取暖和清理。但極端情緒失控時，我的經驗是它們會燒掉你的夢想。

不幸在當時，我不夠睿智也不夠機靈去防止許多即將吞噬我人生的可怕野火。

薇洛的抗議行為引發了我們家裡一段我稱作「叛變」的時期。壓力累積了許多年；我試著化解；但是它即將爆開。

我們坐在廚房裡。我、潔達和薇洛。薇洛在吃焦糖牛奶冰淇淋，左手在玩我的鬍子，右手拿著一匙哈根達斯。

她說得好貼心，但有時候從小孩的嘴裡……

「媽咪？」

「是，親愛的？」

「好悲哀啊，」薇洛說。

「怎麼啦，寶貝？」

「爹地心裡有張家庭照片。而且不是我們！」

我在山頂上。我的生活超過我夢想的一切。每個目標都達成，每個障礙都克服了。甚至更多。

但是，我身邊的人都很慘。

爹地心裡有張家庭照片。而且不是我們！

薇洛萬分同情地看著我的眼睛。她眞心爲我難過，焦糖牛奶滴到了她手臂上。潔達憐憫地轉過頭，假裝她在下層冷凍庫看到什麼非常重要的東西。

薇洛一直揉我的臉。

「沒關係，爹地。你不會有事的。」

直到今天，焦糖牛奶冰淇淋都是我們家的禁忌。

我開始注意到四周的情感。我坐在商業會議中，有人會說，「不是針對你……只是公事公辦。」我發現，喔，幹，沒有「公事公辦」這回事——一切都是針對人。人們會憤怒，興奮，挫折，充滿希望，絕望，失望，恐懼，尷尬，都在「商業」會議的範圍內。每個人都有他們的情感，他們也總是只根據他們的感受做決定。連我對極端情感的厭惡……也是從我對情感的感受而來。我感覺像發現這早已有人在的「新」地方的克里斯多夫・哥倫布（抱歉文法有誤，媽媽）。所有政治，所有宗教，所有運動，文化，行銷，飲食，購物，性愛——一切核心都在人們的感受。

然後眞相突然像一顆時速九十英哩的快速球一樣擊中我。除了自己的感受以外，沒有人在乎任何事。隨時隨地，對每個人來說最重要的就是感覺良好。我們選擇自己的措辭、行動和行爲，都是爲了獲得我們認爲正面的感覺。沒什麼比擁有我們想要的感受更重要。人們也會根據他們認爲你有多在乎他們的感受，來判斷你是否愛他們。

這在我成年後的大多數人人際關係中都是個危險的難題。我向來比較不在乎某人當下的情感，我注重他們的整體福祉。我生活中的人們老是在抱怨覺得我不顧慮他們，如果置之不理，有時候會惡化成他們覺得不被愛。

我會爲了我愛的人赴湯蹈火。我完全準備好爲我的家人而死。但是不行——我不是隨時專注在他們的情感。我不相信情感；情感會改變，像天氣一樣來來去去。你不能靠情感計畫任何事。只因爲某人有某種感覺，不會讓它變成眞的；只因爲你的情感很極端，不表示你是對的——其實，你的情感越極端，越可能是因爲被扭曲了。

人們不太在乎事實、眞相、機率或意圖，比較在乎他們的感受和你會怎麼表示你在乎那些感受。所以，當我們句子開頭用「這件事的實情是」，對方會想，我剛講了十分鐘——我已經告訴你我的實情了。或者如果我們說，「欸，其實事實是這樣，」對方會想，混蛋——我剛說的就是事實。其他典型的禁句包括「老實說……」和「到頭來……」和「我知道——但是很可能……」和「我知道——但事情是這樣的……」和「我可以直說嗎？」用了這些句子，你就死定了。人們會認爲這是在全面否定他們剛說的話，完全不在乎他們的感受。

沒人在乎你怎麼想和有何感受。他們在乎他們想的和他們的感受。所以他們才說出來。

關於「我的感受對你重要嗎？」還有其他幾個同一系列的問題。如果答案是肯定的，那麼下個沒說出口的問題是「有多重要？」

然後，你願意改變什麼行爲來向我表示有多重要？

還有，你願意放棄哪些個人優先事項，把精力用在我的優先事項？

你願意把你的想法和感受放一邊來關心我的嗎？

簡單說，人們希望你改變行爲來讓他們感覺好一點。你願意改變多少，就會向他們證明你多愛他們。

特雷二十歲了；傑登十四歲；薇洛十二歲。我開始用我的教養方式做實驗，根據我對他們情感的在乎與關心重新評估我跟子女的關係。

我是供養與保護高手。我是世界級老師。但我開始能夠認知到他們童年裡隱晦或沒那麼隱晦的情感傷害。我只能安慰自己至少我發現我改善了。特雷受到我最無知的教養；傑登遇上稍微升級的威爾老爹2.0版，而雖然薇洛必須剃光頭，但她在不歸點之前阻止了我。

十一歲時，薇洛實質上從娛樂產業引退。我知道一部份原因是這個行業的內在壓力，但我也知道更大部分是她覺得沒受到保護。她無法講清楚，但她顯然不想做會讓我的焦點離開她心情的任何事。

我感覺到家人在疏遠我，質疑我的領導力，甚至我的愛。某天晚餐時特雷問我，「爸，你崇拜什麼？」雪莉最近重新發現了教會；她在基督身上找到了安慰與轉變——看起來很棒，而且是真實的。雖然我很高興她點燃了新信仰與方向，我很討厭她開始質疑與批判我人生中的選擇和決策。在黑人社群，當某個成人發現了信仰並開始指出你的逾越，描述你唯一的救贖之道，我們稱之為「聖滾者」（holy-rollin'）。很少事情比你以前的罪惡夥伴指出你現在的罪惡更令人火大的了。

我喜歡特雷接觸聖經；他是我所認識心地最純潔的人之一。我很興奮能討論亞伯拉罕和以撒，辯論大衛的自以為是和拉薩路事蹟的眞正意義是啥。我很樂意在心靈與歷史甚至神話的脈絡中解說基督的一生，如果他的心智能夠應付的話。但我並不打算也不願意的，是辯論我的人生決定依照聖經看來有何不當。

「我崇拜上帝，」我說。

「你確定？」

「呃，這樣吧。你的聖經是新的，有你還沒看過的地方。我的破爛又磨損，每一頁都看過。所以你何不讓你的聖經破舊一點，然後我們可以幾年後再進行這段對話？」

我駁斥他的問題，但我忍不住一直想它。我為了生活接受訪談；被五十幾種語言問了三十五年。我被問過最好的問題就是「你崇拜什麼？」

第二好的問題是「你確定？」

我決定我們需要一個家庭計畫。我們已經習慣只有在某人做什麼重大事情的時候才會聚集起來。特雷打橄欖球，薇洛做音樂，傑登拍電影，潔達或我自己在片場——我們一起合作時有種激勵作用。《地球過後》成爲即將讓我們振作與重新連結的計畫。

我看過一個電視節目叫《我不該活著》（探索頻道），描述各種關於威脅生命的可怕煎熬與令人震驚的死裡逃生的故事。有一次演到一對父子受困在荒野中，距離文明非常遙遠。父親在事故中受傷，青少年兒子必須獨自在危險區域行動、求助，並拯救他爸。

我觀賞時，一直想像我自己受傷又無助，而傑登正在穿過荒野，設法接觸文明世界來救我。這個情境揮之不去——一個年輕人努力拯救他父親的成長故事。這個概念演變成一部電影——它同時也關於一個父親學著相信與依賴兒子的過程。這是個隱喻，是療癒他們關係的方式。

當時，我也在實驗各種時代與背景的移民故事：你能把一九四〇年代的柏林夜總會，加入各種核心人性主題和衝突，設定在一千兩百年後的未來並維持基本的人性眞相嗎？我把那一集節目內容寄給奈特・沙馬蘭。他很喜歡那一集，認爲可以改編成電影。奈特認同這個概念之後，我認爲這是天意。

奈特宣示只在一個城市拍攝電影的室內場景：費城。

奈特住在費城郊外；我從來沒在家鄉拍過電影。我的原生家庭和親戚朋友可以在一起整整三個月。我等不及踩油門了。

我也剛答應要在編寫劇本過程中指導潔達的弟弟卡里布・平克特。他是世界級的歷史迷，歷史學家經常對角色與劇情有深刻洞察。他是個完美學徒，又是我的小舅子。家人，家人，家人。

JL 討厭這個主意。JL 討厭這個待遇。JL 討厭這個時機。JL 討厭它的一切。

「這只是個概念，」JL 說，「完成劇本。完成劇情。直到我們知道在瞄準什麼東西再扣扳機。」

但我聽不進去。我需要這個來挽救我的家庭。然後還有秘密誓言，我的隱藏意圖：我要確保在過程中的每一步讓傑登感到被愛，受保護，被關心。他會明確地知道，他老爸在乎他的情感。

《地球過後》設定在一千年後的未來，人類把地球搞得無法居住之後。父子檔墜機在宇宙最危險的地方：地球。室內場景在費城拍攝，外景會去猶他州摩押和哥斯大黎加拍。傑登的角色奇泰爲了救受傷的爸爸將必須穿過叢林、河流、平原、峽谷和火山流。

我決心在片場爲傑登創造一個開心又關愛的環境。哥斯大黎加很熱（譬喻上和溫度上）。我在每個地點架設巨大空調帳篷讓傑登拍攝空檔涼快一點——乒乓球桌，食物，音樂，讓他睡覺的地方。

「這帳篷是在搞什麼鬼？」達洛把我拉到一旁說。

「天氣很熱，達洛，我只是希望他舒服一點。」

「舒服？你會害這小子變軟弱。你的角色是宇宙最高階的將領。他在該死的帳篷裡要怎麼救你的命？讓他像其他人一樣在太陽下等待。」

十年來達洛一直是我的導師、我的教練和心腹。他千方百計幫我實現最狂野的夢想。他懂怎麼打造贏家；他親眼看過休葛雷對馬文・哈格勒的比賽；他知道怎麼設計軍人。我不確定我為何沒乾脆告訴他我的苦衷和我的意圖；我可能是尷尬，也可能我只是認定他不會懂。但達洛認為我的行為是一種破壞。我打破了定義我們過去成功的所有規則。這讓我們心有芥蒂，最後演變成隔閡與疏遠。我們不再合作。當時，我無法鼓起勇氣直接跟他溝通。我們這組十年來超成功的搭檔連對話都沒有就結束了。

達洛後來坦承，「你太令我傷心，而且根本沒告訴我理由。」

就我跟傑登的關係而言，拍攝過程很完美。當我要去《功夫夢》片場，傑登會洩氣失去活力——彷彿敵人來了。我是會督促他、叫他再來一遍，要求在中國多留一個月拍攝的人，只因為我對某場戲不滿意。但拍《地球過後》時，我不允許劇組比他排定的時間表多拖一分鐘。我是他的保護者。

某天在片場——我對傑登的最佳教養時刻——他在一個台上拍攝一場動作戲，而我正在旁邊處理另一個鏡頭。我沒跟他上台，但我有螢幕可以看到他做的一切。一名工作人員要求他做一個他不太喜歡的動作。他試了幾次解釋他不想做，但是那個人堅持要。我在螢幕看得出他們在爭執，所以我打開聲音。

「我覺得那有點假，」傑登恭敬地說。

「呃，我們先試幾次，」對方堅持。

然後，我聽到傑登說出最棒的一句話：「誰去請我爸過來好嗎？」

每次想起這件事我都流淚。我扭轉我們的關係了；我淨化了他對我的認知；我不再是會逼他懲罰他的怪獸。我是他需要時的求助對象。至今我還記得他自信地站在那兒。彷彿他知道有一隻獅子會保護他——他不想傷害任何人，但他知道如果必要他可以。

我成長期間，我知道我也有隻獅子，但我討厭牠有時候會咬我。

拍攝《地球過後》對傑登和我是個神奇的感情培養體驗。他剛進入青春期——神話般的時機太完美了。我成功展現了我的深度愛護與關切。但我在乎的是他的福祉，我把平常超激烈的焦點從電影敘事、劇本和整體塑造移開。結果，我們的父子蜜月很短暫。《地球過後》在票房與影評方面都慘敗。更糟的是，傑登受到打擊。影迷和媒體都很兇猛；他們說或出版我拒絕引述的傑登壞話。傑登忠實地做了我教他做的一切，我卻害他遭受了生平最糟的公開批評。

我們從未討論過，但我察覺到他有被背叛、被誤導的感覺，失去了對我領導力的信任。傑登喜歡贏，他不介意吃點苦頭以確保勝利。（這也是固有的教養難題——沒有「一體通用」。他們都需要不同的東西。）

我看過夠多書，知道男孩變成男子漢的關鍵階段就是開始把他父親視爲凡人的時刻，那個瞬間你發現你父親不是超人。他是有缺陷的凡人。那一刻你做出可怕的決定要跟他分開，靠自己的雙手生活與死去。

就像棋盤前的老爹，作爲父親這是你希望的事。但當傑登在十五歲時問到關於未成年人解放的事情時，還是讓我心碎了。他最後決定不要，但是傷害自己小孩實在不好受。

當時，我得出一個令人心煩的結論：帶著同理心去征服是一件矛盾的事，你不是擔心別人的感受，就是全心求勝。

但你必須選一個。

潔達三十七歲生日那晚，我有個願景。我看到她的四十歲生日派對——盛大又狂野。肯定會成爲生日派對中的泰姬瑪哈陵。她會永生難忘：公開展示我的愛和情感會解決所有事。

我計畫了三年。

我喜歡策畫活動，安排奇觀與情緒。在我心中，幸福人生的總和就是你的回憶品質，所以我總是盡力尋求最鮮明的回憶。

成長過程中，潔達和她幾年前過世的外婆很親近。我偷偷聯絡了潔達的阿姨凱倫，她是預設的家庭檔案管理員。凱倫有潔達外婆的照片，影片和信件，而且她最近發現潔達外婆生前最後幾週有用微型卡帶錄了一些感言。全家沒人聽過。它們會是我給潔達生日祝賀的重頭戲。

這願景太炫了。我會拍個關於潔達生平的紀錄短片。我雇了製片團隊來研究她的家族血脈，追溯她外婆的祖先一路到黑奴時代。然後我雇了導演來堆砌資料並做成影片。

但影片本身不足以成爲泰姬瑪哈陵。

潔達很喜歡新墨西哥州的聖塔菲，還有當地的藝術活動。這會是三天的驚喜生日週末。

我包下市區整間旅館，邀請幾十個我們的親戚朋友。我們每晚會有星空下的美食晚宴，然後是驚喜活動。週五夜是私人藝展；週六上午是心靈朝聖（健行到皮卡丘峰）。我請潔達最愛的畫家過來畫圖並向家人授課。瑪麗・J・布萊姬很喜歡潔達，同意在週日晚上做驚喜表演。而週末的最精華則會是她人生紀錄片的揭幕發表。

這將是我的大勝利，我贏回在妻子心中地位的方式。

第一晚很幸福——在生鏽的戶外陽台享用親密的燭光晚餐。我們大概有二十人。我希望這對潔達夠小但對我夠大。我們吃飯時有大提琴手演奏；氣氛平靜又關愛。每個人講述他們最愛的潔達小故事。一切順利進行。週五夜設置舞台；現在週六會熱鬧到拆房子。

週六早上其他賓客抵達。我計畫了幾項活動——高爾夫，健行，早午餐，水療。我希望所有人都能夠到處自由活動直到日落，然後就是我出風頭的時間。

晚宴在晚上六點。我們有四十個人。

晚宴順利結束。每個人都在誇獎裝潢多漂亮，食物多好吃；我還偷聽到有些女士逗她們丈夫。

「我四十歲時，你最好給我辦個威爾派對。」

「呃，你搞砸了我的四十歲，但如果我決定留下，你一定要把我的五十歲辦成這樣。」

「我在想威爾和潔達需不需要一個老婆。」

我是完美老公。他們根本沒發現我才剛開始而已。晚宴遠超過任何人的要求——精美地展示連沙賈汗皇帝也會認可的愛意。在上甜點前，我開始用湯匙輕敲酒杯。（我在電影裡看過，但從未眞正做過。眞的有效！）

「呃，首先我想要感謝大家過來慶祝潔達四十歲。現在請大家跟我來，我們要在花園裡吃甜點。」

我鄭重地帶路。二十碼長的鮮花拱道藏在晚宴場地的視線之外，引發了人群驚呼讚嘆。拱道裡排列著潔達的照片，紀念她的力量、美麗與對我們的人生貢獻的藝廊，完美燈光不只照亮照片，也凸顯出我愛意的品質和豐富。

拱道末端是一座露天劇場。人群再度以驚嘆回應。潔達似乎很開心，但她沒說話——我看不太出來。但這不重要，因爲我知道紀錄片會是強力大滿貫等級的情緒全壘打。

我護送潔達到她的前排座位。嘉米沒看過也沒聽說過有她母親的這部影片，所以我請她坐潔達旁邊。其餘賓客陸續坐到最好的位子。他們感覺得到有特別的事要發生了。

我追溯潔達的家族到黑奴時代。我發現了南軍戰爭英雄、華爾街黑人商人、被奴役者、醫師、畫家的照片和故事，全部都是她的祖先。我和傑登偷偷飛去她曾祖父母認識與結婚的那座牙買加教堂。

影片的喜劇高潮是我、傑登和潔達的弟弟卡里布一起和在黑奴時期擁有潔達祖先的家族後代會面。試想像你是個俄亥俄州克里夫蘭郊區出身、親切的六十七歲會計師。在平凡的週三過著平凡的生活；你跟親愛的老婆看了一會兒電視益智問答。你剛誇獎她的砂鍋好吃，有人敲門，站在門口的是威爾・史密斯和功夫小子。還有功夫小子的舅舅。

還有攝影團隊。

他們夫婦很有風度。他碰巧是家族裡的歷史學家；他知道我們說的那些人的名字與事蹟。他讓我們看照片與紀念物，我們最後請他在鏡頭前正式道歉。

「生日快樂，潔達，」他說，「以前的誤會我很抱歉！」

觀眾叫了起來。大家不敢相信我竟然做到這種程度。我聽到有人說，「威爾眞是大笨蛋；」和「我不敢相信有這種事！」和「明年他要怎麼辦？」

我還沒完呢。

潔達親愛的外婆開始講話時全場肅靜。錄音談到了特定家族成員，許多人就在觀眾裡。她過世後第一次，潔達聽到外婆直接對她講話的聲音。

這時我已經看過這部片一百次了，所以我只看著潔達。所有人都哭了——她家人，我的家人，每個人。除了潔達。她靜靜坐著，拒絕看我。影片結束——家人朋友們起立喝采。然後，銀幕升起，瑪麗·J·布萊姬出場。

我們回到旅館房間。潔達還是沒說話：連「謝謝」「我喜歡」之類都沒有。她去洗澡。我坐在房裡等候。

大約三十分鐘後，潔達從浴室出來。

「我明天什麼都不想做，」她說，「所以你可以取消你計畫的所有事情。」

我目瞪口呆。

「好吧，」我說，壓抑越來越強的失望。「很晚了，我們等到明天看妳感覺如何再說吧。」

隔天，我安排了她最喜愛的畫家之一貝絲·艾姆斯·史瓦茲的團體繪畫課，我爲這個活動特地請她飛過來。

「我跟你說了我的感受。我不想做，」潔達說。

「呃，妳還不知道是什麼，所以不可能知道是否想做。」

「這是我的生日——取消掉！」潔達怒道。

「我明天早上再取消。先睡覺明天再看看，」我怒回。

「馬上取消！」潔達尖叫。
「妳究竟有什麼毛病？」我問。
「那是我這輩子看過最噁心的自大表現了！」她說。
「自大？自大？妳眞是最不知感激……我再也不爲妳做這種事了。」
「好。反正我不想要你任何東西！」
這時候，我們都用最大肺活量吼叫，這很罕見。我們總是努力試著超越我們童年家庭的語言殺戮戰場。今晚跟以前完全不同，空前絕後。我們完美圖像的壓力鍋裂開了。
我們激動到忘了我們跟薇洛同住一個套房。我們的臥室上方有個小閣樓。薇洛從頭到尾都聽到了。
薇洛緩緩出現，恐懼顫抖，哭泣，雙手摀著耳朵。
「住口！住口！拜託別吵了！」
這是我當父母以來體驗過最糟的感受。我立刻冷靜下來過去安慰薇洛。她退後，拒絕讓我碰她。
「自己解決！你們兩個，快解決！」
說完，薇洛離開去跟傑登睡。

潔達和我在聖塔菲沒再說話。我們回洛杉磯的飛機上沒說話。我們回家以後好幾天也沒說話。

我們的婚姻不行了。我們再也無法假裝。我們都不快樂，顯然必須做什麼改變。

「我退休，」我說，「我不再嘗試讓妳開心了。妳自由了。妳必須去讓自己開心，向我證明妳有可能快樂。但我放棄——妳做妳的事，我做我的。」

潔達和我正在爲我們已死的浪漫幻想受苦，完美婚姻與完美家庭的理想幻覺正在焚燒。

我們都不想離婚；我們知道我們相愛，我們的結合在某些方面非常美好魔幻。但我們建立的生活的結構快要勒死我們了。我們在二十幾歲結婚；現在我們四十幾了。我們內心尚未痊癒的小孩正在拼命互掐。這必須停止。我們都有工作要做，我們說好這個階段不要在一起。對現實的痛苦覺醒是，我們是兩個分開的人，走在各自獨立的旅途上。我們只是在這部分選擇走在一起。

我們哭翻了，擁抱，同意放過彼此。

交出你的心，但別給對方保管。

因爲只有人生的手能容納你的心。
站在一起但別太靠近：
因爲神殿的柱子是分開的。

潔達寄給我這段卡利・紀伯倫的詩句，然後反覆寫著，「眞實的東西會留下」。

我們的結論是沒人能讓別人快樂。你可以逗別人微笑；你可以撥出片刻幫別人感覺好一點；你可以說笑話讓人大笑；你可以創造讓人感覺安全的環境。我們可以、也必須善良，關愛，樂於助人，但一個人是否快樂完全不由你控制。每個人都必須爲了自己的滿足發動孤獨的內心戰爭。

我們同意潔達的幸福必須是她的責任，我的幸福必須由我負責。我們會尋找我們內心深處明確的個人喜悅，然後我們會回來跟已經快樂的對方繼續這段關係——而非用空杯互相乞討，要求對方滿足我們的需求。我們覺得這種吸血鬼的關係模式不公平，不切實際，帶有毀滅性——甚至是種虐待。把你自己快樂的責任放在別人身上正是悲慘的配方。

第十九章　撤退

我達成了每一個夢想：事業、家庭、生意、健康、超級巨星、有名字的房產。其實，比我的夢想還好。更多錢，更多名聲，更多房產，更成功。我用正確方式做每件事。我到了山頂——然後發現雲層遮掩了更高的山，我又去爬那座山。除了讓死人復活，你還要我做什麼？我做得就像其他過來人，或可能做到的人一樣巨大又大膽又聰明。

媽的大家到底在不爽什麼？我的人生怎麼可能崩潰……第二次！

我還漏了什麼？

是只有我，還是每個經歷分手或兩性關係困難時期的人都會打電話給前女友？我猜跟沒有以前那麼恨你的人談話不知何故會帶來舒緩。她們消化了她們的失望和厭惡，藉著距離和時間折射，現在減少了十二到十五%，她們發現是她們的錯（其實接近五十%），結果是那段「好日子」在她們記憶中被美化，當你的號碼出現在她們的來電識別上，會有股愉快的懷舊刺痛。（別忘了：她們討厭她們現在的男人，所以你看起來沒那麼糟。）

譚雅在我們分手後移居千里達。她想離開洛杉磯——太多噪音，太多歷史，甚至可能太多威爾了。但我們保持友善，而且我幫她搬家。我好幾年沒看到她了——她現在已婚，有兩個漂亮的島民膚色小孩，馬利和瑟凱。

電話中，她的聲音聽起來變了，聽得出海灘生活的不同：被陽光加料的柔軟，冷靜，連她的名字都變了：她現在叫提亞娜，簡稱提——這個對外姿態一方面維持她的本質，同時暗示清洗掉過去的毒素。

提和她家人回到洛杉磯過感恩節。

「你一定要見見史考特！」提說，「我跟你說，你們一定很投緣。」她跟我說了好多年了。

她老公史考特．薩迪那是千里達及托巴哥的藝術家，跟她以前交往的企業主管、湖人隊籃球員和饒舌歌手轉職的演員差很遠。史考特不一樣（喔，她還沒開始討厭他——其實，正好相反）。我一直從提在新島嶼天堂招待過的共同朋友那聽說他的事與千里達之美。昆恩．拉蒂法剛回來，她到處講。昆恩的品味很精緻，對住處很龜毛，所以她說某地方很棒的時候，你就知道它很棒。

「我必須借用一下妳老公，」我說。

我不確定我為何那麼說——我想我可能太誇張了。我喜歡把金句烙印在別人記憶中的震撼價值與搞笑鬼扯。我想這樣也能幫我破冰；如果我做得對，會震撼到沖淡我剛說的屁話的震撼力。

「呃，該死，」提說，「你需要他多久……更重要的，你找他幹嘛？」

我們總是很容易大笑。

「我沒去過千里達，」我說，「昆恩說很棒。」

「喔，太好了，」提興奮地說。我聽得出她已經開始想像海灘派對和他們要帶我去看的藝術展了。

「我們下個月會去，過聖誕節，」她說。

「我要他明天就帶我去，」我堅定地說，「我必須逃離洛杉磯。」

「拜託，老兄，明天是感恩節耶！」

提認識我夠久看得出何時我出了事。她也愛我夠久想要幫忙。

「我是說，幹，你們可以吃飯——我們晚餐後離開，」我安撫說。

「我明天走不開，」提說。

「我只想跟史考特走。」

一拍。

兩拍。

三拍。

「哈囉？」

史考特・薩迪那從未搭過私人飛機。而我，已經將近十五年不曾沒帶保鑣去任何地方了。

「是啊，老兄，」他用輕鬆的加勒比海腔說，辮子綁在腦後，「沒問題，老兄。這是我的島。我知道那邊很多地方。相信我。一切沒問題。不用研究。」

史考特肯定不是我習慣結交的那種人。他慵懶輕鬆地讓周圍的事情發生。我習慣藉著嚴格紀律和努力跟宇宙搏鬥，讓它服從我的意志。史考特似乎很樂意讓宇宙想怎樣就怎樣，然後閒坐，吸口氣，一笑置之。

「我會帶你享受真正的千里達體驗，」史考特在墨西哥灣上某處說。

我睽違幾十年不曾讓目的地沒做準備與簡報就去了。「你確定我們降落時沒問題嗎？我好歹算是名人，」我說。

「不會吧，老兄！我跟你說：千里達人是酷民族。這是你一生最放鬆的時候！他們不太研究別人。他們甚至不會在乎你是威爾・史密斯。沒事沒事，相信我。」

我們大約下午兩點降落在千里達的皮亞可國際機場。

接著簡直是瘋人院。

整個機場員工都跑到柏油路上。機場警衛包圍我，護送我們去私人房間。史考特很震驚——他一輩子沒看過這種場面。

「我不知道他們爲什麼這樣子，老兄。他們好像看到珍禽異獸。太誇張了！」史考特拿出手機連絡他朋友傑森，他會來接我們。

史考特不懂任何電影明星規則™，尤其是第4a條第二款：所有出入境要事先計畫。電影明星在人群中很難移動。注意：你在機場降落前最好打給要來接你和電影明星的朋友。

「傑森！哈，老兄，」史考特對電話大喊，「我跟你說過我們在路上了！不，傑森！我是說在飛機上——我在飛機上打給你的。快過來，老兄！那是個人的專機！你在哪，老兄？你有多遠？傑森！不會吧。那太久了。開快一點啦！」

史考特的魅力焦點就是他不把別人當作「大人物和無名小卒」——每個人都是大人物。我已經記不清上次我自己提行李是什麼時候了。聽起來或許無趣，但沒有保鑣、沒有助理、人在外國，對我來說是種嚇人的史詩冒險。

四十分鐘後，機場警衛護送我們上傑森的休旅車。我們安全上車駛向史考特的童年老家。

我不確定我要找什麼，但我告訴他，「不要飯店，不要接送服務，不要正式計畫。」我要融入他的生活，在他家裡，跟他朋友混，做他們平常如果新鮮王子不在場會做的事。

他有個童年朋友，切・勒夫雷斯，是千里達顯赫藝術世家出身的四十一歲畫家。他當晚有畫展。我們把我們的行李放在史考特老媽家，然後去看切在水彩藝廊的畫展。史考特負責開車。

「你放輕鬆當作在自己家，老兄！」史考特說，「我的員工不會給你添麻煩。這裡每個人都會尊重你的個人空間。」

「我不確定，史考特，」我說，「我沒來過這裡，但我們可能要做好準備，萬一人群激動起來。」

「不，老兄，這裡不用。地方不同！這些都是我同胞，他們不會那樣。我的同胞不會那樣。」

我們抵達畫展——下車走兩步，馬上成爲混亂的暴民場面。兩百個人歡呼、推擠、亂抓、尖叫。這都是愛，但如同諺語說的，有時候愛會傷人。興奮的群眾可能很危險。史考特這時進入保鑣模式，設法讓我通過「他同胞」的激動人群。

那是我第一次有穿拖鞋的「保鑣」。

那也是從我出名以來第一次我沒有後援。沒有警衛，沒人能打電話求助；我不知道我在哪裡，出口在哪裡，美國大使館在哪裡。什麼都沒有。甚至感覺好像我不會說當地語言。嬰兒從安全的子宮被生出來想必就是這種感受。

我是四十二歲的新生兒。

我們一路穿過藝廊。在畫家的 VIP 室終於安全了，我見到切和他的家人：他妹妹阿莎・「露露」・勒夫雷斯；切的兒子羅斯柯；露露的女兒伊拉和伊娃。千里達的奇妙太陽會把小孩烤得完美——他們是你能想像最漂亮的小孩了。

切是具象藝術家——他的作品混合寫實主義與抽象。他通常畫些當地嘉年華活動的人物，用粉彩顏料和粉末顏料畫在畫板上，清晰地捕捉加勒比海生活的脈動。我迷失在他題為「舞廳女王」的畫裡描繪的年輕女子的眼神中。我感覺她在歡迎我來到這個島。展場人很多，千里達這座大熔爐裡各式各樣的剖面圖本身就像一張畫布。

最後，我們回到勒夫雷斯家族的家。有屋頂的門廊；音樂，食物，對話。這房子位於稱作「瀑布」的植物茂盛地區，綠色外觀讓房子幾乎消失在周圍森林裡。「浸石灰」（limin'，千里達人打混／開趴的俚語）在有屋頂的木造遊廊舉行，三面開放通往斜坡狀花園和瀑布谷。有張餐桌，斜背扶手椅，還有我最愛的地方：標準的千里達吊床。

勒夫雷斯家族是畫家、詩人、知識分子的家族。大家長厄爾・勒夫雷斯是位知名小說家、記者、劇作家兼詩人。露露是西印度群島大學的電影學教授；大哥華特是電影攝影師；房子裡掛滿了切的畫作。對話內容活潑又廣泛。

「那個甜香是什麼？」我問。

「那叫做依蘭樹，」露露說，「現在有微風從西方吹來，是一整年最好的時期。」

我從未聽過露露播放清單上的音樂——塞內加爾歌手 Ismaël Lô、Baaba Maal 和 Youssou N'Dour，全部都跟依蘭樹很搭，把我帶入甜美的沉思。美味餐點，加勒比海微風，烤焦糖膚色的小孩零散地跑來跑去。

「你要過夜嗎？」六歲天眞的伊拉問。我發出大人式的假笑聲。

呃，伊拉，除了比爾・柯林頓就職後在林肯臥室過了一夜，我從十二歲以後就從來沒在別人家裡過夜了。我回費城時都不住父母家。我知道你才六歲，伊拉，但妳必須了解在全世界運送「全球名人」有重大的後勤困難。首先，我至少帶十個人旅行，意思是我們需要至少十一個房間。如果可能的話，爲了安全理由，我的隨從會包下世界最佳飯店的整層樓。當然，我的房間總是在走道最末端那間；有雙併門的房間……

更別提，我跟你們不太熟；我剛認識史考特。我單獨來這裏，我從來不落單的。所以，跟陌生人過夜的念頭——即使像妳家這麼親切又漂亮的陌生人——會把我嚇得半死。

所以，對，伊拉，沒錯，我要過夜。

「那，我的房間在哪裡？」我問她。

我的房間綽號叫「地窖」。那是個車庫風格的儲藏區改裝的客房。書籍、舊黑膠唱片和陶藝品到處散落。唯一家具是手工的木板床，後來我發現是史考特做的。白床單飄揚在鑄鐵製無玻璃的窗戶上：華氏八十度的加勒比海夜晚不需要別的東西。

我的行李還在史考特媽媽的家裡。

「我明天會去拿過來，」史考特駕車離去時說，留下世界最大咖電影明星在陌生人家裡，沒有牙刷。我同意留下時，我以爲很清楚我是同意跟史考特留下。我不敢相信這傢伙把我丟在這兒……查理•麥克要是發現了會把史考特的頭塞進馬桶裡。

我向來很會認方向。這是老爹的必要條件。我童年的任何時刻他都會問，「北方是哪邊？」或「指東方給我看。」他擺明了任何載具上的乘客都要負責認路。司機可以決定收音機頻道和空調溫度——乘客／導航員負責看地圖提醒要左右轉（還有零食——我們得在老爹開車時餵他）。

不過今晚，我看不到月亮，我在來這裡的途中分心了。我不太會認星座。當我躺在加勒比海某處離水泥地十二吋高度，我開始輕笑——是我畢生以來對創傷與焦慮的典型反應。輕笑升級成竊笑，竊笑升高爲大笑，大笑爆開成爲全面歇斯底里。

我在哪？我在幹嘛？發生什麼事了？我的人生怎麼會這樣？我根本不知道這是哪裡。我愛的人都不知道我在哪裡。這是別人想殺死我的完美時機；倒不是有人會想殺我啦——我是說，《飆風戰警》沒那麼爛吧。

萬一現在有女人走進來呢？萬一她穿著白色透明長睡袍呢。萬一她在嘴唇豎起手指——噓。萬一她吻我呢？萬一她說我是在正確的道路上呢？

萬一我相信她呢？

我睡了大約十二個小時。

我在四十二歲時就寢——我醒來時，感覺像二十八歲。我想再睡一會兒，但是烤番茄、煙燻鮮魚、烤肉、自製麵包和我根本不認得的當地水果的香味像一劑甜美鹽味刺激我。在我尷尬地吃掉三大盤外加伊拉吃剩的麵包之後，史考特終於來了。

還是沒牙刷。

「我朋友強納生有一艘 Bertram 遊艇，」史考特宣布，「我們想去 DDI。」

整個勒夫雷斯家族驚叫拍手——顯然 DDI 是好東西。

「什麼是 DDI？」我問道。

「島嶼底下（Down de islands）。」

我們大約早上九點揚帆——我，史考特，切，露露，羅斯柯，伊拉，伊娃和強納生。大約四十分鐘後，我們駛進恰卡恰卡雷島一處偏僻的海灣。史考特、切和強納生在下錨之前就下水了。我努力保持清醒，但不是遊艇的撫慰搖晃就是我剛才的暴食讓我昏昏欲睡。

兩小時後，我醒來發現船上沒人。除了切的五歲兒子羅斯柯，每個人都在水裡。他在吃熟芒果，更精確地說，他看起來像在吃，或者被芒果吃——他整個泡在果肉和果汁裡。

我向史考特和船員大叫，「唷！有什麼計畫？」

「老兄，什麼意思？」

「我是說，今天的計畫——我們要做什麼？」

「我們在這裡，」史考特指指海平線說。

「我知道，但我們要幹嘛？」

他們有點面面相覷。他什麼意思？

「我是說，你們有水上機車之類的嗎？」我說，「呃，這附近有什麼？我們要做什麼？」

「老兄，看看周圍，」史考特在水裡喊，「我們在重新連結和浸石灰。」

「重新連結」和「浸石灰」是什麼鬼？

羅斯柯和他的芒果看著這段對話。我回到船艙，躺在沙發上，閉上眼睛再睡三十分鐘。這些人眞的打算整天閒混什麼也不做。我快死了。我的手機沒有訊號，所以沒有簡訊或來電。我們離陸地大概一哩，離機場九十分鐘。我被困住了；我感覺像籠中動物。我有些……生氣。他們竟敢這樣浪費我的寶貴時間？

我站起來走回外面甲板上。他們還在同樣地方，漂浮著聊天。我無法理解他們在幹嘛。我很緊張，我踱步，察看手機上的時間。然後我回過神來：我發現我思緒和情感的亂流跟我的環境形成鮮明對比，我心想，「喔幹，這是毒蟲的行爲。」我無法靜下來。我的心智很激動——我需要活動、目標、任務、活動，冒險。有什麼事可做都好。

我對上羅斯柯的目光，他從另一顆芒果的曲線上面在偷窺我——這顆比他的頭還大。他貼心地看著我，宛如在說，「你知道你看起來瘋了，對吧？」

一切緩緩聚焦：我有成癮症嗎？我不吸毒，我不太喝酒，我不像某些貧民獵犬沉溺性愛。

但我不知道怎麼停下來，或靜止，或安靜，或獨處。我對他們的認可成癮，爲了確保他們認可，我對勝利成癮。爲了保證與維持我的連串巨大勝利，我對工作與辛勞成癮，偏執地追求完美。

但還有更深層的問題。我把停工時間當敵人，當作一個會失去某些東西的地方。當我跟梅蘭妮之間保持空間，她背叛我。老爹認爲店裡的任務空檔就是懶惰。達洛從不希望我在健身房裡坐下——他認爲休息時間是享樂原則毒化我們所有努力工作的破綻。我從不希望傑夫在我們的專輯放串場插曲，因爲我認爲歌曲之間的空白是聽眾停止聆聽的空間。我不希望在我的電視節目、下一部電影和下一張唱片之間留下空白，因爲我不希望給大家機會趁我不在愛上巨石強森。

但我塡滿每一秒的需求最混亂的一面是，這讓我不用去感受。

我的心思漂到跟JL的《我是傳奇》電話。那部片打破全球票房紀錄，但我還不滿足。隱晦疾病變得很不隱晦。我自問，《我是傳奇》要爲我賺多少我才會快樂？多少才是足夠？我需要多少部連續第一名電影？要有多少錢我才會感覺安全有保障？我需要多少葛萊美獎或奧斯卡獎才會覺得被愛被認可？我的小孩需要變多健康？潔達還要說多少次「我愛你」？什麼時候夠了才是夠了？

問題是，你得到越多，想要越多。就像喝海水止渴。我們會培養出耐受度，讓我們需要更多才有同樣的快感。

我開始認清這個遊戲、花招、瘋狂，棍子上的胡蘿蔔。我從不喜歡吸血鬼電影，但我突然懂他們的神話了：他們是永不滿足的人性飢渴和慢性不滿足的隱喻——企圖用外部東西填補精神上的破洞。

如果就連無與倫比的勝利和一切夢想的達成，都無法確保完美快樂和終極幸福，那什麼才行？

我看著羅斯柯。就他所知，人生的關鍵是芒果。

「快下來！水很暖！」露露大叫。

「我不會游泳，」我說。

他們顯然沒聽眞人說過這句話。首先，他們大笑，然後發現我不是跟他們開玩笑。然後他們都看著我，好像在看聯合國兒童基金會廣告：「請幫助這個刻板印象的美國大都市黑人——每週一塊錢就能幫這傢伙學會游泳。」

我一向怕海——它好廣大又難以預測。前一分鐘可能平靜美麗，下一分鐘就暴烈可怕。

即使小時候，我在家庭旅遊去大西洋城都遠離水。

我想起去大峽谷時媽媽說，「這整座峽谷都是水創造的。」

那對我是個嚇人的命題。大海和水——我們就是不合。

我最創傷的童年回憶之一是在公共游泳池差點溺死。至今我還看得到自己在水下搞不清方向——我搞不清楚哪邊是上方。我嗆到水，知道我快死了。媽媽從她的躺椅跳下來潛入池裡。我看到她的手伸向我的臉。她抓住我腋下把我推上來放到池邊。

幾年後，我向媽媽的朋友轉述我嚇人的瀕死經驗，媽媽臉色扭曲成困惑。她試著解讀我。這種情況發生過很多次，但她看得出有點不同。

「你知道沒發生過這種事吧？」媽媽溫柔地問。

「什麼意思？」我說。

「威拉德，沒發生過，」她更加急迫地說。

「我全都記得，媽，」我說。

「你沒進過游泳池，你也沒下海過。我們送你去過游泳課一次，你根本不肯把腳伸進水裡。」

「可是，媽，我全都記得。妳有爆炸頭，穿藍色泳裝。」

「呃，一定是你的另一個媽媽，因爲我沒有這種經歷。」

我開始科學鑑識我的記憶。然後想到了：如果我在水裡分不清方向，我怎麼看得到媽媽跳進池裡？然後我的電影經驗浮現：我發現我視覺回想的角度不是從我的觀點。在我的心眼中，我看到的事件彷彿我在池邊。我腦中我和媽媽的兩個鏡頭是不可能的——這是僞記憶。但我對海洋的焦慮，恐懼和厭水，百分之百是眞的。

這個啓示震撼了我。我的記憶眞的那麼不可靠嗎？我是在做夢嗎？我是亂編的嗎？那是前世的經歷嗎？如果是，媽媽怎麼會在現場，而且她爲什麼有爆炸頭？

無論如何，其實不重要：我還是討厭海。

記憶不是實際發生之事的完美紀錄。它不是你經驗的錄影帶。連照片都不是。它是你的心理、藝術的呈現。比較像是事實的抽象、印象派繪畫，而不是純粹、未過濾的描繪。而且不是固定的——繪畫會隨著時間變形，褪色或擴張。有時候你會在記憶裡添加一年或五年前不存在的色彩，甚至會把多項記憶給畫在一起。

問題是大多數人盲目地相信我們的記憶。我們的記憶是我們認知現實的基礎。然後我們承認這些結論，解放必要的情緒和對應的行動與行爲。我們緊抓著我們缺陷的假設進入世界，對自己釋出錯誤觀念的無數後果。

我相信我差點溺死的記憶——其實，我完全承認這故事的真實性。水很危險，我小時候差點被它淹死。所以，當我的弟妹在海裡玩，我會自己待在海灘上。成年後，我不讓我的小孩自己下海。恐懼與焦慮深植在我腦中，限制了我欣賞地表七十%的美麗的能力。

「老兄，放輕鬆！」

我離岸僅有十碼，但海浪好大。水深到我的腰部。史考特坐下時，水淹到他的脖子。

「泡下去涼快一下，」他說，「不會超過你的頭頂。」

「唷，老兄，有東西碰到我的腿，」我說。

「海草啦，老兄！馬尾藻！這是我們在設法解決的問題。快進來。」

史考特伸手下去抓了一把馬尾藻把它丟開——顯然，把他丟到八呎外應該要讓我自在一點。我深呼吸一下，坐下去。海水幾乎半透明，像洗澡水一樣溫暖。波浪拍打拉扯把我沖來沖去。

「別抗拒，老兄，」史考特說，「那是海流。會把你帶出去，但也會把你帶回來。」

史考特冷靜地漂浮在與海洋韻律的完美和諧中，我像猴子玩橄欖球似的撞來撞去。雖然我從未完全自在，我開始了解人類跟海洋的關係了。

重新連結和浸石灰。

潮汐的起落是地球的心跳。當他們整天坐在海裡，他們是把自己調整到地球的頻率。對史考特來說，這種校正是最高的人類體驗。當他跟喜愛的人相處，他希望在海裡度過——衝浪，釣魚，駕船，滑水，游泳，重新連結和浸石灰。

離開千里達時，我很清楚一件事：我知道我少了點什麼——關於人生，關於兩性關係，或許還關於我的東西。

我只差不知道那是什麼。

但我不再完全捍衛我的舊信仰體系了。我能夠接受或許戰鬥營心態在家庭領域不算是最適當的關係典型的觀念。我還不曉得新觀念是什麼，但我確定一定有。

你爲何這麼害怕沉默？

沉默是萬物的根源。

如果你捲入它的虛空中，上百種聲音會大聲發出你渴望聽到的訊息。

——魯米

我討厭別人傳給我好像很深奧的 Instagram 名言。它們總是帶著花俏的邊框，背景總是紫紅色，還用某種覺醒式的、看不懂的書法字體——他們眞正想吸引你時，還會加上亞洲老人的照片。

我覺得沉默是萬物根源這句話完全沒道理。我是靠發出噪音吃飯的。我很困惑，我回簡訊，「什麼鬼？？？？？？？？？」

我的手機立刻響起。是我朋友安東。

「老兄，別傳你的假佛教啓發性小格言給我，」我說，「如果你要傳名言給我，就傳塔里布・奎利（譯注：Talib Kweli，嘻哈歌手）的歌詞。」

「我剛從印度回來，」他笑著說，知道他完全沒理由傳魯米的鬼扯給我。

「那不成藉口……，」我說，「你去印度幹嘛？」

「我參加了叫做『內觀』的課程。是十天的沉默修練——沒電視，沒電話，不准交談。

太誇張了。你一定得試試。」

「十天不准講話？你說叫什麼來著？」

「內觀——意思是『看清事物的本質』。」

安東和我一年多沒聯絡了，但我猜他只是需要找個人聊。別人總是可以感受到你在追尋某個東西，這真的很詭異——高度好奇心似乎會以不同頻率散發能量。你一旦真正開始對不同的東西抱持開放心態，就像大聲對著超猛擴音器喊：唷！你在哪？你看到我在這裡掙扎沒有？

「是啊，老兄，我不確定我是否準備好去印度了，」我說，「但我確實喜歡看清事物本質的概念。」

我整個童年都跟哈利同房。如果你畫個時間軸，從我十四歲認識梅蘭妮那天，到我現在的婚姻，我只單身過總共十五天。我討厭孤單。

我想給潔達自己在洛杉磯的空間，所以我決定獨處兩個星期，只有我，我自己，和我——我想看看我們三個能否和平共處。不看電視，不打電話，不跟人見面。不准講話。

我去我們在猶他州山區的房子。完全孤立；海拔八千四百呎。我安排了外送食物，但不准接觸人。除了獨自早晨散步，我連續十四天不會出門。

安東只撐了十天，所以我得打敗他。

第一天很令人興奮。沒有簡訊，沒有email，沒有電話。我三十年來第一次自己做飯——很難吃，但我對這次嘗試很滿意。不看電視，除了安裝電子書準備閱讀的iPad以外也不准用電腦。這是我生平第一次一天內看完整本書：佩瑪・丘卓的《當生命陷落時》。

第二和第三天感覺都像有三十九小時那麼長，要不是我腦中的隨從一直在講話，幾乎還算可以忍受。

第四和第五天差點讓我崩潰。我在爬牆。我甚至想到在白天吃安眠藥給我一點紓解。我碰巧剛得知NyQuil感冒糖漿不是許可的內觀藥物。我答應過自己我會撐十四天，我很久以前就學到，我或許會違背對你的承諾，但絕不會違背對自己的承諾。

第六天，我不知不覺間拿著鑷子站在鏡子前拔我的眉毛。我知道我有麻煩了。

第七天，我漂亮地重建了眉毛，而且發現我這種情況有個名稱：拔毛癖，又稱拔毛失調症。我知道我沒有，但總是有第八天！

第八天：

夠了，我得打電話給某人。

幹，不行，不能那麼做。

我爲什麼感覺想哭？

內觀眞他媽的愚蠢。

等等，我什麼時候開始的？我算天數是從午夜，或從我開始的時刻算起？所以，這是第八還是第九天？

安東是該死的白癡。

魯米也是。

第九天，我發現我的夢境變得比較清晰，創意點子洋溢。我開始在一本又一本筆記簿塡滿歌詞、歌曲、想法、意見、電影和詩句。

我也開始閱讀冥想書籍，迷上了「觀看我的心智」的概念。那是我初次接觸「自我觀察」、「自我調查」、「意識」和「知覺」等字眼。我嘗到一個短暫的瞬間，就是我後來所謂的「安詳」。沒持續太久，但是個我會學習追隨的氣味。

這次在猶他州獨居展開了我生平最棒的閱讀時期，延續到往後幾年。只是一小部分書單，我啃完了《馬侃X自傳》；《博伽梵歌原意》；《少有人走的路》；《唐吉軻德》；《覺醒的你》；《Teachings of the Buddha》；《奧德賽》；《白鯨記》；《人性的弱點：卡內基教你贏得友誼並影響他人》；《愛之語：兩性溝通的雙贏策略》；《As a Man Thinketh》；《Oneness》；《箭藝與禪心》；柏拉圖的《共和國》；《陽剛與陰柔》；《鐵約翰》；《Aspire》；《我知道籠中鳥爲何歌唱》；《The Power Path》；《活出意義來》；沒完沒了。我在接下來幾年肯定至少讀了一百本書。

第十天是我第一次嘗試冥想。

第十一天，我放棄冥想。感覺名符其實好像我的心智在攻擊我。

第十二天，我再度嘗試冥想。

我讀了丘卓的《當下是良師，佩瑪・丘卓教你如何打坐》。

我喜歡交朋友，我心想。我開始嘗試聆聽與觀察我腦中的東西，一個痛苦的領悟流過我全身：我不喜歡跟自己相處。其實，我想要盡快逃離我自己。

我忽然想到，如果我都不想跟自己在一起，別人怎麼會想跟我在一起？

第二十章　投降

「什麼會讓你快樂？我說的不是『威爾・史密斯』，因爲他有很多包袱。而是你——如果你能當宇宙之主，你能彈一下手指就擁有你想要的任何生活，那會是什麼？」

這是個很沉重的問題。

麥可拉・波恩單身，紅色捲髮，超過五呎高。她的奧地利腔讓她說什麼都迴盪著精神分析的眞實性。她是作家、演說家兼顧問，有三十幾年實務經驗和三萬五千小時客戶治療時數。她受過榮格心理學、創傷和兩性關係治療的深度訓練，也有研究密教性慾的專長。

光谷歌搜尋就讓我感覺暴露又脆弱，所以當她拿著銀條紋摩洛哥駱駝鞍袋、穿著疑似皮草的東西走進來，第一個問題就是「什麼會讓你快樂？」我立刻大爲動搖。她是什麼意思？她怎麼會認爲我不快樂？（除了「你能不能過來幫我因爲我不快樂」那回事。）

對我而言，連想像除了我創造的人生以外的東西都是褻瀆。我的想像力通常是各種可能性與潛力的洶湧激流。但不知何故，這問題帶我進入了到處有危險標誌的內心世界領域，我看的任何地方都有黃色警方封鎖線。答案必須從只有「壞小孩」會去的地方，我靈魂裡混濁潮濕又陰暗的區域挖出來。我根本不讓自己在那附近思考，所以我很確定不會在那裡面說話。

我是說，萬一我拆掉所有木板、隔欄和路障，被裡面的不明惡魔控制呢？萬一我無法把它關回去呢？萬一我喜歡放它出來呢？

但我走近黑暗處。我想看看裡面有什麼。我躲在第一層黃膠帶下面。她眞正問我的是什麼？

如果我什麼都不在乎，會創造出什麼生活？

然後陰影說話了：「我會有個後宮。」

暴露我未經消化、未過濾的幻想的脆弱感先用尷尬抓住我，接著讓我充滿憤怒——好像她耍了我。

或許麥可拉是個女巫。她怎麼能讓我這麼快透露我污穢的陰暗世界？

麥可拉沒有畏縮。她從彩色的迷人包包裡拿出一本記事簿和筆說，「OK，後宮。有意思。那麼，裡面有誰？」

「什麼意思？」我說。

「你的後宮裡有誰？限女人。告訴我名字。」

麥可拉把筆拿在簿子上，等我回答她的問題。

這是絕地武士的狗屁心智控制術，某種榮格心理學密教體現的巫毒。她這招休想得逞。

「別呆坐著好像沒有答案，」麥可拉說，「你很清楚答案是誰，這不是你第一次想到了，你在腦中反覆演練很多次……她們叫什麼名字？」

「我不……我是說，我不懂妳爲什麼必須知道她們是誰。」

「我必須知道是因爲我要管理你的後宮，」她說，彷彿我應該知道這是別人做過的實際工作。

「看，你可是天殺的威爾•史密斯。你是世界上最有錢最受喜愛的人之一。如果你不能擁有你要的生活，我們其他人就慘了。」

「蜜絲提•柯普蘭，」我說，拆穿麥可拉的虛張聲勢，「她是黑人芭蕾舞者……」

「我知道她是誰，」麥可拉說，同時寫下她的名字。「還有誰？」

「荷莉，」我面無表情地說。來玩吧，巫婆，妳還要什麼東西？

「你知道後宮不只是爲了性愛，」麥可拉說，「後宮是爲了啓發而建立。你需要醫師，你需要畫家，建築師，幾個律師，音樂家，詩人。而且不只美國人——你應該聽到多種語言。你的後宮應該由全世界最聰明、獨特和強大的女人構成。你的責任會是資源，並且協助她們的個人成長與成功。反過來，她們會用女性天賦幫你吃飯洗澡，把你充實又聰明地送進世界。」

接下來兩小時，麥可拉振筆疾書。她拿出她的筆電——我猜她是現代女巫！——讓我看全世界最有活力與才能的女人的照片、影片和TED演講。我踱步發笑大受啓發。我在陰暗區裡跳舞。不知怎地，我內心原本似乎太黑暗太邪惡不該考慮的惡魔，在麥可拉的接納下沒那麼可怕了。一切結束後，我們有大約二十五個名字；我們有旅行路線；要參加的全球活動，像里約嘉年華和印度的印度教色彩慶典侯麗節；我們有後宮和我應該認識的人名清單。麥可拉和我擊掌，我同意周一早上第一件事就開始接觸那些女性。

我有兩晚可以好好做夢，到了週二，打烊，我不玩了。我的熱情隨著時間消退。我腦中的每個後宮方程式老是走向地獄場面。如果我搞不清楚如何栽培與滋養一個傑出的女人，我怎麼會認爲我能照顧二十五個？

「我不要後宮了，」我說。

「當然不要，」麥可拉回答，「但你認爲爲什麼以前想要？」

「我猜我覺得如果我有夠多女人，我隨時可以找到至少一個喜歡我的人。」

「只要你爲了女人的認可做事，」麥可拉說，「你永遠不會自由。那是下墜的地獄。我可以告訴你——當女人發現她能影響你，就會失去對你的信任。我們需要你堅定；我們需要你的『是』眞的是，『不是』眞的不是。只要你會爲了別人的情感而扭曲、委屈、出賣自己，你就永遠不值得信任。」

麥可拉開始稱呼我的好好先生人格爲「柔軟叔叔」。他是我內心的「討好者」，無論我感受如何都必須微笑的部分——他會爲了維持和諧做我不想做的事。他不被允許心情惡劣，或遇到倒楣的日子。柔軟叔叔討厭衝突，甚至會用說謊來避免。他爲每本自傳簽名，握每隻手，親吻每個嬰兒。柔軟叔叔很開朗，有才能，聰明，慷慨。柔軟叔叔需要每個人喜歡他。

我這麼棒，我這麼和善又足智多謀，你不必擔心；我是無害的，你可以信任我。我會照顧你每個需求。

柔軟叔叔誕生於我童年的策略人格。如果我夠好笑，夠親切，夠無害，夠娛樂性，我就不會被傷害，我媽會安全，我的家人會快樂——永遠沒人會離開我。

柔軟叔叔想被認可。這是他能想像的唯一安全。成年後，他成爲我的盔甲與盾牌。我掐死我的實話希望能藉此感到安全，獲得認可，有人愛。

「我希望你有自己的體驗，減去被認可的慾望，」麥可拉說，「你眞正是誰？你的心眞正想要什麼？你最深的價値觀和眞實目標是什麼？柔軟叔叔的問題是他讓你從來無法自由做出純粹的決定，對自己誠實又正確的決定。你總是被柔軟叔叔逼迫妥協，去做能得到最多認同、喜歡或銷量的事。威爾的創意被柔軟叔叔對認可的需要阻撓。威爾的情感，威爾的意見，威爾的需求，威爾的想法是什麼？」

我懂她的意思是小時候的我打造了某個身分——我判斷我必須像某個特定樣子才能在我的環境生存與成功。我也看得出這行爲經常與我眞正的想法與感受衝突。

但柔軟叔叔做了些美好的事。他建立她的湖。他讓薇洛厭倦時不必再甩她的頭髮。他求傑夫和 JL 搬來洛杉磯。特雷搬來跟威爾住之後他加倍雪莉的子女贍養費。威爾太害怕想逃走時，他在昆西・瓊斯家試鏡。柔軟叔叔被他對穆罕默德阿里的崇拜影響，拍了威爾太害怕不想拍的電影。

「柔軟叔叔是個好朋友，」麥可拉說，「只是他需要爲你工作，而非反過來。」

柔軟叔叔基於謊言被創造，依據我有問題、我是膽小鬼的錯誤前提設計。他的工作是不斷爲我的缺點道歉，保障我永遠安全有人愛。即使我察覺他或許開始在做超過他該做的事，事實仍在：是柔軟叔叔在付帳單。

柔軟叔叔被他的影子同類變得更複雜，麥可拉稱之爲「將軍」。當柔軟叔叔耗盡他儲備的魅力與雅量，但嘗試確保被喜愛的任務仍然不成功，他會召喚出將軍。將軍的工作是不擇手段把旗子插在山頂上，暗地裡（或沒那麼暗地）懲罰那些敢有異議的人，即使是我自己。基本上，當我如此徹底地壓抑我眞正的需求這麼久，仍沒得到尋求的喜愛與認可的時候，我的痛苦會以將軍的身分自我表達。

因爲柔軟叔叔掩蓋了我的眞實情感（我根本沒接觸到它），將軍出現時，大家會震驚困惑。貼心，貼心，貼心，然後刻薄，刻薄，刻薄。「這兩個人格編織出一個困住你的宇宙，」麥可拉說，「像個要求、義務與期望的蜘蛛網。如果你敢踏出這些結構之外，就會遭到你最怕的鄙視與不認可。但這兩個身分都不是你。問題是，你能在自身而非外部來源的認可找到安全嗎？你能成爲獨立人嗎？」

麥可拉和我在接下來幾年一起合作。她的課程核心是成爲獨立人的概念。基本上，獨立人是自我知覺、自我依賴、自我激勵，有自信、又完全不因他人是否認可而動搖的。他知道自己是誰，他知道自己要什麼。因此，他把他的可觀天賦用來服務他人。

「你必須仔細觀察你內心的地景，找出你究竟是誰，以及你眞正的慾望與需求。」麥可拉說，「當別人問你感受如何，別只丟出柔軟叔叔的答案——想一下。至少試著在內心敘述一下你的情感。」

麥可拉想要讓我把誠實和眞實放在我對認可的需要之上，作爲培養自我信任、也值得他人信賴的方法。

一開始，我發現自己面對不認可仍會崩潰；如果我拒絕滿足他們的慾望，很難看著別人失望的眼神或感受他們對我的憤怒。我試著學習對自己誠實、不背叛自己，超越我自己的情感。試著不再心裡不願意卻仍然說好，心理很想要卻仍然說不，實在很煎熬。

我們開始拆解的第一個東西是我的名聲信仰系統：如果我在公開場合，我不准拒絕任何粉絲的要求。如果有人想要拍照、簽名、握手、擁抱，我正在吃飯或交談或身體不適都不重要——我規定自己要滿足自我形象的承諾。

二〇一七年，我跟西班牙導演兼編劇佩卓・阿莫多瓦；德國導演瑪倫・艾德；中國女星范冰冰；南韓導演朴贊郁；女星潔西卡・雀絲坦；法國女星兼導演艾格妮絲・夏薇依；義大利導演保羅・索倫提諾和法國黎巴嫩裔作曲家蓋布瑞・雅德參加坎城影展評審團。這段期間，我正在練習設定與嚴守個人界線的改變行爲。我會誠實告訴大家我的感受；我不想要就會拒絕，我想要就會同意。

那是第五天，我們已經看了十四部電影，其中十部有字幕，其中六部是「實驗性」。評審團的評議是我一生最棒的電影教育，但每天觀看與辯論三部電影在體力與智力上都很累人。

晚餐前還有一部電影要看，我需要安靜一會兒重新啓動。我有三十分鐘去健身房再加入評審團。我告訴自己對我來說，這是我的時間，我答應自己不會允許任何人侵犯。

我進入健身房，裡面完全沒人。謝天謝地。我走向腹肌鍛鍊機——我要做十五分鐘核心肌群，十五分鐘有氧運動，然後離開。太好了。

第二套做到一半，有個英國腔的三十幾歲黑人老兄進來，立刻發現了我。他走近時掏出手機，急忙開始錄影。

「嗨，威爾，」他切入廣角模式說，「跟我表弟打招呼！」他走到我面前兩呎處，我往上伸手遮住他相機鏡頭把它往下壓。

「欸，抱歉，老兄，」我說，「我正在訓練。」

「只是簡短拍一下，威爾，」他說，「我表弟有唐氏症。他很喜歡你。我保證會很快。新鮮王子是唯一能逗他笑的東西。」

柔軟叔叔：威爾，拍吧。根本不是爲他。是唐氏症小孩啊。

我：但我答應自己了：這是我的私人時間。他不能沒先問過就開始拍。

柔軟叔叔：他很興奮。他顯然是個鐵粉。新鮮王子是唯一能逗那孩子笑的東西。別當混蛋。

我：我不是當混蛋。我是想嚴守對自己的承諾。我可以不想拍影片就不拍。難道我不能有自己的神聖空間嗎？

柔軟叔叔：當然有——你的豪宅，你的禮車服務，你的閣樓套房，你的私人飛機：如果我讓你新奇的「自我感」主導我們的生活，我們就不會有這些東西……

「威爾，這裡沒別人，」他說，「只有我們在。拜託，打個招呼……」

我知道我在這老兄眼裡看來好像瘋了。我仍然壓著他的手機，在內心交戰時露出眺望遠方的眼神。

「抱歉，老兄，」我說，「但是不行。」

這人眼中的痛苦燒錄在我的記憶中。至今想起我還會哭。他不敢置信地看著我——這不是威爾·史密斯……

「爲什麼不行？」他說。

我停頓。我搜尋最深刻最誠實的答案。

「因爲我不想拍，」我說。

他厭惡地搖搖頭，轉身離開健身房。我知道我做對了，但我討厭別人——無辜的人——

陷入我內心交戰的火網中。

我沒有撐到有氧運動。我回我房間然後哭個不停。

接下來兩年間，麥可拉和我形影不離。她再三重複，「探索。體驗。實驗。擴充。」她釋放我內心狂野的尋路者，他的願景原本被身爲「威爾・史密斯」的義務和期待窄化了。麥可拉鼓勵我「嘗試新事物」和「認識新朋友」——重燃我的探索與冒險精神。我開始嘗試各種人類體驗的成果。

「你正在突破『威爾・史密斯』的狹隘界線，」麥可拉說，「我們來試著好好檢視你束縛自己的所有信仰與架構與典範。有句話我聽你說過幾次：『九十九%跟零是一樣的。』」

「是啊，」我說，「老爹以前經常這麼說。」

「呃，你知道嗎，數學上來說，九十九%跟零的距離遠到不能再遠了。」

這句話我生平講過幾千次了，但不知何故，當麥可拉說出來，我才初次聽到。這向來是驅動我作業系統的穩定基本的格言。但它的錯誤明顯到讓我開始重新評估與重新檢視我的所有假設。如果九十九%跟零不一樣，七十二%，二十三%或八十四點六九%又如何？媽的，什麼是零？與其把每個狀況視爲二元化，突然間，可能性變得無限多。

我發現我看過全世界，但都不在度假時。所以，我開始沒有目的地旅遊。我跟我敬仰及很想要認識的人相處，不爲了任何財務或商業結果。我去拜訪知名英國伊拉克裔建築師，「曲線女王」札哈哈蒂。我跟搖滾爵士鋼琴家艾瑞克・羅伯・劉易士交上朋友。他受過古典鋼琴家訓練，那種紀律的僵硬限制曾經害他精神崩潰。在精神醫院期間，李小龍的靈魂來看他，告訴他如何用鋼琴來對抗他的心魔。綽號「Elew」的他研發了一種武術風格的鋼琴演奏。他拿掉凳子，戴上鋼鐵袖套，擺出空手道的姿勢，開始用他自己獨特解放的方式彈奏。

但麥可拉最重要的倡議出自她發現我不會游泳時。

「那是因爲我不在，」她說，這是極少數我成功讓她驚訝的例子之一。當我告訴她我想要後宮，她沒有退縮——但我不會游泳讓她狂熱地傳簡訊給我的公關宣傳員梅瑞迪絲・奧蘇利文—瓦森，她是四度奧運游泳金牌得主珍娜・伊凡斯的朋友。

「你要跟俗稱 Big She 的海洋培養感情，」麥可拉說，「海洋是終極的女人，壯觀的女性化環境。如果你能了解她，就能了解我們所有人。海洋握有大自然的所有混亂特性，多大的力量和知識都永遠無法控制或操縱她。她不在乎你感受如何，或希望她是甚麼樣子。發生在女人身心方面的所有事情都可以套用到海洋。美麗，風暴，養育，危險，心情與天氣模式，生與死。海洋不會被征服或壓抑；你想眞正享受她的唯一希望就是愛她、尊敬她，然後投降。

「我眞心爲你高興，因爲你會被迫有初學者的心態。你必須順應她的心情和情緒，你也必須知道何時該離開。」

我開始向 Big She 求愛。我們的初次約會是在澳洲大堡礁蜥蜴島的一小時航程外。我學游泳，我開始水肺潛水。我們更加認眞一點之後，我去了馬爾地夫，發現自己置身在《海底總動員》的場景。當我想要探索她活潑的一面，我在巴哈馬群島的老虎灘跟十四呎長、七百磅重的虎鯊一起潛水。當我感覺準備好品嘗她的深度了，我搭乘 OceanX 公司的 Triton 潛艇超越黑暗區，生物螢光帶以下，三千呎深，到看似另一個星球之處。有顚覆了我對生物的定義、似乎是由另一個上帝創造的深海生物躲藏在她的深處。

我開始把海洋的個性當作人生流程的教材。我發現如果我要享受她的美與博愛——也避免被她摧毀——她要求我完全配合，專注，盡全力了解她。我逐漸接納我的無力感，怪異地感到解放。

「投降」對我向來是個負面字眼——表示失去或失敗或放棄。但我跟海洋剛萌芽的關係揭露了我的控制感其實是幻覺。投降從弱點字轉變成具有無窮力量的概念。我以前對行動有偏見——衝刺，推，努力，掙扎，做——我開始發現它們的反面同樣強大——不動，包容，接納，非抗拒，存在。停止跟前進一樣強大；休息跟訓練一樣強大；沉默跟說話一樣強大。

放手跟抓緊一樣強大。

「投降」對我不再表示挫敗——現在是同樣強大的表現工具。在我的成長與發展上，輸可能等於贏。

我開始了解琪琪以前用的那些令人困惑的詞彙：「放手讓上帝來」。我總覺得不對勁。感覺像解除你自己的所有責任，好像人們太懶、不想做那些建立想要的生活必要的事情時會講的話。但是突然間，它有了嶄新神奇的意義。

你睡覺時會有種能量作用——點燃太陽，移動海洋，給你心跳的能量。你不必做所有事情；其實，你做過的大多數事情都跟你沒什麼關係。其實，你在睡覺是好事，因爲如果你醒著，你很可能會把事情搞砸。

然後，我想起了琪琪格言的新措辭：不只是「放手讓上帝來」——是「放手讓上帝做事」。衝浪者和海洋是團隊；登山客和山是搭檔，不是敵人。大河會做九十九%的工作——你的一%就是研究它，了解它，尊重它的力量，用創意在它的水流與法則裡跳舞。

在宇宙開放時行動，在她關閉時休息。

我以前從未聽說過這東西。我沒抽過大麻、沒吸過古柯鹼也沒嗑過藥，除了偶爾喝伏特加摻蔓越莓汁的時候以外，我都能通過環法自行車賽的驗尿。所以當我朋友薇洛妮卡向我提議，我禮貌地笑笑說，「謝謝，但是不要。我不碰毒品的。」

「我也是，」她說，「但死藤水（Ayahuasca）不是毒品。是醫藥。」

我認識薇洛妮卡很多年了。我們從未上床，但我們吵起架來就像我們有。我們什麼事都意見不合；我不喜歡她的悲觀，她也譴責我的樂觀。我們兩人都沒想過去找別人聊天。我猜我們有點互相習慣了拿我們的人生理論做撞擊測試。我們知道對方不會輕易同意，所以通過一個主意時，我們知道要珍惜。

但是有新鮮事。她的眼神不一樣，能量沒有抗拒，有彈性。她的童年很辛苦，我相信造成了她的好戰性情。但現在，她冷靜沉穩——有股無可否認的喜悅。她充滿新鮮的洞察，與去過非凡之處並被完全轉變的人的那種熱情。

我不禁回想她說的每個字。她體現了一種新智慧。她的心總是感覺封閉難以穿透，但現在她開放、溫暖又平易近人。過去，我總覺得自己像她父母，拼命要把一個固執的孩子拖回現實中。現在，我感覺像《心靈捕手》的麥特・戴蒙聆聽羅賓・威廉斯講話。我專心了。我迷上了。我很好奇。

「呃，無論妳做了什麼，我要參加，」我說。

薇洛妮卡發出老鳥對菜鳥的笑聲。她停頓，再開始嘗試解釋無法解釋的事。

「死藤水改變了我的人生，」她說。

「所以是怎麼用的？」

「呃，那是一種從日落到日出的儀式。傳統上在南美洲叢林裡舉行──現在主要是祕魯。但無論在哪裡做，都要由巫醫帶領。開始時會先喝下你想像得到最噁心的茶。大約一小時後會生效然後……」她搖頭發抖，好像看到了她永遠無法遺忘的東西。

「然後……怎樣？」我說。

「呃，它會把你困在你的心智裡。」

「聽起來一點也不好玩，」我說。

「你可能在掙扎的任何問題，這個藥會找到它們，」她說，「帶它們浮上表面，讓你看到，體驗它們，最後治療。以前我沒跟你說過，但我在青少女時期墮胎過。那是我一生最傷心的選擇。我被糾纏與癱瘓──我做了幾十年心理治療，但一直無法擺脫羞恥感。

「在我的死藤水儀式中，我見到我的孩子。他在天堂裡。他很快樂，很貼心，很漂亮。

我哭泣淨化了好久。他原諒我——甚至要求我給他命名。我叫他錫安。一夜之間，我擺脫了一輩子的罪惡感。」

我感覺得出她渴望分享她旅程的成果，但還有些遲疑。

「那太他媽的殘忍了，」她說，「最後會以啓示和治療結束，但是會經過你腦中最黑暗的部分。很粗暴，但是會幫你找到你尋找的東西。」

死藤水是一種「神聖飲料」。亞馬遜叢林的原住民部落幾千年來都在精神儀式和巫醫儀式使用它。它是一種用樹皮和南美熱帶藤蔓做成的茶，有時候會加入其他治療精神病的植物。

「Ayahuasca」源自凱楚阿人的語言，aya 意思是「靈魂」而 wasca（huasca）是「藤蔓」。（翻譯：「靈魂的藤蔓」。）死藤水含有能改變心智的複合物，稱作二甲基色胺（DMT），被視爲聖藥，正經的心靈追尋者才用，不是用來娛樂。

死藤水的療癒特性目前被用來治療創傷後失調症候群、毒癮、憂鬱和焦慮，還有其他很多身心病痛。（我不寬恕也不建議沒有專業醫療處方與監督就使用死藤水或任何藥物。我很掙扎要不要在本書分享我關於死藤水的經歷——我寫出來的唯一理由是因爲那是我的眞實體驗。）

房間裡很暗。有座小屋——一房一衛。古祕魯部落的吟唱與神聖韻律微弱地從角落一個小喇叭傳出。牆上貼著神明的圖像。手工器具散落在一個木造祭壇上。地板上放著毯子，坐墊，踏墊，枕頭。

巫醫住在這裡。她名叫碧塔；四十幾歲。她讓我想起梅莉史翠普（如果梅莉二十一歲生日就遷居祕魯研究植物學和心靈治療）。她給我一個桶子和一個小黏土杯。

死藤水的氣味讓我省下詢問桶子的用途。

碧塔在祭壇前就座。我們對話極少，我開始擔心她可能不知道我以前沒做過這種事。我遵守基本指示——事前兩週不碰藥物、毒品或酒精；下午兩點以後不進食，下午五點後不喝酒。七點半抵達，穿寬鬆服裝，儀式在八點開始。但她似乎必須多說一點話。這事感覺太大條，她不能只是輕鬆地坐著。喂，女士，我在這兒有點震驚。

「我不太了解死藤水，」我說，「我做了點個人研究，但是有過程或程序的解說嗎……？」

碧塔露出老鳥對菜鳥的微笑。

「沒有，」她親切地說。

含蓄地說，答案讓我有點不滿意。

「我只是想弄清楚怎麼……還有我應該預期什麼，」我又說。

「藤蔓會帶領你，」碧塔安慰說，「放心。讓你自己被引導。我只是來幫你認路的。」

「我知道，」我說，完全不懂，「那我接下來做什麼？」

她指著黑橘色黏土杯。

「準備好就開始……」

我喝下茶。

十分鐘……沒動靜。

二十五分鐘……沒有。

四十分鐘……還是沒有。

或許對我無效。

一小時後，等待的新奇感耗盡，我猜我免疫吧。這時是晚上九點，我發現我已經同意做這件蠢事直到天亮。我在地上的小坐墊很舒適，所以我想管他的，就去睡了。

我醒來時，我在外太空深處漂流。

我恢復方向感，發現我距離地球幾兆光年。我離得太遠，我知道我將再也看不到任何東西，或我愛的任何人了。這是我永恆的歸宿。

在我消化我的困境嚴重性時，開始滑過無盡的星星。我發現那不是我們認識的星星。這好像畢卡索畫的外太空。色彩和方塊和尖角——我突然被我周圍的壯麗震撼了。這是我生平到過最美麗的地方。我雖被敬畏感分心，我察覺到背後有人在。

是個女人。我轉身去看她，但看不見。我感覺得到她能量的溫暖，緊靠我背後，近到差點碰觸的程度。她很高興我在這兒，我看得出她絕不會離開我。不知怎地，我知道她在等我。

她的聲音直接對準我右耳後，彷彿嘴唇只在幾公厘外。我又轉身，渴望瞥見這位天使般的女神，但我動作時，她也移動——我發現我不該看到她。但我接受，因爲跟她在一起的每一秒都能舒緩我畢生的飢渴。

她什麼都是：愛人，老師，母親，保護者，嚮導。她是我夢想過的全部，我想要的一切。我看得出她知道我必須知道的一切，和怎麼去我想去的地方。她是我的目標，我的對策，我的答案。她是山頂，還有上面的天空。

「這是哪裡？」我輕聲向她說。

「什麼意思，呆子？」她用能融化一切、只留下幸福感的語氣說。

「這地方好美！」我說。

「這不是地方，呆子。」她一直暱稱我呆子。

「我沒看過比這更美的地方，」我說。

她笑了。

「妳爲什麼笑？」我問。

「這就是你啊，呆子！」她說。

「蛤？什麼意思？」

「這不是地方，這是你。」

我環顧四週，心跳開始加速，見證這無盡天堂的壯闊。

「等一下，」我說，「這全是我？」

「對，呆子。」

「我這麼美麗？」

「當然了，」她說。

她的話解開了我內心的情緒水閘。我開始啜泣與淨化——畢生的不安全感、自我懷疑與自卑感從我猛烈流出。同時，我內在美麗的啓示以大量可能性充滿我的心中與腦中。「如果我這麼美麗，我不需要第一名電影來對自己滿意。如果我這麼美麗，我不需要暢銷唱片來感覺值得被愛。如果我這麼美麗，我不需要潔達或任何人來證明我。如果我這麼美麗，我有這個內心聖域隨時可以回來，那我不需要任何人來認可我。我認可我。我就夠了。」

這是我初嘗自由的滋味。無形的枷鎖從我脖子上被拿開。我所有需求與攫取和緊抓和縱慾和要求和詭計和求助和渴望——把我留在悲慘的倉鼠轉輪上的所有永不滿足的慾望都脫離了。我不再需要追逐諺語中棍子上的紅蘿蔔。

我不再飢餓了。

我在這地球上的五十幾年，這是我擁有過無與倫比的最佳感覺。

在接下來兩年裡，我參與了十四次儀式。其中八次，那位我後來稱作「母親」的女人出現，每次都有詳細忠告與指示。（她沒出現的那三次是我遭受過最慘的心理經驗。）

在我第二次儀式中，母親重複了感覺像連續五小時的「別講話。」她說了太多次，我都想要用頭撞地板了。她指的是我腦中不斷出現的內心講話聲——計畫，策略，辯論，評估，批評，自我批判，質疑，懷疑。她用這句話轟炸了我幾千次：「別講話。」

在日出之前的某個時候，我發現了：沉默。我的內心室友不講話了。眞暢快。母親讓我沐浴在內心平靜的安詳中大約三十分鐘。然後，她不發一語傳達了我爲什麼必須閉嘴：

基本上，她告訴我，爲了更妥善觀察與了解周圍的人與環境，我最好靜止，我最好安靜。她看著我力爭上游這麼多年，企圖把我的意志加諸全世界。她的重點是，如果我不再說話或想太多，就能看到與感覺到宇宙的潮汐，我可以把我的能量跟它對齊，可以事半功倍。我聽到很多年前琪琪對我說話的回音：「你知道嗎，如果你少說話，或許你可以看出某些打擊即將發生。」

盡量少說話成爲我將知覺極大化的方式。我向來把世界當作我的戰場，現在我了解眞正的戰區是在我腦中。

第二十一章　愛心

「慢性阻塞肺病。突發性心臟衰竭。冠狀動脈疾病。心室顫動。正常心臟輸出率是五十五到六十％。老爹降到十％。他長期吸菸，吸入冷卻劑，暴露在有毒化學物中，加上一生酗酒……」

「那，還有多久？」我說。

「你最好回家。」

艾拉・史丹佛醫師已經當我們的家庭醫師好幾年。他一直在跟老爹搏鬥，要他做大幅的生活改變，以保存與改善他的老年品質。老爹在我童年活過兩次心臟病發作；他把故事當成榮譽勳章在講。第二次發作時，他說他有預感。他左臂無力，所以他只用右手自己開車去醫院。艾拉醫師懇求他改變習慣時，他會說，「幹，如果我戒掉菸酒，我大概會走到外面去撞公車。」

「那，有多久，艾拉？」我問。

「六星期。」

我剛拍完《最美的安排》。那部電影描述一個父親必須適應愛女之死。作爲角色研究的一環，我這五個月來潛心研究心靈、心理、文化儀式與幫助民眾面對失去親人的深刻痛苦的治療法。我求見牧師、伊瑪目、薩滿、拉比、導師；我讀了一堆關於死亡的書：

伊莉莎白・庫伯勒羅斯的《論死亡與臨終》；藏傳佛教導師索甲仁波切的《西藏生死書》；米契・艾爾邦的《最後十四堂星期二的課》；瓊・迪迪安的《奇想之年》。我進入角色，感覺完全準備好了，有自信可以精確描繪從悲劇損失往完美療癒的勝利曲線。我一直想幫我的角色找到面對痛苦與損失的對策，但現在我被迫爲自己找了。

老爹知道他快死了。

他身體很虛弱；他的肌肉崩解。他的皮膚垂在骨頭上好像裹屍布，他的藍灰色躺椅設定在一半的高度，背景是靜音的記者唐・雷蒙，他手拿香菸，剩不到半包。老爹告訴艾拉醫師他會戒掉菸酒其中一項，她可以選。根據他的病歷，她選了酒。

「嘿，小子，」他說，我走近時抬起頭來。

「還好嗎，老爹？」我走近他，表演我們後來的招呼儀式：他向前傾，我摸他的禿頭，我吻他原先禿掉的位置。（五年前，老爹的禿區大到我求他剃光頭——「別這樣，爸，你在醜化本地人，那樣不好看。」他抗拒了我一年多，直到某天我在星際戰警第三集片場逮到他，把他拖上理髮椅，剃成光頭。他挺喜歡，後來一直維持光頭。）

《西藏生死書》呈現了支持與安慰垂死親人的轉變的最關鍵原則。對我來說書中最顯眼的觀念就是垂死者經常需要「死亡許可」。書中斷定，有時候垂死者如果不覺得你少了他們沒問題，就會拼命掙扎活著。這可能造成可怕又痛苦的臨終期。爲了讓我們的親人放手死得安詳，他們必須明確聽到我們在他們走後不會有事，他們這一生做得很好，往後我們可以自己應付。

同樣地，仁波切表示，「臨終者大多數需要盡量看到基於各種期望釋出的無條件的愛。」這些概念釐清了我心中的任務。我會拋開所有個人要務、創傷與疑問，把所有精力導向我能提供的最同情、慈悲的轉變。

大約第三週，我來了；標準的吻頭。我坐到地板上。克里斯・古莫今天靜音。老爹進食的能力在衰退。他有義大利麵加起司、燉牛肉和花椰菜，放在面前碰都沒碰。如果老爹不吃義大利麵加起司，一定眞的很不舒服。

「欸，爸，」我緊張地說，「你做得很好。」

「什麼意思？」他問。

「你的一生。」

我想他沒料到會聽見這種話。他抽一口菸，目光轉向電視。他似乎還沒準備好要走。但我有。

「我是說，你這一生做得很好。你準備好走的時候，我希望你知道那沒關係。你把我養得很好。我可以接手。我會照顧你愛的每個人。」

老爹點點頭，維持他的克制儀態。他眼裡泛淚，但還是盯著CNN。我知道他聽到了。

士兵走了。

怪獸幾乎沒力氣舉起他的湯匙。他甚至需要我幫忙上廁所。為了最後努力維持一點他的軍人尊嚴，他詳細指示我鎖好他輪椅的輪子，放到他躺椅旁的最佳位置，收起左邊踏板時要小心，幫他留下右邊讓他放腳，還有特別強調我要把左膝放在他右膝外，我的右膝放在他兩腿之間，以便安全地抬起與移動他，我右頰貼著他右頰，退後四十五度角轉動他把他放進輪椅裡的關鍵重要性。

某晚，我小心推著他從臥室往浴室走，我內心浮現黑暗。兩個房間之間會經過樓梯頂端。

小時候我總是告訴自己有一天我會為我媽報仇。等我夠高，等我夠壯，等我不再是膽小鬼，我會宰了他。

我暫停在樓梯旁。

我可以把他推下去，輕易撇清責任。

我是威爾・史密斯。沒人會相信我故意殺了我父親。

我是世界最佳演員之一。我打個電話報警都能提名奧斯卡獎。

隨著幾十年的痛苦、憤怒與厭惡推演然後消退，我搖搖頭繼續推老爹到浴室。感謝上帝他是依據我們的行為，而非被創傷驅使的內心情緒來審判我們。

接下來一個半月我每星期去看他。看著接受自己即將死亡的人的眼睛，有種怪異的清澈和淨化作用。死亡的知覺深植，清除掉路上所有的狗屁。它的終結性讓每一刻都感覺無比重大。每聲哈囉感覺都像上帝賜福。我們都滿心感激能夠再次見到對方。然後，每次道別都完整又完美，因為我們道別時非常清楚這可能會是我們的最後一次。這個簡單事實讓每個笑聲、每個故事都有重量。死亡有辦法把世俗瑣事都變得神奇。

我們日常生活的哈囉與再見也應該那樣，因為現實是沒人保證有明天。我開始對每聲哈囉充滿感激，絕不把再見視爲理所當然。老爹和我共有的奉獻專注、誠實與同情心，成爲我一生對愛的渴望模式。

老爹被預測剩六週，結果他活了三個月。我記得第九週我去看他。我們的會面開心又活潑，但今天他的心情異常頹喪。脫掉上衣；拿著菸；駝背趴在褐色木造折疊托盤上；飯菜都沒吃。

例行的吻光頭。

「老爹，發生什麼事了？」

他放下菸，鬱悶地望著外面史庫爾基爾河上的富蘭克林拱橋。

「小子，」老爹說，「那個混蛋說我六星期內就會掛掉，九星期過去我還在鬼混。這太尷尬了。」

這大概是老爹和我笑得第二久的一次。

「卡！」

大約十天後，我在《光靈》的片場，這是大衛・艾爾導演的網飛原創奇幻動作警匪片。

我們在洛杉磯市中心拍攝。我和喬爾・艾格頓開著我們的巡邏車；他是我在電影裡的搭檔。

大衛・艾爾走到車窗邊。

「兄弟，你得立刻打電話給你爸，」他輕聲說，「有急事。」

即使你預料到會有這種電話，還是會很刺耳。我心臟狂跳。我打到老爹的手機。他接聽了。

「欸，小子。」

「欸，老爹，怎麼啦？」

「我想就是今晚了，」他說。

他的話讓我感覺像觸電。

「OK，」我平靜地說。西藏生死書強調過爲家人去世創造平靜空間的重要性。

「你想用 FaceTime 嗎？」我問。

「是啊。但是該死，我不知道怎麼用……」

「讓我來——我打給你，」我說，「你只要接聽就好。」

「艾倫，來看看這個 FaceTime 玩意，威爾要打來……」他大聲呼叫剛到家的我妹。我表弟瑞奇是費城消防員，當時在照護老爹，負責拿電話。

凌晨兩點在無人的洛杉磯市中心停車場。我站在我找得到最亮的街燈下。我希望他能看清楚我。

我們只是看著彼此。沉默的二十分鐘。

最後，我聽到我妹艾倫在背景向老爹耳語，「爸——你只在看。你沒有話要跟威爾說嗎？」

老爹搜尋最後的智慧，最後一塊磚。但他腦中空空。他緩緩搖頭，像最後的投降。

「幹，以前我不能跟這混蛋講的話，他今晚也別想聽到。」

我們最後一次歡笑，我們道別，四十五分鐘後，老爹走了。

拍電影最核心最重要的原則之一就是「要知道結局」。當你了解自己電影的情緒、哲學與道德結論，才能更妥善打造通往結論的一切。理解實際情節與主題終點能讓你爲觀眾逆向設計更引人共鳴與好看的旅程。電影結局很類似笑話的關鍵句——你希望意義在觀眾的心中與腦中爆開。試想像開始講笑話卻不知道關鍵句是什麼。

人生就像那樣。你出生在一群角色之中，每個人都看著你，你不會溝通，你不會走路，你無法餵飽自己，但大家似乎很興奮想看你最後會做什麼。所以，你開始講你的笑話，一點也不知道該死的關鍵句會是什麼。你看著觀眾——有時候他們輕笑，有時候他們噓你，但他們內心深處都希望你找到關鍵句。我們有些人生在關愛又支持的觀眾裡，有些人生在一群質疑者面前的舞台上。大多數人生在兩者之間。

臨終前，老爹不擔心公司。他不擔心錢；他甚至不在乎食物了。他對自己的結局有強烈的疑問：我的人生有用嗎？老爹很想知道因爲有他在，我們的人生改善了。他想被安慰雖然他缺點、愚行和錯誤一大堆，淨值分析中他的資產仍然超過負債，他的人生仍有價值。

琪琪過世時，又是完全不同的經驗。她對自己給家庭與社區的關愛服務與貢獻還有對教友的支持很有信心，她很興奮要上天堂。對琪琪來說，「上帝」和「愛」是同義詞；它們分不開，也無法區分。她以愛護世人的方式敬拜上帝。愛心是十誡裡唯一重要的——對她來說，你如果關愛，就不需要其他九項。

她過世時沒有任何負面能量。琪琪非常滿足，我連哭都沒哭。她準備好了要離開，而且感覺她在世上的工作完成了。

我第一次眞正窺見「微笑」的秘密。我對終極幸福的物理學一直有個誤解。我以爲我可以得到、贏到、達成、征服、獲取與延續我通往愛與幸福的道路。連續八部第一名賣座電影，三千萬張唱片，四座葛萊美獎和幾億美元會讓你快樂，對吧？讓大家愛你，對吧？這個理論的基本缺陷是相信「微笑」來自外界，是從外界資源或條件獲取或達成。有人會很愛你，他們會深深徹底地喜愛你，他們會讓你充滿「微笑」的至福。

破梗警告：沒有任何人際關係、事業或有名字的房產能塡補這個破洞。你從物質世界得來的任何東西都不會創造內心的平靜或滿足。眞相是，「微笑」從輸出產生。那不是你得到的東西，是你藉著給予培養的。到頭來，他們多麼愛你一點也不重要——你只會根據你多愛他們得到「微笑」。

愛與幸福的物理學是反直覺的。只要我們困在獲取的需求——在周圍的他人與世界中根據我們的需求而攫取、緊抓與要求的循環中——我們會被鎖進失望、憤怒和悲慘中。甜蜜悖論要靠給予來滿足，你的輸出促成輸入——施與受是同時的。愛人與被愛是最高的人類報酬與喜悅。允許你心中最好的部分服務他人，並釋出他人心中最好的部分，是最強烈的人類愉悅。

當我說「愛」，我是指爲了提升與賦權你所愛的人，而去發現、培養與分享你的獨特天賦。「微笑」結合了認出你自己內在的獨特寶藏，與發現寶藏透過給予可以倍增。

每個人都在掙扎。每個人都很辛苦。人生可能很殘酷、混亂、令人困惑又煎熬。我們的心靈都很飢餓。愛，給予，幫助，服務，保護，滋養，賦權和原諒，都是「微笑」的秘密。

你能想像如果有人愛你，給你所有需要的東西，幫助你，服務你，保護你，滋養你，賦權你並且原諒你會是什麼感受嗎？

對我們許多人，這個問題的答案是否定的。但琪琪知道的，尼爾遜・曼德拉知道的，穆罕默德・阿里知道的——和老爹在臨終時刻知道的——就是你必須給予才能獲得。

老爹把他的禮物全倒給我。在他人生的終點，他看到我用那些禮物建立了我自己的人生。他透過給予得到滿足，這是實話，他從愛我的方式得到滿足。然後，靠慈悲上帝的恩典，在他最後的日子——當他什麼也不剩——我很幸福，能把我的禮物倒給他。

出生、婚禮和喪禮有辦法從污泥和岩石裡篩出黃金來。老爹之死成爲對我的警鐘。潔達和我坐在他的喪禮上，我渾身發涼領悟一個事實，總有一天我們之一會跟對方道別，我想問：我希望我們的結局是怎樣？

我們分開的時間幫助我們雙方發現愛與自由的力量。我們同時百分之百綁在一起，也百分之百自由。我們同意我們都是不完美的人，都在盡力想出怎麼開心地活在這世界上。我們彼此需要的是無條件的愛與支持——不是批判，不是懲罰，而是完全不屈不撓的奉獻給對方的成長與福祉。

我們逐漸把我們的婚姻當做精神的紀律——巴克提・蒂爾薩・史瓦米（Bhakti Tirtha Swami，印度教導師）所謂終極的「愛的學校」。這段關係是我們的教室——我們在最親密與困難的環境中學習培養照顧、關切與同情心。人生中很少事情比結婚更具挑戰性。親密關係容易激發與暴露我們最惡毒的內在能量。

如果我們在此能學會愛，我們到哪裡都能愛。

問題是，我們能無條件地相愛，或我們的愛必須要對方做我們需要他做的事才能成立？當對方聽話、完全用你希望的方式做事的時候很容易「愛」別人。但他們走出你的圖像時你會怎麼做？他們傷害你時你如何對待他們？這都是決定你是否眞正愛一個人的時刻。

愛很困難。需要龐大勇氣去一再打開受傷的心，迎接愛的喜悅的可能性。就像查理・麥克常說的，「害怕的錢賺不到錢。」愛需要勇敢，願意賭上一切。

但勇敢不表示沒有恐懼。勇敢是在你害怕時仍學習繼續前進。潔達和我同意無論如何，我們這輩子會一起走下去。

峽谷彈跳

「我們即將目睹沒人做過的事。你在報上看過，你在推特談過，現在終於來了。我是阿方索‧里貝洛，這是威爾‧史密斯：高空彈跳，從大峽谷爲您轉播。

「今天是他的五十歲生日，他要面對他的恐懼，在這令人目瞪口呆的峽谷上空進行直升機彈跳。呃，說清楚一點，他要從離地一千八百呎的直升機上高空彈跳。我想起來就起雞皮疙瘩。這太瘋狂了……」

「唷，阿方索，別再說那些屁話了！」查理‧麥克大叫。

「查理，我正在直播呢。即時的，」阿方索嘶聲說。

「我才不鳥，阿方，別再說得好像會出事！好像太危險了。」

「但是，大峽谷這裡的天氣也可能很難搞。我們昨天一整天都有閃電風暴，但我們有老鳥特技團隊和追蹤風速與溫度的空拍人員。」

「OK，結束了阿方索！」製作人大喊。

「說眞的，阿方，我不喜歡你這種能量——」

「查理，我只是做我的工作！威爾叫我主持的！」阿方索用右手劈左手說，「他要我製造懸疑！」

「製造懸疑別搞到好像他會死掉！」

「這就是懸疑的重點，查理！」

所以你幹嘛去大峽谷上面直升機彈跳？

當我第一次聽到這問題，我心想，這還用說嗎！我陷入了中年危機的邪惡魔掌。但我在YouTube直播，所以我不能這麼說。

我眞正說的是：

「我一輩子都跟恐懼有種有趣的關係。我經歷過恐懼反應的光譜，從完全虛弱到受它啓發，有時候做出一些蠢事。但我想到在大峽谷上直升機彈跳的主意時，我沒有虛弱，我也肯定沒有啓發——我只想到，這事太蠢了。」

我童年的大峽谷之旅是個很有意義的體驗。我一直記得它多漂亮，但我也記得我走到崖邊嚇得半死。哈利甚至靠近到不愼把鼓掉落到底下，但我留在後面，怕到不敢觀賞完整的景色。

我發現不知何故，上帝把人生中最美麗的東西放在我們最大的恐懼後面。如果我們不願意站起來面對最讓我們緊張的事物，然後跨過隱形界線進入恐懼之地，我們就沒機會體驗人生最棒的部分。

所以，我一直刻意努力去攻擊我害怕的所有東西。這很嚇人。當〈Yes Theory〉（YouTube的探索節目）挑戰我做直升機彈跳時，我心臟狂跳。我學會了認出那個感覺是好東西出現的訊號。只要我心跳加速，我就參加——我非做不可。但我也不能顯得太弱，所以當Yes Theory說「直升機彈跳」，我補充，「在大峽谷上面……而且在我的五十歲生日。」

每個人都在：媽媽、潔達、雪莉、特雷、傑登、薇洛、哈利、艾倫、潘、艾許莉、凱爾、迪昂、嘉米、卡里布、JL、查理・麥克、奧瑪、史考特和提，族繁不及備載。我觀察著朋友、家人和大峽谷，這座決鬥景觀，看到了下一代的臉孔——哈利的小孩，艾倫的小孩，潘的，JL的，查理的，奧瑪的，卡里布的，史考特和提的——我發現：我站在我夢想的中央。這是我一直想要的：我愛的每個人聚在一起，像個家庭，我帶他們來大峽谷見證威爾叔叔無厘頭又可怕的死亡。我已經聽得到新聞報導：「威爾・史密斯，因爲疑似藥物引發的精神錯亂，昨天下午在大峽谷上怪異的直升機彈跳意外中跳機身亡。他留下妻子，前妻，三個小孩，雜七雜八的姪子與外甥，眾多親戚朋友，有個健行客猜想警笛聲是怎麼回事……他剛滿五十歲。

在YouTube高層發表的聲明中，史密斯被形容爲『一個正港的美國瘋子』。」

但發生了另一件事：小孩子懂。他們似乎了解面對與克服你最大恐懼的必要性。我走向直升機時姪女卡莉亞抱著我的腿。到了她不能跟隨的位置，她大叫，「威爾伯父，我長大以後會像你一樣勇敢！」

阿方索：薇洛，對妳爸做這件事有何感想？

薇洛：我只希望他做能讓他快樂的事。我當然很緊張，但這是他想要的，我們都來支持他，我只希望他做喜歡的事。

特雷：我很高興他做他想做的事。我是說，在大峽谷上搭直升機高空彈跳……我沒聽說歷史上有人做過，所以我很期待。（他）教我們（要）征服恐懼。

潔達：你是想嚇死你的小孩嗎？

威爾：不，不，不，不。我的小孩不會害怕……

阿方索：你爸最大的恐懼是什麼？

傑登：他最大的恐懼就是有任何恐懼。

阿方索：威爾，你進這一行很久了。你有很多粉絲，也有些很有名的粉絲，他們都想對你說句話。所以，請看……

雷霸龍・詹姆士：你即將在大峽谷上從直升機高空彈跳。老兄，你玩太兇了才會做這種蠢事。

麥可・史特拉恩：就因爲你滿五十歲不表示你必須瘋掉。如果你想找人談，你隨時可以找我。

吉米・法倫：我不希望你這麼做。你還有時間。你可以反悔。用假人丟出直升機。什麼都好。

昆西・瓊斯：老弟，五十歲生日快樂。

DJ 爵士傑夫：這下你得去看醫生讓他們好好檢查一下攝護腺了。因爲五十歲就會這樣。

阿方索：是。好吧。爵士傑夫總是有驚人之語。

我知道。

我不想事先知道任何事。我希望走到直升機上，聽簡報，直接跳。我希望跟觀眾一起即時發現事情會怎麼進展。

「欸，威爾，我是TJ，你的特技替身。讓我教你一些基礎：你要用兩百呎長的彈跳索來跳。我們有多重保險措施——胸部、腰部兩個。這種繩索是工程學的奇觀，用幾百條個別橡皮線編織包覆做成，以降低摩擦力跟磨損。越多線，越安全。你的體重是兩百磅，對吧？」

呃，扣掉十八磅液體和我因爲感到令人癱瘓的驚恐而正在流出來的其他東西，對。

「你的繩索會受到三G壓力，乘以你的體重，表示你會施加大約六百磅的力量。在伸展到最長時，你會墜落五百五十呎，接著彈跳幾次，然後吊在直升機下方大約三百二十五呎。然後我們會帶你回氣墊，解開掛鉤，大家唱生日快樂歌，最後我們回家。有什麼問題嗎？」

「等等，等等——我剛有個可怕的想法，」我說，「這彈跳索伸展後，不會把我甩回來撞到直升機旋翼吧？」

「我希望不會！」TJ輕笑說，「開玩笑的——絕不可能。你被重力拉扯加速時，會得到動能。彈跳索的伸展會吸收那個能量，但只有一部分。其餘會因爲摩擦力和空氣阻力變成熱能喪失。意思是，反彈回來的高度絕不可能跟原始高度一樣。」

「好吧，酷，我以爲是完全安全的……」

「呃……高空彈跳有些基礎，但這是直升機彈跳，所以有些微弱特性讓它可能更危險一點。例如，直升機在移動，不在一個穩定位置。天氣狀態必須適合，我們也不能太靠近任何岩壁。

但你是我最擔心的變數。這彈跳索兩百多磅重。我們升空後，會有三個人抓著繩索讓它遠離你。但他們放手後，會有大約八百磅拉力，所以無論你喜不喜歡都會跳出直升機。唯一可能受傷的方法是如果他們放開繩索，你不離直升機遠一點。我會從五開始倒數，等我數到一，你非跳不可。要是繩索纏到你，那就慘了。」

我不想跳。但我可能會挨告。我猜想會判賠多少。一般電影成本可能是四千萬美元，所以 YouTube 不可能出超過兩三百萬來辦這活動。加上，呃，一百萬損害賠償？所以，我現在反悔，可能是價值四百萬的決定。

這我可以接受。

但這時候，**TJ** 把彈跳索接在我胸口。

「等一下——不是裝在我背後或腿上嗎？」我看過的每次彈跳都是裝在腿上。

「我們年齡相似，」**TJ** 說，「你記得 **Nestea** 跳水廣告裡人們伸出雙臂往後跳進游泳池嗎？」

「是啊，我記得我小時候那個廣告，」我說。

「等我數到一，我需要你給我最好的 Nestea 跳水。」

「我必須往後跳？？？」

我穿好束帶，完成兩三次檢查。旋翼的風緩緩變強。我想去坐到直升機裡的座位。TJ阻止我。

「因爲彈跳索的重量，我必須讓你待在機外，站在滑橇上，」TJ說。

「所以，起飛時我會站在外面？」我說，突然驚覺，想起我是國際動作英雄。

「對。在滑橇上要踩穩。你抓著這兩個握把，抓緊，我有繫繩可以拉你，」TJ說，彷彿這應該會讓我在機外起飛飛越大峽谷時感覺好一點。

我的下一個、可能也是最大的驚訝是在直升機起飛時。掛在直升機外面起飛令人很困窘。我們離地八呎時直升機稍往右傾。我低頭確認我雙腳穩穩踩在滑橇時地面突然消失，出現一千八百呎深的峽谷。我兩膝發軟。我抓緊裝在直升機地板上的鋼鐵握把。

「應該告訴你別往下看！」TJ微笑著大喊。我心想，他還忘了告訴我什麼？

我的左邊有個紅燈。軍事鬼話的噪音在幾台打開的對講機上傳出。每個人都在旋翼呼嘯聲和我定音鼓似的心跳聲中喊叫。我聽得出其中幾個字——「高度」，「收到」，「完畢」，「風」，「正常」，「暴風雨」。

暴風雨？如果跳完被閃電打到就太糟糕了……

然後，「綠燈」。

直升機裡的紅燈，原本是擋住集體瘋狂的洪水的胡佛水壩，現在退讓變成了綠燈。TJ 湊到我面前六吋，確保不會溝通不良，給我一個普世手勢：豎起拇指。然後他喊，「我們可以跳！聽到沒？我們可以跳！」

我向他點頭表示確認。TJ 開始倒數。

「五！」TJ 下令，積極地秀出五根手指。

你覺得自己快要死掉的時候，一生畫面會從眼前閃過，這是眞的。

萬一我在小孩面前摔死了呢？這樣死掉不只太痛苦，也會是史上最糟糕的生日。這會成爲史上最大的 YouTube 特別節目，至少有這個好處。我可能應該先想清楚的。

我猜想我的小孩會在我喪禮上說什麼。

「四！」

我和潔達剛開始一起打高爾夫。她很喜歡——天還沒亮她就穿好打球服裝了。這麼多年之後，我們發現了我們喜歡做的新事情。我們約好了明天去打。我喜歡跟她打球勝過任何人。

她是我交過最好的朋友。

三！

他幹嘛數這麼快？

二！

呃，我不是快死了，就是不會死。如果上帝今天召喚我，反正我無計可施。如果我掛了，我根本不會知道。所以真正的問題是，我想要怎麼活？

一！

致謝

這是全書最困難的一頁。我想要感謝的人數是天文數字。旅途上無數天使幫助、保護、滋養、拯救與讓我強大。爲了對環保略盡棉薄之力，如果我在書中漏了你，我會在我的 IG 上放個跑馬燈名單。我們 IG 見。

照片版權

插頁1

p1-p6: Carolyn Smith
p7 △ : Courtesy of the author
p8 ▽ : James Lassiter
p8 △ : Courtesy of Sony Music Archives. Photographer: Douglas Rowell
p8 ▽ 、p9 △ : Charlie Mack
p9 ▽ : Photograph by Lyndell Johnson, courtesy of Charlie Mack
p10: Charlie Mack
p11 △ : Barry King / Alamy Stock Photo
p11 ▽ 、p12: © 1990 NBCUniversal Media LLC. Used by permission.
p13 △ : Sheree Zampino
p13 ▽ 、p14 △ : Courtesy of the author
p14 ▽ : Ron Galella, Ltd. / Getty Images
p15: Courtesy of the author
p16 △ : Bei / Shutterstock
p16 ▽ : BAD BOYS © 1995 Columbia Pictures Industries, Inc. All Rights Reserved. Courtesy of Columbia Pictures

插頁2

p1 △ : Courtesy of the author
p1 ▽ : Charlie Mack
p2: Courtesy of the author
p3 △ : Donyell Kennedy-McCullough
p3 ▽ 、p4-p5: Courtesy of the author
p6 △ : Darrell Foster
p6 □ : Charlie Mack
p6 ▽ : REUTERS / Alamy Stock Photo
p7 △ : Sheree Zampino
p7 ▽ : Dave M. Benett / Getty Images
p8: Courtesy of the author
p9 △ : Carolyn Smith
p9 ▽ : UPI / Alamy Stock Photo
p10 △ : THE PURSUIT OF HAPPYNESS © 2006 Columbia Pictures Industries, Inc. and GH One LLC. All Rights Reserved. Courtesy of Columbia Pictures
p10 ▽ : Photograph by Alan Silfin, courtesy of the author
p11: Timothy A. Clary via Getty Images
p12: Photographs by Alan Silfin, courtesy of the author
p13 △ 、□ : Courtesy of the author
p13 ▽ 、p14 △ : Photograph by Alan Silfin, courtesy of the author
p14 ▽ : Photograph by Mike and Moni, courtesy of the author
p15 △ : Courtesy of the author
p15 ▽ : Photograph by Max Goodrich, courtesy of the author
p16: Photograph by Alan Silfin, courtesy of the author

p535: Santiago Lozano

裝幀設計：王瓊瑤
封面畫作：B-Mike，根據 Brian Bowen Smith 攝影而作
封面設計授權衍生自美國版，由 Lucia Bernard 設計

譯者 李建興

台灣台南市人，輔仁大學英文系畢，歷任漫畫、電玩雜誌、情色雜誌與科普、旅遊叢書編輯，路透社網路新聞編譯，現為自由文字工作者。譯有《把妹達人》系列、《刺客教條》系列、丹布朗的《起源》、《地獄》、《失落的符號》等數十冊。

WILL 威爾史密斯回憶錄

二〇二一年十一月十七日　初版第一刷

作　　者　威爾・史密斯、馬克・曼森
譯　　者　李建興
編　　輯　廖書逸
發 行 人　林聖修
出　　版　啟明出版事業股份有限公司
郵遞區號　一〇六八一
台北市大安區敦化南路二段
五十七號十二樓之一
電話　〇二二七〇八八三五一
總 經 銷　紅螞蟻圖書有限公司
法律顧問　北辰著作權事務所

定價標示於封底。

ISBN 978-986-06812-7-7

國家圖書館出版品預行編目 (CIP) 資料

WILL：威爾史密斯回憶錄／威爾・史密斯（Will Smith）、馬克・曼森（Mark Manson）著；李建興譯。
──初版──臺北市：啓明出版事業股份有限公司，2021.11。
576 面；14.8x21 公分。

譯自：WILL
ISBN 978-986-06812-7-7（平裝）

1. 史密斯（Smith, Will, 1968-）2. 演員 3. 歌星 4. 回憶錄

785.28　　110016197

WILL
By Will Smith with Mark Manson